高等医学院校康复治疗学专业教材

Speech Therapy

言语治疗学

（第二版）

● 李胜利　主编

图书在版编目(CIP)数据

言语治疗学/李胜利主编. —2版. —北京:华夏出版社,2014.1(2024.4重印)
高等医学院校康复治疗学专业教材
ISBN 978-7-5080-7930-1

Ⅰ. ①言… Ⅱ. ①李… Ⅲ. ①语言障碍-治疗学-高等学校-教材
Ⅳ. ①H018.4 ②R767.92

中国版本图书馆 CIP 数据核字(2014)第 002966 号

言语治疗学

李胜利　主编

出版发行	华夏出版社有限公司	
	(北京市东直门外香河园北里4号　邮编:100028)	
经　　销	新华书店	
印　　刷	三河市少明印务有限公司	
装　　订	三河市少明印务有限公司	
版　　次	2014年1月北京第2版	
	2024年4月北京第6次印刷	
开　　本	787×1092　1/16 开	
印　　张	15.75	
字　　数	374 千字	
定　　价	30.00 元	

本版图书凡有印刷、装订错误,可及时向我社发行部调换。

高等医学院校康复治疗学专业教材（第二版）组织委员会与编写委员会名单

组织委员会

顾　　　问	吕兆丰
主任委员	李建军
常务副主任	董　浩　线福华
副主任委员	王晓民　高文柱　张　通　梁万年　励建安
委　　　员	李义庭　付　丽　张凤仁　杨祖福　陆学一
	马小蕊　刘　祯　李洪霞

编写委员会

学术顾问	卓大宏　周士枋　南登昆　吴宗耀
主　　审	纪树荣　王宁华
主　　编	李建军
副 主 编	董　浩　张　通　张凤仁
编　　委	（以姓氏笔画为序）

江钟立　刘克敏　刘　璇　纪树荣　华桂茹
朱　平　乔志恒　李建军　李胜利　陈立嘉
陈小梅　陈之罡　张　琦　金　宁　赵辉三
恽晓平　贺丹军　桑德春　敖丽娟　付克礼

办公室主任　杨祖福　　**副主任**　李洪霞

《言语治疗学》（第二版）编委会名单

主　编　李胜利　首都医科大学康复医学院
编　委　（以姓氏笔画为序）
　　　　　卫冬洁　首都医科大学康复医学院
　　　　　王晓慧　首都医科大学附属北京儿童医院
　　　　　田　鸿　中国康复研究中心
　　　　　何　怡　中国康复研究中心
　　　　　张庆苏　首都医科大学康复医学院
　　　　　李胜利　首都医科大学康复医学院
　　　　　罗　薇　中国康复研究中心
　　　　　秦江天　中国康复研究中心
　　　　　贾革红　中国康复研究中心

高等医学院校康复治疗学专业教材
再版序言

  高等医学院校康复治疗学专业教材第一版是由首都医科大学康复医学院和南京医科大学第一临床学院联合组织编写，一大批具有丰富临床和教学经验、有高度责任感、有开创精神的老教授和康复医学工作者参与了教材的创建工作。本套教材填补了我国这一领域的空白，满足了教与学的需要，为推动康复治疗学专业快速发展做出了巨大贡献。

  经过自 2002 年以来的各届学生使用后，根据教学反馈信息、康复医学的发展趋势和教育教学改革的要求，首都医科大学康复医学院又组织在临床教学、科研、医疗第一线的中青年教授、学者，尤其以康复治疗学专业一线的专家为主，继承和发扬老一辈的优良传统，借鉴国内外康复医学教育教学的经验和成果，对本套教材进行修订和改编，力争使修订后的第二版教材瞄准未来康复医学发展方向，参照国际 PT 和 OT 教育标准，以培养高素质康复治疗专业人才为目标，以满足教与学的需求为基本点，在阐述康复治疗学理论知识和专业技能的同时，紧密结合临床实践，加强了教材建设改革和创新的力度，形成了具有中国特色的康复治疗学专业教材体系。

  二版教材的修订和编写特点如下：

  ● 在对教师和学生广泛与深入调研的基础上，总结和汲取了第一版教材的编写经验和成果，尤其对一些不足之处进行了大量的修改和完善，充分体现了教材的科学性、权威性与创新性，并考虑其在全国范围的代表性与在本土的适用性。

  ● 第二版教材坚持了"三基（基本理论、基本知识、基本技能）、五性（思想性、科学性、启发性、先进性、适用性）和三特定（特定对象、特定要求、特定限制）"的原则，以"三基"为重心、以临床应用为重点、以创新能力为培养目标，在继承和发扬第一版教材优点的基础上，保留经典且注重知识的更新，删除了陈旧内容，增补了新理论、新知识和新技术。

  ● 第二版教材的内容抓住了关键，突出了重点，展示了学科发展和教育教学改革的最新成果，体现了培养高素质康复治疗学专业人才的目的。因其层次分明，逻辑性强，结构严谨，图文并茂，并且做到了五个准确——论点准确、概念准确、名词术语和单位符号准确、语言文字准确、数据准确且材料来源可靠，所以属于现阶段的精品教材。

  ● 第二版教材共计 19 种，根据康复治疗学专业要求，新增《职业关联活动学》1 种。

1.《康复医学导论》由李建军教授主编,主要介绍康复与康复医学的基本概念、基础理论知识、康复医学的基本方法、康复医疗服务体系、康复专业人员教育和培养,以及残疾人康复事业等相关问题,是学习康复医学的入门教材。

2.《人体发育学》由江钟立教授主编,是国内第一部以新的视角论述人体发育与康复治疗理论的专著。

3.《运动学》由刘克敏主任医师和敖丽娟教授主编,是康复治疗理论的基础教材,内容包括:生物力学、正常人体运动学、运动障碍学、运动生理学、运动生化学、运动心理学。

4.《物理疗法与作业疗法概论》由桑德春主任医师主编,主要介绍物理疗法和作业疗法的发生、发展过程,与之有关的基本概念、基本理论、基本特点及学习、运用的基本方法。

5.《康复疗法评定学》由恽晓平教授主编,全书系统介绍康复评定学概念及理论、相关基础知识、评定原理、评定所需仪器设备和方法,以及临床结果分析,理论与临床操作相结合,兼顾学科新进展,是国内外首部,也是唯一一部全面、详尽论述康复评定理论与实践的专业著作。

6.《运动疗法技术学》由纪树荣教授主编,是国内第一部运动疗法技术学专著,详细介绍运动疗法技术的基本理论、常用的各种治疗技术及其在实际工作中的应用方法。

7.《临床运动疗法学》由张琦副教授主编,根据国际上运动疗法发展的新理念,结合国内运动疗法及其临床应用编写而成,是国内目前内容最全面的临床运动疗法学教材。

8.《文体疗法学》由金宁主任技师主编,主要介绍利用体育、娱乐项目对患者进行治疗的方法,是 PT 和 OT 的补充和延伸,也是国内第一部文体康复治疗的专著。

9.《理疗学》由乔志恒教授和华桂茹教授主编,内容包括物理疗法概论、各种电疗法、光疗法(含激光)、超声疗法、磁场疗法、温热疗法、水疗法和生物反馈疗法等。

10.《基础作业学》由陈立嘉主任医师主编,主要介绍现代作业疗法的基本理论、基本技术和基本方法,也是第一部此领域的专著。

11.《临床作业疗法学》由陈小梅主编,国内和日本多位具有丰富作业疗法教学和临床治疗经验的专家共同撰写,涵盖了作业疗法的基本理论、评定和治疗方法等内容,并系统地介绍了脑卒中、脊髓损伤、周围神经损伤、骨科及精神障碍等不同疾患的康复特点和作业治疗方法,内容全面,具有很强的实用性。

12.《日常生活技能与环境改造》由刘璇副主任技师主编,是我国国内有关残疾人日常生活活动作训练,以及患者住房和周围环境的无障碍改造的第一部专著。

13.《康复心理学》由贺丹军主任医师主编,从残疾人的角度入手,论述其心理特征及康复治疗手段对康复对象心理的影响,将心理治疗的理论和技术运用于心理康复,是国内第一部康复心理学方面的专著。

14.《假肢与矫形器学》由赵辉三主任医师主编,内容包括:与假肢装配有关的截肢,截肢者康复的新观念、新方法,常用假肢、矫形器及其他残疾人辅具的品种特点、临床应用和装配适合性检验方法。

15.《中国传统康复治疗学》由陈之罡主任医师主编,内容主要包括中国传统医学的基本理论、基本知识,以及在临床中常用且比较成熟的中国传统康复治疗方法。

16.《言语治疗学》由李胜利教授主编,借鉴国际言语康复的现代理论和技术,结合国内言语康复的实践经验编写而成,是国内第一部内容最全面的言语治疗学教材。

17.《物理疗法与作业疗法研究》由刘克敏主任医师主编,是国内第一部指导PT、OT专业人员进行临床研究的教材,侧重于基本概念和实例分析,实用性强。

18.《社区康复学》由付克礼研究员主编,是PT、OT合用的教材,分上、中、下三篇。上篇主要介绍社区康复的最新理论、在社区开展的实践活动和社区康复管理知识;中篇主要介绍社区实用的物理疗法技术和常见病残的物理治疗方法;下篇主要介绍社区实用的作业疗法技术和常见病残的作业治疗方法。

19.《职业关联活动学》由吴葵主编,主要介绍恢复和提高残疾人职业能力的理论和实践方法。

在本套教材的修订编写过程中,各位编写者都本着精益求精、求实创新的原则,力争达到精品教材的水准。但是,由于编写时间有限,加之出自多人之手,难免出现不当之处,欢迎广大读者提出宝贵的意见和建议,以便三版时修订。

本套教材的编写得到日本国际协力事业团(JICA)的大力支持,谨致谢忱。

高等医学院校
康复治疗学专业教材编委会
2011年6月

《言语治疗学》
再版前言

　　言语治疗是康复医学的组成部分,是对各种言语障碍和交往障碍进行评价,治疗和研究的学科,在第一次世界大战中,出现大量颅脑损伤的年轻人急需抢救和治疗,一些从事神经病学的医生开始对患者的语言障碍进行治疗。第二次世界大战后,出现了大量外伤性的失语症患者。神经科医生、心理学家和言语病理学家开始联合起来对其言语障碍进行治疗。他们的工作使言语障碍的研究得到较大的发展。上个世纪60年代和70年代之后,随着一些国家大量康复中心的建立,康复医学的发展更为迅速。言语治疗也日愈受到医疗机构的重视。在一些发达国家,如美国、加拿大、澳大利亚、日本、韩国等相继建立了言语病理专业,培养言语治疗和研究的专业人员。我国的言语康复开始于上世纪80年代末,随着国内康复医学的整体发展和与国际上同行交流的日益增加,在国内已经有几十所大学的康复医学专业开设了言语治疗课程,医学界对言语治疗认识也更加深入和普及。除此之外在言语治疗的专业范畴方面,除了对所有言语-语言障碍进行康复以外,发达国家已经正式将吞咽障碍纳入言语治疗的专业范围并且在其评价方面更加丰富,如X线吞咽造影录像检查(video fluoroscopic examination of swallowing,VF)和内窥镜吞咽检查(video endoscopic examination swallowing,VE)在国外已经是很普及的评价技术,而且治疗方法方面也取得了较快的发展,这些评价方法和治疗方法也被引进到国内并得以推广。

　　本书在内容上除了第一版所包括"失语症""运动性构音障碍""语言发育迟缓""口吃""听力障碍所致的语言障碍""机能性构音障碍"等。为了使学生对言语治疗的专业范围有更深入和广泛的了解,在第一版的基础上增加了关于吞咽障碍,右侧大脑半球损伤所致的言语障碍和脑外伤所致的言语障碍的章节。在原有部分也增加了进展的内容。本书尽量做到基础理论与实际相结合,注重于实际应用。在评价方法上不是照搬外国的评价方法,而是依据外国的先进理论,结合汉语的语言特点研制,经过正常人大样本的测试得出常模,并且在国内大量失语症患者得以实际应用,取得了很好的效果。本书的第一版编写得到了日本言语治疗专家柴田贞雄、白坂康俊、三浦康子、仓内纪子等的指导和帮助,在第二版编写资料方面得到美国明尼苏达大学Mark Mizuko教授的帮助,对他们的无私帮助表示忠心感谢。由于我们还缺乏经验和时间紧迫,书中可能会有一些不足或问题,希望广大读者批评指正。

李胜利
2012年2月

目 录

第一章 引 论 ·· (1)
  第一节 基本概念 ·· (1)
  第二节 言语的产生、传递和接受过程 ··· (2)
    一、言语学水平阶段 ··· (2)
    二、生理学水平阶段 ··· (2)
    三、声学水平阶段 ·· (3)
  第三节 言语-语言障碍的分类 ·· (3)
    一、失语症 ·· (3)
    二、运动性构音障碍 ··· (3)
    三、听力障碍所致的言语障碍 ·· (3)
    四、儿童语言发育迟缓 ··· (3)
    五、器质性构音障碍 ··· (4)
    六、口吃 ··· (4)
    七、发声障碍 ·· (4)
    八、功能性构音障碍 ··· (4)
  第四节 如何进行言语治疗 ·· (4)
    一、治疗途径 ·· (4)
    二、治疗原理 ·· (4)
    三、治疗的条件和要求 ··· (6)
    四、注意事项 ·· (7)

第二章 失语症 ·· (8)
  第一节 概述 ·· (8)
    一、定义 ··· (8)
    二、病因及言语症状 ··· (8)
    三、分类 ··· (11)
    四、各类失语症的临床特征和病灶 ·· (12)
    五、与失语症有关的言语障碍 ·· (18)
  第二节 失语症的评定 ·· (21)
    一、国内常用的失语症评定方法 ·· (21)
    二、国际上常用的失语症检查法 ·· (35)
    三、失语症严重程度的评定 ·· (35)
  第三节 失语症的鉴别诊断 ·· (36)

一、主要失语症类型的鉴别诊断 …………………………………………………… (36)
　　二、失语症与其他言语障碍的鉴别诊断 ……………………………………………… (37)
　第四节　失语症的评定报告及训练规划 ………………………………………………… (38)
　　一、评定报告简述 …………………………………………………………………… (38)
　　二、报告书的制作和训练规划 ……………………………………………………… (38)
　第五节　失语症治疗 ……………………………………………………………………… (43)
　　一、概述 ……………………………………………………………………………… (43)
　　二、失语症分类治疗 ………………………………………………………………… (44)
　第六节　失语症的康复 …………………………………………………………………… (48)
　　一、失语症康复的主要机制 ………………………………………………………… (48)
　　二、失语症的康复疗效 ……………………………………………………………… (48)
　　三、失语症的预后 …………………………………………………………………… (49)
　第七节　Schuell刺激疗法 ………………………………………………………………… (50)
　　一、Schuell刺激疗法的原理 ………………………………………………………… (50)
　　二、治疗程序的设定及注意事项 …………………………………………………… (50)
　　三、治疗课题的选择 ………………………………………………………………… (52)
　第八节　小组治疗 ………………………………………………………………………… (53)
　　一、心理治疗小组 …………………………………………………………………… (53)
　　二、家庭咨询和支持小组 …………………………………………………………… (53)
　　三、言语-语言治疗小组 …………………………………………………………… (53)
　第九节　言语失用与口失用的治疗 ……………………………………………………… (53)
　　一、言语失用的治疗 ………………………………………………………………… (53)
　　二、口失用的治疗 …………………………………………………………………… (54)
　第十节　促进实用交流能力的训练 ……………………………………………………… (55)
　　一、训练目的 ………………………………………………………………………… (55)
　　二、训练原则 ………………………………………………………………………… (55)
　　三、交流效果促进法 ………………………………………………………………… (55)
　第十一节　阅读理解的训练 ……………………………………………………………… (56)
　　一、失读症的分类 …………………………………………………………………… (56)
　　二、阅读理解的过程 ………………………………………………………………… (57)
　　三、影响阅读理解的因素 …………………………………………………………… (57)
　　四、阅读理解的训练 ………………………………………………………………… (58)
　第十二节　书写的训练 …………………………………………………………………… (61)
　　一、失写症的分类 …………………………………………………………………… (61)
　　二、书写的训练 ……………………………………………………………………… (63)

第三章　构音障碍 …………………………………………………………………………… (67)
　第一节　言语产生的机制 ………………………………………………………………… (67)
　　一、大脑的控制和调节 ……………………………………………………………… (67)
　　二、发声 ……………………………………………………………………………… (68)

三、调音 ……………………………………………………………… (72)
　第二节　构音障碍的评定 ………………………………………………… (74)
　　一、构音障碍的定义和分类 …………………………………………… (74)
　　二、构音障碍的评定 …………………………………………………… (75)
　第三节　构音障碍的治疗 ………………………………………………… (84)
　　一、轻度至中度构音障碍的治疗 ……………………………………… (84)
　　二、重度构音障碍的治疗 ……………………………………………… (86)
　　三、脑瘫儿童构音障碍的治疗 ………………………………………… (90)

第四章　语言发育迟缓 ……………………………………………………… (93)
　第一节　概述 ……………………………………………………………… (93)
　　一、语言发育迟缓的定义和病因 ……………………………………… (94)
　　二、语言发育迟缓的主要表现 ………………………………………… (95)
　第二节　语言发育迟缓的评定 …………………………………………… (95)
　　一、评定目的 …………………………………………………………… (95)
　　二、评定程序和内容 …………………………………………………… (95)
　　三、汉语儿童语言发育迟缓评定法 …………………………………… (99)
　　四、评定结果分析 ……………………………………………………… (105)
　第三节　语言发育迟缓训练 ……………………………………………… (106)
　　一、基本条件 …………………………………………………………… (106)
　　二、训练原则 …………………………………………………………… (107)
　　三、训练的适应 ………………………………………………………… (107)
　　四、训练条件 …………………………………………………………… (108)
　　五、记录方法 …………………………………………………………… (108)
　　六、误反应的场合处理 ………………………………………………… (109)
　　七、训练程序的制定 …………………………………………………… (109)
　第四节　语言发育迟缓训练方法 ………………………………………… (110)
　　一、未学会言语符号儿童的训练 ……………………………………… (110)
　　二、手势符号训练 ……………………………………………………… (115)
　　三、扩大词汇量训练 …………………………………………………… (118)
　　四、词句训练 …………………………………………………………… (120)
　　五、语法训练 …………………………………………………………… (124)
　　六、表达训练 …………………………………………………………… (125)
　　七、文字训练 …………………………………………………………… (127)
　　八、交流训练 …………………………………………………………… (129)
　　九、家庭环境调整 ……………………………………………………… (131)
　[附]病例训练举例 ………………………………………………………… (133)

第五章　耳聋 ………………………………………………………………… (135)
　第一节　概述 ……………………………………………………………… (135)
　　一、耳聋的分类及病因 ………………………………………………… (135)

二、耳聋的预防 ………………………………………………………… (136)
第二节　常用的听力障碍检查法 ……………………………………………… (137)
　　一、概述 ………………………………………………………………… (137)
　　二、行为测听法 ………………………………………………………… (139)
　　三、条件探索听力反应检查 …………………………………………… (139)
　　四、听力计检查法 ……………………………………………………… (139)
　　五、听诱发脑干反应 …………………………………………………… (140)
第三节　助听器的类别及选配 ………………………………………………… (142)
　　一、助听器的类别 ……………………………………………………… (143)
　　二、助听器的适应证 …………………………………………………… (144)
　　三、助听器的选配 ……………………………………………………… (144)
第四节　聋儿的听觉言语训练 ………………………………………………… (146)
　　一、概述 ………………………………………………………………… (146)
　　二、聋儿的听觉训练 …………………………………………………… (148)
　　三、聋儿的言语训练 …………………………………………………… (150)
　　四、构音训练 …………………………………………………………… (157)
　　五、语言环境的调整 …………………………………………………… (160)

第六章　腭裂 ……………………………………………………………………… (163)
第一节　定义和语言表现 ……………………………………………………… (163)
　　一、概述 ………………………………………………………………… (163)
　　二、腭裂的语音表现 …………………………………………………… (164)
第二节　腭裂的评价 …………………………………………………………… (166)
　　一、构音器官形态和功能评定 ………………………………………… (166)
　　二、腭咽闭和机能的相关评定 ………………………………………… (167)
　　三、构音评定 …………………………………………………………… (168)
　　四、粘膜下腭裂、先天性腭咽闭合机能不全的检查 ………………… (168)
　　五、其他相关检查 ……………………………………………………… (169)
第三节　腭裂的构音训练 ……………………………………………………… (169)
　　一、语言训练开始的时间 ……………………………………………… (169)
　　二、腭咽语言训练原则和注意事项 …………………………………… (170)
　　三、具体训练方法 ……………………………………………………… (170)

第七章　口吃 ……………………………………………………………………… (172)
第一节　概述 …………………………………………………………………… (172)
　　一、口吃的定义 ………………………………………………………… (172)
　　二、口吃的原因 ………………………………………………………… (172)
　　三、口吃的诊断 ………………………………………………………… (173)
第二节　口吃的评定 …………………………………………………………… (177)
　　一、学龄前儿童口吃的评定 …………………………………………… (177)
　　二、学生期及成人期口吃的评定 ……………………………………… (177)

第三节　口吃的治疗 …………………………………………………………… (179)
　　　一、口吃治愈的标准 …………………………………………………………… (179)
　　　二、口吃儿童父母指导 ………………………………………………………… (179)
　　　三、口吃儿童的治疗 …………………………………………………………… (181)
　　　四、成人口吃的治疗 …………………………………………………………… (183)

第八章　吞咽障碍 ………………………………………………………………… (185)
　　第一节　正常吞咽过程 ………………………………………………………… (185)
　　　一、口腔准备期及口腔期 ……………………………………………………… (186)
　　　二、咽期 ………………………………………………………………………… (187)
　　　三、食管期 ……………………………………………………………………… (188)
　　第二节　吞咽障碍的评定 ……………………………………………………… (189)
　　　一、吞咽障碍的定义 …………………………………………………………… (189)
　　　二、吞咽障碍的原因 …………………………………………………………… (189)
　　　三、吞咽障碍的症状 …………………………………………………………… (189)
　　　四、吞咽障碍的评定方法 ……………………………………………………… (190)
　　第三节　吞咽障碍的治疗 ……………………………………………………… (199)
　　　一、假性球麻痹所致的吞咽障碍的治疗 ……………………………………… (199)
　　　二、真性球麻痹性(延髓性麻痹)吞咽障碍的治疗 …………………………… (201)
　　　三、吞咽障碍的间接与直接治疗方法 ………………………………………… (202)
　　　四、摄食吞咽障碍的综合训练 ………………………………………………… (204)
　　　五、外科手术 …………………………………………………………………… (204)

第九章　脑外伤相关的交流障碍 ………………………………………………… (205)
　　第一节　概述 …………………………………………………………………… (205)
　　　一、脑外伤相关的交流障碍定义和病因 ……………………………………… (205)
　　　二、脑外伤相关的交流障碍症状 ……………………………………………… (206)
　　第二节　脑外伤相关交流障碍的评定及诊断 ………………………………… (208)
　　　一、搜集病史以及神经系统评价 ……………………………………………… (208)
　　　二、认知及语言评定测验 ……………………………………………………… (208)
　　　三、鉴别诊断 …………………………………………………………………… (209)
　　第三节　脑外伤相关交流障碍的治疗 ………………………………………… (209)
　　　一、与脑外伤相关的交流障碍的治疗的有效性 ……………………………… (209)
　　　二、认知康复 …………………………………………………………………… (210)
　　　三、语言和谈话问题 …………………………………………………………… (213)
　　　四、注意力不足的治疗 ………………………………………………………… (214)

第十章　右侧大脑半球功能障碍所致的交流障碍 ……………………………… (215)
　　第一节　概述 …………………………………………………………………… (215)
　　　一、定义 ………………………………………………………………………… (215)
　　　二、症状 ………………………………………………………………………… (215)
　　　三、病因 ………………………………………………………………………… (218)

第二节　右侧大脑半球功能障碍所致交流障碍的诊断……………………（218）
　一、评价内容……………………………………………………………（218）
　二、搜集病史及神经系统检查…………………………………………（218）
第三节　右侧大脑半球功能障碍所致交流障碍的治疗……………………（219）
　一、右侧大脑半球功能障碍相关的沟通障碍治疗的有效性…………（220）
　二、注意力、知觉及忽略的治疗………………………………………（220）
　三、空间结构障碍治疗…………………………………………………（221）
　四、空间和人物定位障碍治疗…………………………………………（221）
　五、疾病失认症的治疗…………………………………………………（222）
　六、面容失认症的治疗…………………………………………………（222）
　七、整合信息的治疗……………………………………………………（222）
　八、语用障碍的治疗……………………………………………………（224）
　九、情感和韵律损伤的治疗……………………………………………（224）
附录1　西方失语症成套测验………………………………………………（226）
附录2　简式（36项目）Token测验………………………………………（234）
主要参考文献…………………………………………………………………（237）

第一章 引 论

教学目标
1. 掌握言语—语言障碍的定义、类型。
2. 熟悉言语障碍的治疗途径、原则、注意事项。
3. 了解言语链,言语治疗的条件和要求。

第一节 基本概念

言语治疗学是由言语治疗专业人员对各类言语障碍者进行治疗或矫治的一门专业学科。其内容包括对各种言语障碍进行评定、诊断、治疗和研究,对象是存在各类言语障碍的成人和儿童。言语障碍包括失语症、构音障碍、儿童语言发育迟缓、发声障碍和口吃等。直接从事言语治疗工作的人称为言语治疗师或语言治疗师。言语治疗在发达国家已有半个多世纪的历史,目前该领域已形成完整的教育体系。在这些国家,从事此项工作的人大多要求取得硕士学位和临床资格后才能就业。在美国、加拿大、澳大利亚等国,已将言语治疗师更名为言语—语言病理学家(speech-language pathologist,SLP)。言语治疗师是康复小组的成员之一,在医院大多是与康复医师、物理治疗师、作业治疗师等密切合作进行康复工作的。在发达国家,一些 SLP 还可以在学校工作或私人开业。在我国,言语康复工作开始于上个世纪 80 年代末到 90 年代初,近几年来有较快的发展,但目前从事此项工作的人员仍然匮乏,因此,发展壮大言语治疗人员队伍和不断提高从业人员的水平是当前重要工作之一。

在学习言语治疗学之前,必须明了两个概念,言语(speech)和语言(language),它们是人类交流思想的工具,在人们的日常生活中,言语和语言两个词往往混用,虽然不会影响意思的理解,但从言语治疗学的角度来说,就有所区别。言语是音声语言(口语)形成的机械过程。为使口语表达声音响亮、发音清晰,需要有与言语产生有关的神经和肌肉参与活动。当这些神经或者肌肉发生病变时,就会出现说话费力或发音不清。代表性的言语障碍为构音障碍(dysarthria),临床上最多见的是假性球麻痹所致的构音障碍。语言是指人类社会中约定俗成的符号系统,人们通过应用这些符号达到交流的目的。语言包括对符号运用(表达)和接受(理解)的能力,也包括对文字语言符号的运用(书写)、接受(阅读)以及姿势语言和哑语。代表性的语言障碍是失语症和语言发育迟缓。"言语"、"语言"的区分主要是为了使言语治疗人员能够对各种言语和语言障碍正确理解并进行康复治疗。为了本书用词的简化,而又不失强调和突出言语—语言障碍的性质和特点,在失语症和语言发育迟缓中区别使用"语言"和"言语",在其他章节仍用"言语"一词代表"言语"和"语言"。

第二节 言语的产生、传递和接受过程

人们在平时的生活和工作中用言语进行交往和传递信息,在产生和运用言语的过程中常常是无意识的,包括意识不到哪些言语器官如何进行活动,但实际上言语处理的过程是相当复杂的。为了便于理解,可将言语的处理过程分为三个阶段(图1-1)。

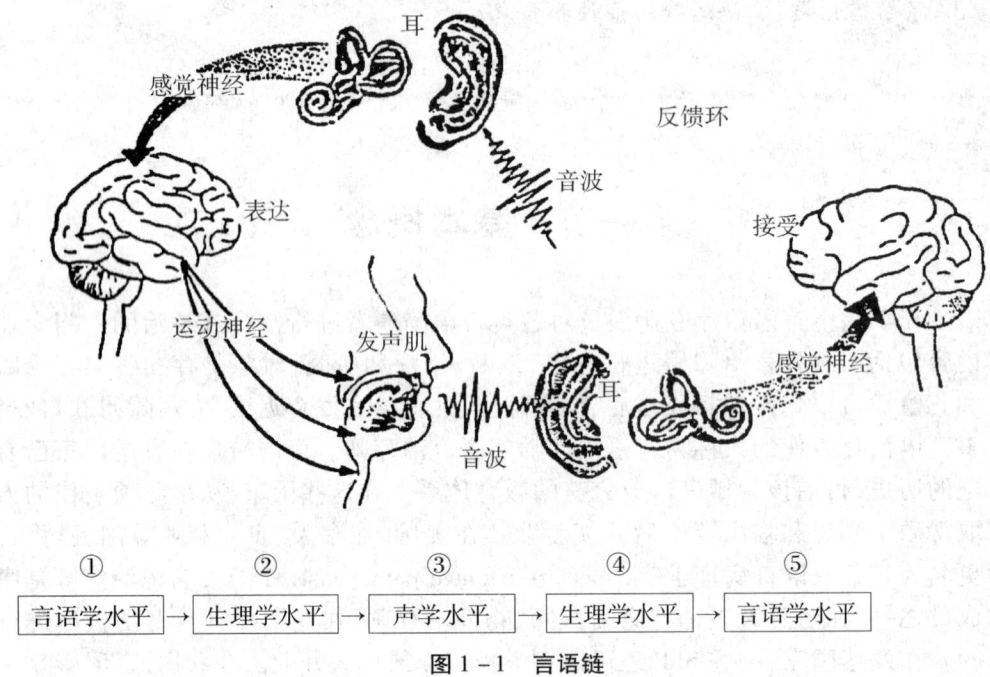

图1-1 言语链

(P B Denes and E N Pinson,The speech chain. Garden City, N. Y Andcher Present Doubleday,1973)

一、言语学水平阶段

言语学水平阶段是在大脑内完成的。不论是汉语、英语,还是其他语种,都是以所规定的符号为基础,用语言学概念将所要说的内容组合起来,例如小单位由一个个的音排列成单词,大单位依语法结构排列成字句和文章等。

二、生理学水平阶段

如果决定了要说的内容,就要实际运用构音器官,通过构音器官的协调运动,说出单词、字句和文章。构音器官的运动包括横膈、声带、腭、唇等的协调运动。例如在说出"苹果"这个词时,就要通过大脑和神经支配下的言语肌肉的协调运动来实现;在说出这个词后通过对

方的耳郭、中耳、内耳、听神经传到听觉中枢；同时也通过同样途径传到说话者中枢，由此说话者可以调节和控制说话的音量。以上的三个方面都属于复杂的生理过程。

三、声学水平阶段

由说话者通过言语肌肉的协调运动产生的单词或语句，是以声的形式传递的，这种形式包括三方面的因素：声的大小（强度）、高低（音调）和音色。听觉言语器官先天或后天的障碍在声学水平阶段可以出现各种各样的变化，这些将在以后的内容中详述。

言语处理过程中的每一水平都很复杂，而且要表达的意图、内容的组合、发声构音器官的协调运动等是随着年龄变化而变化的，所以，言语功能与大脑的发育有关。如果存在先天性因素所致的大脑发育不全，便会不同程度地影响言语学水平的处理过程。在后天性因素中，如脑梗死或脑外伤损伤了大脑的语言中枢，也会影响言语学水平和生理学水平，进而影响声学水平。如在言语发育完成之前发生听力障碍，对言语障碍的影响也会由生理学水平影响到言语学水平和声学水平。

第三节　言语—语言障碍的分类

一、失语症

失语症（aphasia）是言语获得后的障碍，是由于大脑损伤所引起的言语功能受损或丧失，常常表现为听、说、读、写、计算等方面的障碍。成人和儿童均可发生。

二、运动性构音障碍

由于神经肌肉病变引起构音器官的运动障碍，出现发声和构音不清等症状称为运动性构音障碍（dysarthria）。常见病因有脑血管病、脑外伤、脑瘫、多发性硬化等。

三、听力障碍所致的言语障碍

从言语康复的观点出发，获得言语之前与获得言语之后的听觉障碍的鉴别很重要。儿童一般在七岁左右言语即发育完成，这时可以称之获得言语，获得言语之后的听觉障碍的处理只是听力补偿问题；获得言语之前特别是婴幼儿时期的中度以上的听力障碍所导致的言语障碍（deafness and dumbness），不经听觉言语康复治疗，获得言语会很困难。

四、儿童语言发育迟缓

儿童语言发育迟缓（delayed language development）是指儿童在生长发育过程中其言语发育落后于实际年龄的状态。最常见的病因有大脑功能发育不全、自闭症、脑瘫等。这类儿童通过言语训练虽然不能达到正常儿童的言语发育水平，但是可以尽量发挥和促进被限制的言语能力，不仅言语障碍会有很大程度的改善，还能促进患儿的社会适应能力。

五、器质性构音障碍

由于构音器官形态结构异常所致的构音障碍称为器质性构音障碍(deformity dysarthria)。其代表为腭裂，可以通过手术来修补缺损，但部分患儿还会遗留有构音障碍，通过言语训练可以治愈或改善。

六、口吃

口吃(stutter)是言语的流畅性障碍。口吃的确切原因目前还不十分清楚，部分儿童是在言语发育过程中不慎学习了口吃，或与遗传以及心理障碍等因素有关。口吃可表现为重复说初始的单词或语音、停顿、拖音等。部分儿童可随着成长自愈；没有自愈的口吃常常伴随至成年或终生，通过训练大多数可以得到改善。

七、发声障碍

发声是指由喉头(声门部)发出声波，通过喉头以上的共鸣腔产生声音，这里所指的"声"是嗓音。多数情况下，发声障碍(dysphonia)是由于呼吸及喉头调节存在器质或功能异常引起的，常见于声带和喉的炎症、新生物以及神经的功能失调，发声异常作为喉头疾病的表现之一，在临床上具有重要意义。

八、功能性构音障碍

功能性构音障碍(functional dysarthria)多见于学龄前儿童，指在不存在任何运动障碍、听力障碍和形态异常等情况下，部分发音不清晰。通过训练这种障碍可以完全恢复。

第四节 如何进行言语治疗

一、治疗途径

1. 训练和指导 是言语治疗的中心，包括听觉的活用，促进言语的理解和口语表达，恢复或改善构音功能，提高语音清晰度等言语治疗。

2. 手法介入 对一些言语障碍的患者，可以利用传统医学的手法帮助改善受限的与言语产生有关的运动功能，此方法适用于运动性构音障碍，特别是重症患者。

3. 辅助具 为了补偿功能受限，有时需要装配辅助具，如重度运动性构音障碍腭咽肌闭合不全时，可以给患者戴上腭托，以改善鼻音化构音。

4. 替代方式 当重度言语障碍很难达到正常的交流水平时，就要考虑使用替代交流方式，如手势、交流板和言语交流器等。

二、治疗原理

言语治疗的目的是促进交流能力的获得或再获得。通过治疗人员给予某种刺激，使患者作出反应,正确的反应要强化(正强化),错误的反应要加以更正(负强化),反复进行可以形成正确反应,纠正错误反应(图1-2)。

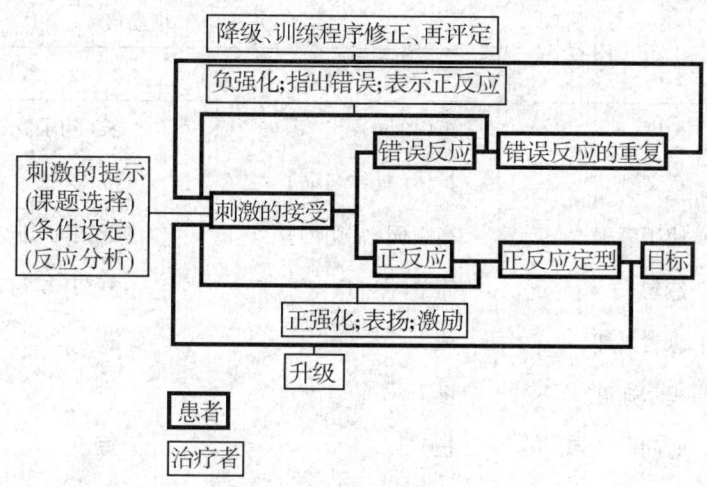

图1-2 言语治疗原理

1. 基本过程
(1)给予患者事先准备好的刺激,比如图片、文字或实物等。
(2)若患者反应正确(正反应),告诉他回答正确(正强化)。
(3)若患者反应不正确(错误反应),则告之错误(负强化)。
(4)通过患者和治疗师的努力,患者的正反应增多并固定下来。
(5)正反应固定下来以后,则上移一阶段开始新的课题。
(6)反复进行,当达到目标阶段时结束。

2. 设定训练课题 按特定的目标选择训练材料,规定实施顺序的具体过程称为设定训练课题。设定训练课题之前,首先要对患者的言语障碍进行正确的评定和分型,了解言语障碍的各个侧面和程度。在此基础上,针对言语障碍症状的各个方面,设定能使之改善的训练课题。若评定结果不准确,就会给患者设定出过于简单或过于难的课题。

3. 制定训练程序 明确了训练课题后,还要制定训练程序,也就是把训练课题分解成数个小步骤。训练程序制定正确与否会明显影响训练效果,因此必须加以注意。训练程序制定相关因素见表1-1。

4. 刺激与反应 在训练进行过程中,由于患者的障碍程度不同反应也会多种多样。比如做事物基础概念的选择训练,在患者的面前摆上牙刷、手套和眼镜,训练者手中拿着一个玩具小娃娃,并对患者说"请你给小朋友刷刷牙"(刺激),患者执行正确(正确反应)时会拿起牙刷放在小娃娃的嘴前做出刷牙的动作(反应)。患者执行不正确即为错误反应。这便是训练过程中的一种刺激—反应。

5. 强化与反馈 在训练过程中患者反应正确时,要使之知道正确并给予鼓励(正强化);反应错误时也要让其知道错误并一起表示遗憾(负强化)。向患者传递反应正误的过程称为反馈。正确使用反馈在训练过程中非常重要,特别是对刚刚开始训练的患者,往往可以使患者配合训练,巩固训练成果。在强化和反馈的应用过程中,对儿童患者有时要给予奖励,但要考虑患者的年龄和兴趣合理应用,才能取得良好效果。

表1-1 训练程序制定相关因素

项目	内容	难易度	
		易	难
课题	长度	短(单词)	长(句子)
	意义	具体(具体名词)	抽象(抽象名词)
	使用频率	高频词(常用词)	低频词(非常用词)
	造句	简单(单句)	复杂(复句)
	患者兴趣	浓	淡
刺激	提示速度	慢	快
	时间	长	短
	提示次数	多	少
	间隔	短	长
	醒目性	醒目(彩色图片)	不醒目(线条画)
	声音强度	强	弱
输入途径	种类	视觉	听觉
	数量	多数	单一
选择答案	数量	少	多
	内容	不同(不同范畴)	相近(同一范畴)

6. 升级与降级　在刺激—反应进行过程中,正反应会逐渐增强,当正反应能固定下来时,就可以考虑将训练上升一个阶段。当顺利达到训练目标时,训练即结束。但有时错误反应会增强,此种情况大多由于训练难度超出了患者的水平,这时反而要降级。在下降一阶段训练一段时间后,当有所改善时,还可以重新升级。但如果是由于初期的评定不准确使训练课题设定不正确所致,则可能在降级以后错误反应仍继续存在,这时候就要进行再评定和修订训练程序。当正答率达到100%时,要把训练上升一个阶段,但有时判定也有一定困难,一般情况是在正答率达到70%~80%时,就可以考虑升级。

三、治疗的条件和要求

为了达到最佳治疗效果,要尽量按以下要求去做:

1. 场所　对于脑血管病急性期或脑外伤患者,病情许可时,可以在床边进行训练。当可以借助轮椅活动时,可到训练室进行训练。要尽量避开视觉和听觉上的干扰,最理想的是在有隔音设施的房间内进行。成人治疗的房间不要太大,一般 $10m^2$ 即可。

2. 形式　原则上以一对一训练为主,有时要进行集体训练,可请心理治疗师、作业治疗师、社会工作者一起参加,这种训练可以提高患者的自信心和兴趣。

3. 治疗次数和时间　可以根据训练者和患者人数而定,一般一次半小时至 1 小时,住院患者每周 3~5 次,门诊患者可以间隔时间长一些。为使患者更好地康复,还应对患者家属提供指导。

4. 卫生管理　训练时训练者会经常接触患者的身体和唾液,所以一定要注意预防各种传染病,手指有伤时要特别注意。训练前后要洗手,训练物品要定期消毒,直接接触患者口腔或皮肤的检查训练物品时,要尽量用一次性的。

四、注意事项

1. 反馈的重要性　这里所说的"反馈"是指训练过程中,患者对自己的反应有意识地认识(如指出图片或发出声音等)。反馈有两种意义,一是对自己所进行的活动有意识地客观地把握,二是能认识到反应正确与否。

2. 关心患者状态　患者常存在注意力、观察力失常,抑郁,过度紧张等,在这种情况下,要注意与患者的说话方式和调整环境。

3. 确保交流手段　语言是交流的工具,对于重症患者,首先要用手势、笔谈、交流板等交流工具尽量建立基本的交流。这对于患者,特别是对失语症患者有很大意义。

4. 重视患者本人的训练　一般来说训练效果与训练时间成正比,因此,要充分调动患者及其家属的积极性,配合训练。让患者自己训练时,训练的课题和内容可以与专业训练一样,但要变换形式。

5. 注意观察患者的异常反应　治疗前要了解患者原发病及合并症方面的资料以及可能出现的意外情况。另外,要经常注意患者的身体情况,病房人员的介入量,运动疗法、作业疗法训练内容等,特别要注意患者的疲劳表情,训练时如发现与平时状态不同绝不要勉强训练。

(李胜利)

思考题

1. 简述言语—语言障碍的类型和定义。
2. 简述言语障碍的治疗途径和原则。
3. 简述影响训练程序的相关因素。
4. 简述言语治疗的条件、要求和注意事项。

第二章 失语症

教学目标
1. 掌握失语症的定义、言语表现和刺激疗法。
2. 熟悉不同失语症类型的言语特征和典型失语症的鉴别诊断。
3. 了解失语症的其他治疗原则和方法。

第一节 概述

一、定义

失语症的定义有很多种,Benson 认为失语症是指大脑功能受损所引起的语言功能丧失或受损。这是目前临床上比较常用的定义。Ryan 给失语症下的定义是:失语症是由于脑损伤所引起的组织语言能力的丧失或低下,可以在以下方面出现困难:①口语和书面语言;②识别图片或物体;③口语、书面语和手势的交流。Darley 认为失语症是由于脑的损伤所致的语言符号形成和解释能力的障碍,及在语言学成分编码和译码效能(词形和较大语法单位)方面多种语言能力的丧失或障碍;而且,这种障碍与其他智力水平不一致,要除外痴呆、言语错乱、感觉缺失或者运动功能障碍;并且是在词汇使用上有减少,语法规则能力低下,听觉记铭度降低以及在语言输入和输出通路选择能力上的障碍。近十余年,随着失语症研究的更加广泛和深入,在意识到作为语言基础的认知水平的重要性后,对失语症的定义也有了新的观点,具有代表性的是 Chaipey 的失语症定义。他认为失语症是一类由于脑的器质性病变所致,在语言和作为语言基础的认知过程方面的后天性损害,其特点是在语言的意思、形式或结构、应用或功能及作为语言基础的认知过程的降低和功能障碍,包括语言识别、理解、记忆和思维障碍,具体表现在听、说、读、写四个方面。从以上的定义可以看出这些定义的侧重点有所不同,但主体内容是一致的。

二、病因及言语症状

(一)病因

常见病因有脑血管病、脑外伤、脑肿瘤、感染等。关于脑卒中所致失语症的发病率,Brust

曾观察了850名急性期患者,发现21%患有失语症。在美国的有关资料显示闭合性颅脑损伤患者失语症的发病率超过75%。我国的研究资料显示1/3以上的脑卒中患者可产生各种语言障碍。失语症在所有语言障碍中是一种最复杂的语言障碍。失语症总的表现为似乎失去语言或语言功能不能发挥的状态,应与以下障碍相鉴别:①意识障碍;②痴呆;③运动性构音障碍;④其他高级脑功能障碍,如失用、失认等。但在临床上,失语症的病因多为中枢性损伤,故多合并有不同程度的脑功能低下以及构音障碍,部分患者还可能合并认知和行为障碍。另外,失语症有时与痴呆同时出现,或有时痴呆可能先于失语症出现,这些因素在诊断失语症时都应考虑到。

(二)言语症状

1. 听理解障碍　听理解障碍是失语症患者常见的症状,是指患者对口语的理解能力降低或丧失。根据失语症的类型和程度不同而表现出在字词、短句和文章不同水平的理解障碍。

(1)语音辨识障碍　患者能像常人一样听到声音,但听对方讲话时,对所听到的声音不能辨认,给人一种似乎听不见的感觉,患者可能会说听不懂对方的话或不断地让对方重复或反问,经纯音听力检查听力正常或仅有语音频率外的高频听力的减弱。典型的情况称为纯词聋,是临床上偶见的接受障碍。

(2)语义理解障碍　此种情况在失语症最多见,患者能正确辨认语音,但存在着反复的音义连续的中断以致部分或完全不能理解词意。常见于以下几种情况:在重症情况下,对日常生活的常用物品名称或简单的问候语不能理解;在中等程度时,患者理解常用的名词无困难,对不常用的词有困难,或者对名词无困难,但对动词不能理解;轻症患者往往在句子较长,内容和结构复杂时不能完全理解。

2. 口语表达障碍

(1)发音障碍　失语症的发音障碍和与言语产生有关的周围神经肌肉结构损害时的构音障碍不同,发音错误往往多变,这种错误大多由于言语失用所致。重症时仅可以发声,在中度时可见到随意说话和有意表达的分离现象,即刻意表达的语言明显不如随便说出的,模仿语言发音不如自发语言,且发音错误常不一致,可有韵律失调和四声错误。

(2)说话费力　一般常与发音障碍有关,表现为说话时语言不流畅,患者常伴有叹气、面部表情和身体姿势费力的表现。

(3)错语　常见有三种错语,即语音错语、词意错语和新语。语音错语是音素之间的置换,如将"香蕉"说成"香猫"。词意错语是词与词之间的置换,如将"桌子"说成"椅子"。新词则是用无意义的词或新创造的词代替说不出的词,如将"铅笔"说成"磨小"。

(4)杂乱语　也称奇特语,在表达时,大量错语混有新词,缺乏实质词,以至说出的话使对方难以理解。

(5)找词和命名困难　指患者在谈话过程中,欲说出恰当词时有困难或不能,多见于名词、动词和形容词。在谈话中因找词困难常出现停顿,甚至沉默,或表现出重复结尾词、介词或其他功能词。所有患者都有不同程度的找词困难。如果患者找不到恰当的词来表明意思,而以描述说明等方式进行表达时,称为迂回现象。当面对物品或图片时,不能说出物品或图片名称为呼名障碍。

(6) 刻板语言　常见于重症患者,可以是刻板单音,如"嗒""嗒","八""八",也可以是单词如"妈妈""妈妈","人啊""人啊"。这类患者仅限于刻板语言患者,即任何回答都以刻板语言回答,有时会出现无意义的声音。

(7) 言语的持续现象　在表达中持续重复同样的词或短语,特别是在找不到恰当的表达方式时出现,如有的患者被检查时,已更换了图片,但仍不停地说前面的内容。

(8) 模仿语言　一种强制性的复述检查者的话,称模仿语言,如检查者询问患者"你多大岁数了",患者重复"你多大岁数了"。多数有模仿语言的患者还有语言的补完现象,例如:检查者说"1,2",患者可接下去数数;检查者说"白日依山尽"患者接下去说"黄河入海流"。有时补完现象只是自动反应,患者实际并不一定了解内容。

(9) 语法障碍　失语法表达时多是名词和动词的罗列,缺乏语法结构,不能很完整地表达意思,类似电报文体,称电报式言语。语法错乱时句子中的实义词、虚词等存在,但用词错误,结构及关系紊乱。

(10) 言语的流畅性与非流畅性　一般根据患者谈话的特点将失语的口语分为流畅性和非流畅性。Benson 的言语流畅性与非流畅性改变参见表 2-1。

表 2-1　非流畅性与流畅性言语的鉴别

言语鉴别项目	非流畅性	流畅性
说话量	减少,50 词以下/分	多
费力程度	增加	无
句子长度	缩短	可说长句子
韵律	异常	正常
信息量	多	少

(11) 复述　在要求患者重复检查者说的词句时,有复述障碍者不能准确复述检查者说出的内容。完全性失语患者,几乎完全不能复述。Broca 失语患者表现为较长语句不能准确复述。有些类型的失语症可以较好地复述,如经皮质运动性失语、经皮质感觉性失语等。

3. 阅读障碍　因大脑病变致阅读能力受损称失读症(alexia)。阅读包括朗读和文字的理解,两者可以出现分离现象。

(1) 形、音、义失读　患者既不能正确朗读文字,也不理解文字的意义,表现为词与图的匹配错误或完全不能用词与图或实物配对。

(2) 形、音失读　表现为不能正确朗读文字,但却理解其意义,可以按字词与图或实物配对。

(3) 形、义失读　能正确朗读,却不理解文字的意义。失读患者对文字的阅读理解障碍也表现在语句的层级上,能正确朗读文字,文字与图匹配也正确,但组成句后不理解。

4. 书写障碍　书写不仅涉及到语言本身,还有视觉、听觉、运动觉、视空间功能和运动参与其中,所以在分析书写障碍(agraphia)时,要判断书写障碍是否是失语性的,检查项目包括自发性书写、分列书写、看图书写、写句、描述书写、听写和抄写。失语症的书写障碍常有以下几种表现:

(1) 书写不能　完全性书写障碍，可简单划一两划，构不成字形。
(2) 构字障碍　写出的字看起来像改字，但有笔画增添或减少，或者写出字的笔画全错。
(3) 镜像书写　见于右侧偏瘫用左手写字者，即笔画正确，但方向相反，可见写出的字与镜中所见相同。
(4) 书写过多　类似口语表达中的言语过多，书写中混杂一些无关字、词或造句。
(5) 惰性书写　写出一字词后，写其他词时，仍不停地写前面的字词，与口语的言语保持现象相似。
(6) 象形书写　不能写字，只能以图表示。
(7) 错误语法　书写句子出现语法错误，常与口语中的语法障碍相同。

三、分类

(一) 西方失语症分类

一个多世纪以来，失语症的研究取得了很大发展。随着失语症研究的逐步深入，很多学者根据各自不同观点和研究目的，已提出几十种分类方法，其中有些重叠，有些在失语症分类的名称上存在许多混乱，到目前为止还没有一个公认的方法。虽然分类的方法很多，但所有分类均是相对的，一种分类往往通过脑损伤后不同语言症状的组合反映对失语症机制的认识。1979 年 Benson 在"失语、失写、失读"中，开始应用"失语综合征"一词，即病灶在某一部位，患者较高频率地出现一组完全或不完全的临床症状。这一概念在后来的失语症研究和康复中，逐步得到广泛应用，而且被认为在全世界主要的语言上表现出共性，反映了人类大脑所具有的构造和功能上的特性。

(二) 汉语失语症分类

我国对失语症的分类是以 Benson 分类为基础的，汉语失语症主要类型如表 2-2。

表 2-2　汉语失语症主要类型

Broca 失语	Broca aphasia, BA
Wernicke 失语	Wernicke aphasia, WA
完全性失语	global aphasia, GA
传导性失语	conductive aphasia, CA
纯词聋	pure word deafness
纯词哑	pure word dymbness
经皮质运动性失语	transcortical mortor aphasia, TCMA
经皮质感觉性失语	transcortical sensory aphasia, TCSA
混合性经皮质失语	mixed transcortical aphasia
命名性失语	anomic aphasia, AA
皮质下失语	subcortical aphasia SCA
失读症	alexia
失写症	agraphia

(三) 典型与非典型失语分类

近些年来的研究证实,较为局限的皮质语言中枢损伤多表现出典型失语症状;广泛皮质损伤及皮质下损伤常表现出非典型失语症状。因此,又提出典型失语和非典型失语的分类方法,见图2-1。由于患者的病变部位不同,病程不同,其临床表现会有很大差异,所以典型失语也是相对的,有些失语难以归类。根据国外上世纪90年代研究资料和国内学者的观察,约30%的失语无法明确归于哪一类。在20世纪70年代末,已产生将失语症分为非流畅性失语和流畅性失语的二分法,一般损伤部位在中央沟稍前方时,言语为非流畅性,处于后方时则言语为流畅性。这种分类方法强调患者语言障碍性质,在国外从事语言康复的人员应用比较广泛。

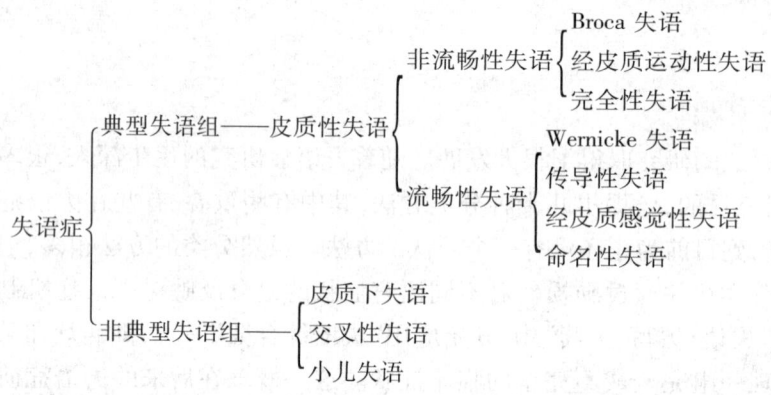

图2-1 典型失语与非典型失语

四、各类失语症的临床特征和病灶

1. Broca失语(Broca aphasia) 或称表达性失语(expressive aphasia),运动性失语(motor aphasia)。

(1) 主要临床特征 主要表现为表达障碍明显于理解障碍。自发性言语呈非流畅性,说话量少,费力,语言贫乏和缺乏语法词而呈电报式言语。严重时呈无言状态,有命名和找词困难,但给予词头音提示,常可以引出正确反应。有复述障碍,特别是在较长句子复述时更加突出。有错语,特别是语音性错语较多,还有韵律失常。理解障碍较轻,可以理解简单词语,常在长句和对执行口头指令时有困难。听觉把握能力下降,对文字的理解和音读也可有不同程度的困难。较复杂的语句理解有困难。文字的书写也受到损害,语法严重错误。另外,Broca失语还常伴有口颜面失用,当患者仅出现口语障碍,而言语、文字的理解、书写、智力、计算正常时称纯词哑,也有称纯粹性运动性失语或言语失用。

(2) 病灶 位于优势半球额下回后部三分之一的Broca区。此类患者多伴有右侧偏瘫。从整体看,Broca失语的预后比其他类型好,但因程度不同个体差异也较大。

(3) 病例举例 男性,58岁,大学文化程度,干部,右利。以言语不利伴右侧肢体活动不灵1月入院。患者于1月前的中午午睡起床时,发现右侧肢体不能活动并且不会说话,随即被送到附近医院治疗,诊断为脑梗死,经治疗病情稳定后转入康复中心进行康复治疗。查体:患者神志清楚,合作,右侧鼻唇沟变浅,伸舌右偏,右上肢肌力2级,右下肢肌力3级,右侧腱反射亢进,右 Babinski 征阳性。失语症检查:患者自发性言语少,可以回答自己的姓名,住址只能回答北京,可以用部分数字回答出生日期,但日期不正确。谈话中停顿较多,言语呈现非流畅性,并且发音不清晰,表达困难明显。听理解正确率:名词为 70%,动词为 60%,句子为 40%,执行口头指令不能进行。命名正确率为 40%,动作描述为 30%,可以接受词头音和手势提示。水果列举和漫画描述均为 0。复述名词正确率为 50%,动词为 40%,可以复述 3~5 个字的句子。出声读正确率:名词为 40%,动词为 30%。阅读理解正确率:名词和动词为 70%,句子为 20%,执行文字指令为 0。书写命名正确率为 30%。抄写正确率:名词为 80%,动词为 60%。听写正确率:名词为 40%,动词为 20%,句子为 0。计算 6 分(6 题正确)。MRI 显示"左额 Broca 区低密度灶"。

诊断:脑梗死、Broca 失语。

2. **经皮质运动性失语(transcortical motor aphasia)**

(1) 主要临床特征　口语表现为非流畅性,自发言语少,对刺激往往会作出相应简单的反应,音读、命名能力有个体差异,复述较好。在理解方面,对口语和文字语言理解均较好,部分患者书写有障碍,与 Broca 失语的主要区别在于此类患者可复述较长的句子。总体来看这类失语的预后较好。

(2) 病灶　在 Broca 区的前方及上方。多数病因为大脑中动脉梗死和脑外伤。

(3) 病例举例　男性,52 岁,右利,司机,初中文化程度。以右侧肢体活动不灵、言语不利 1 年入院。患者于 1995 年 5 月在早晨洗脸时,突发意识不清,当日行 CT 检查示"左额大面积脑梗死"。经脱水等药物治疗,1 周后意识转清,但仍不能说话。1 个月后渐渐可以简单交流,一直没有接受系统言语训练。为改善言语能力入院接受康复治疗。入院后行汉语标准失语症检查:口语为非流畅性,可以用部分单词和手势表达,如用操纵方向盘表示"司机",口语中部分四声错误。口语理解正确率:名词和动词均为 90%,句子理解为 70%,执行口头指令为 0。复述正确率:名词为 90%,动词为 70%,句子为 40%。命名和动作描述正确率均为 90%,画面说明为 0。出声读正确率:名词为 40%,动词和句子均为 0。阅读理解正确率:名词为 90%,动词为 80%,句子为 40%,执行文字指令为 0。各种书写均不能完成。计算 17 分。

语言诊断:经皮质运动性失语。

3. **Wernicke 失语(Wernicke aphasia)**　或称接受性失语(receptive aphasia),感觉性失语(sensory aphasia)。

(1) 主要临床特征　Wernicke 失语是具有代表性的流畅性失语,主要特征是理解障碍明显重于表达障碍。Wernicke 失语在表达方面表现为言语流畅,多量错语、新造词混合在一起使言语呈现出杂乱的语句,称为杂乱语或奇特语,有词语的持续现象,命名和找词也有明显障碍。患者自己可以很流畅地说,但不知自己在说什么,缺乏表达的核心内容,语言空洞。在理解方面,以言语的理解障碍为主要特征,往往是语音的理解和语意的理解都受到损害,由于轻重程度的不同,理解能力也有不同程度的保留。文字语言的理解也受到损害,可读字,但多为错读。书写时常有字形,但错写较多。Wernicke 失语患者往往缺乏对疾病的自我意识,从整体看此类失语往往预后不佳。

(2) 病灶　主要位于大脑优势半球颞上回后部 1/3 的 Wernicke 区或在大脑外侧裂的后

下缘,以颞上回、颞中回的后半部分为中心区域。发病原因多为脑梗死(大脑中动脉皮层支)。患者常常伴有偏盲。

(3) 病例举例　男性,59岁,右利,大学文化程度,干部。以言语不利2个月入院。患者患风湿性心脏病30余年,心房纤颤10余年。于2个月前晚饭后,在安静状态下,突感右侧肢体活动不灵,言语不清,随后入当地医院就诊,行CT检查示"左颞叶脑栓塞"。经治疗肢体活动基本恢复,但言语仍无改善,为言语康复转入院治疗。入院行听力检查为正常阈值。汉语标准失语症检查:口语为流畅性,明显杂乱语,谈话过程中缺乏自抑能力,如回答自己姓名提问时说"李拉一思头突哈突思……"。听理解正答率:名词和动词为10%,句子和执行口头指令为0。复述仍为杂乱语,评分为0。出声读为0。阅读理解较好,正确率:名词为70%,动词为60%,句子为50%,执行文字指令为0。抄写50%正确,称呼书写和描述书写为杂乱语,书写过多,评分为0。计算20%正确,均为一位数加减。

语言诊断:Wernicke 失语。

4. 经皮质感觉性失语(transcortical sensory aphasia)

(1) 主要临床特征　在表达方面,自发言语流畅,但错语较多,命名有严重障碍,复述能力较好,但有学语现象,即虽然不知道对方在说什么,却反复重复对方所说的话。在理解方面表现为语言理解和文字语言理解都有障碍,可以出声读词,但往往不理解其意思。听写能力较差。在 Wernicke 失语的恢复过程中,往往向这一类型转化。与 Wernicke 失语最大不同点是复述保留。

(2) 病灶　一般认为是大脑优势半球外侧裂言语中枢周围的广泛病变,但局限于后部的损伤也会出现同样的症状。

5. 传导性失语(conduction aphasia)

(1) 主要临床特征　在表达方面,自发言语流畅,但多伴有音素性错语,以复述障碍为其特征。传导性失语在自发语、命名、复述和读词均表现为错语。在理解方面,不论是文字还是音声语言的理解都较好,多数有书写障碍。传导性失语一般预后较好。

(2) 病灶　对于传导性失语病灶目前还有争议,一般认为病变主要位于联系 Wernicke 区和 Broca 区之间的弓状束,使 Wernicke 区的言语信息不能很好地传导到 Broca 区从而导致严重的复述障碍。但也有些学者对此提出疑问,他们认为病灶并非局限在一个特定的部位,往往是优势半球的外侧裂上下部位散在性损伤造成的。

(3) 病例举例　男性,56岁,右利,大专文化程度,干部。患者于1997年9月在学习打高尔夫球时被球杆击伤左侧头部,当时剧烈头痛,马上被送往当地医院,在去医院路上,患者出现昏迷。在当地医院经CT检查显示"左颞叶颅内血肿",经过手术治疗后患者于次日清醒,清醒后出现言语困难和右侧肢体轻度活动不灵,1个月后肢体运动基本恢复但仍存在明显表达障碍和吐字不清。为言语康复入院进行诊治。入院后行标准失语症检查:患者口语为流畅性,在回答和问话中有大量语音型错语,命名也有较多错语,复述单词不能,有时可以复述个别单音,也多是在视觉的提示下完成。听理解:名词动词检查较好,只是在句子水平有轻度理解障碍。阅读理解正确率:名词为80%,动词为70%,句子为50%,出声读有较多语音性错语。书写:命名书写及描述书写较好,句子描述有构字障碍。入院行MRI检查显示"左侧颞叶脑软化灶"。

语言诊断:传导性失语。

6. 命名性失语(anomic aphasia)

(1)主要临床特征　又名失名词性失语和健忘性失语(Amnesia),是以命名障碍为主的流畅性失语。主要表现为自发性找词困难,对人的名字等也有严重的命名困难,有错语,常常为迂回语言,说话内容空洞。其他能力如理解、复述、书写能力均保留。命名性失语的预后较好。

(2)病灶　一般认为病灶在左大脑半球的角回和颞中回的后部,但目前发现很难找出单一的病灶,该类失语多为散在性损伤引起。

(3)病例举例　男性,36岁,右利,大学文化,干部。患者于2000年6月因头部外伤入当地医院治疗,3个月后为进一步康复治疗而转入院。入院后行汉语标准失语症检查:口语为流畅性,其口语特点为缺乏实质词,如名词,当患者回答自己的职业时说,"卖人家能用的东西,全要我卖的,就是叫我管理卖东西的"。当患者说水果名称时说:"我现在不知道要说什么……那个沙叫什么,叫什么,我忘掉了,看字我能叫出来……那个我知道的,他们谁都不给我,我一说,他们就给我,塞我嘴里,很甜很甜,我不要吃,他们硬让我吃掉的。"当患者说图片(轮船)的名称时说:"这是可以坐在上面,可以开过去,你们这里有的,我们那里连这个东西也没有的。"当说另一张图片(香蕉)时说:"这可以吃的,男的可以吃,女的也可以吃,只要喜欢,大家都可以吃,但有的人拿不上来,要滑手的。"听理解检查正确率:名词为70%,动词为60%,句子为40%,执行口头指令20%。复述正确率:名词和动词均为100%,句子为80%。命名仅20%正确,语音提示可以回答正确。动作说明100%正确。出声读正确率:名词和动词分别为60%和70%,句子为0。阅读理解正确率:名词、动词和句子分别为70%、60%和40%。命名书写为0,抄写为40%正确,听写为20%正确。计算11分(55%正确)。CT示"双额及左颞多处脑软化灶"。

语言诊断:脑外伤后遗症、命名性失语。

7. 完全性失语(global aphasia)

(1)主要临床特征　完全性失语属非流畅性失语,是听、说、读、写所有语言模式受到严重损害的一种失语。主要表现为自发性言语极少,仅会说个别单词或无意义音节的重复。命名、复述、读词不能。听理解、文字理解严重障碍,即使能理解也是极少数单词。这类患者最大特点是能够说出部分系列语,如一气数出部分数和唱出部分歌曲和歌词。完全性失语恢复比较困难,患者很难恢复到能用言语进行交流的程度。初期为完全性失语,随着治疗和时间的推移,症状有所缓解时可能具有Broca和Wernicke失语特征,有学者称之为混合性非流畅性失语。有的病例在恢复中理解改善较好,而口语表达障碍较重,呈现出Broca失语特征,这是完全性失语较常见的转化形式。

(2)病灶　多数学者认为是大脑优势半球外侧裂周围的语言区域受到广泛损害。这类患者多伴有右侧偏瘫、偏盲及半身感觉障碍。

(3)病例举例　男性,62岁,右利,工程师,大学文化程度。1998年10月25日夜里起床上厕所时摔倒,随后发现右上下肢体无力,同时渐渐不能说话。10月27日CT示"左额颞叶低密度灶"。在当地医院治疗2周后,病情稳定,为进一步康复而转入院。失语检查:自发言语为非流畅性,表现为刻板语,任何话均以"人啊、人啊……"回答。口语理解严重障碍,仅可以理解个别单词和简单手势。命名、复述、出声读、阅读理解和书写完全不能。不会计算。口颜面运动模仿不能。元音顺序模仿不能，有探索行为。

诊断：脑梗死、完全性失语、口颜面失用、言语失用。

8. 混合性经皮质失语（mixed transcortical aphasia）

（1）主要临床特征　又称言语区孤立（isolation of the speech area）。混合性经皮质失语为经皮质运动性失语和经皮质感觉性失语并存。此类失语较少见。口语表达为非流畅性。自发言语少，完全不能构成可表达意思的语言，甚至仅为刻板重复，或仅限于全部或部分模仿检查者说的话。比如当医生问一患者"你叫什么名字时"，患者立即回答"你叫什么名字"；当问"家里有几口人"时，患者马上回答"几口人"。这种表现被称为回响语言或模仿语言，是混合性经皮质失语的特征之一。部分患者还有补完现象，即当听到对方说出常用语句的一部分后，可以补充完成后半句，如检查者说"白日依山尽"，患者可以随后说出"黄河入海流"，或将余下部分词句说完。口语理解严重障碍，甚至完全不理解口语。命名、阅读、书写严重障碍或完全不能。复述部分保留，可以复述词、短语、短句，但复述较长句和复杂句有困难或不能。

（2）病灶　一般认为病变部位为优势半球分水岭区大片病灶，而Broca区、Wernicke区及连接两者的区域没有受到损害。

（3）病例举例　女性，61岁，右利，退休职员，大学文化程度。因"右侧肢体活动不灵伴言语不清1个月"于2001年11月入院。患者于当年10月因头晕静脉输液时出现寒战，体温高至39℃，经过对症处理后病情无缓解，继而二便失禁，血压下降。转至当地上级医院治疗，当时呼之不应，查头颅CT显示正常，治疗8天以后，意识转清，但不能说话，饮水呛咳，半月后可以讲少量单词，但不能主动表达，呛咳减轻，复查CT示"左侧额、颞、顶叶及基底节低密度灶"。为进一步康复而入院。入院后检查听力为正常阈值。汉语标准失语症检查：自发口语非流畅性，有反响语言，如问"你叫什么名字"，患者回答"什么名字"。问"今年多大年龄"，患者回答"年龄"，而且有补完现象。听理解正答率：名词和动词均为20%。复述名词达70%并可复述3~4词的短句。命名正确率为10%。出声读为10%。阅读理解为0。书写及计算不能。

语言诊断：混合性经皮质失语。

9. 纯词聋（pure word deafness）

（1）主要临床特征　临床表现听理解严重障碍，即使是听词指图也不能完成，患者常常主动说听不懂别人说的话，如果患者可以写字常主动要求笔答。口语流畅，可以表达自己的思想，发病的早期没有或偶有语音性的错语，随着病程的延长，患者的错语明显增加，以至对方难以分辨其意。复述严重障碍，常常连单词或单音也不能复述。患者的自发书写、命名书写、描述书写正常，甚至可以写日记和文章，但听写障碍或不能。纯词聋可以出现词语音与社会自然声音分辨的分离，患者不理解词语的意思，但能分辨非词语音，如雷声、流水声、猫叫、鼓掌、婴儿啼哭、火车鸣笛等声音，甚至患者能分辨出"老式"蒸汽机车的声音。纯音听力检查大多数听力在正常阈值，部分可能为轻度高频听力损失。纯词聋在临床上较为罕见，关于其障碍性质是属于失语症还是听觉失语还存有争议，但目前的观点多认为纯词聋不是真正的语言障碍，而是感觉传递问题，是在将听语言刺激传入皮质区以解释其意的能力上有缺陷。

纯词聋的病因多为脑血管意外、脑肿瘤、脑外伤以及感染。脑血管意外是单侧颞叶损伤的主要原因。

(2) 病灶　位于单侧颞叶或双侧颞叶,几乎所有双侧颞叶的病变都可引起纯词聋。目前认为不论单侧颞叶还是双侧颞叶的病变引起纯词聋时,Wernicke区是完好的。单侧颞叶损伤位于主侧颞叶的深部,影响了颞横回或者投射到初级听觉中枢的纤维,而双侧颞叶病变涉及双侧颞上回的中部。

(3) 病例举例　男性,28岁,右利。因"语言理解障碍、表达障碍12年"于1995年6月3日收入院,入院诊断"脑炎后遗症"。入院查体:神志清醒,表情自如,神经系统检查未见异常,肢体功能正常,肌力Ⅴ级,肌张力双侧对称、正常。日常生活自理。汉语标准失语症检查:自发言语语量少、流畅,伴大量语音性错语、杂乱语。听理解严重障碍,名词正确率仅为30%,动词及句子理解均为0。复述不能。听写不能。说、出声读相对较好,平均正确率达70%~80%。阅读、抄写、描写及计算能力正常。常用社会环境音(包括雷声、小溪流水声、母鸡下蛋声、火车声、汽车声、鸟叫声、鼓掌等10种声音)辨别正答率80%。纯音听力检查及听觉诱发电位检查双侧均正常。脑部MRI表现:全脑皮层萎缩,尤以双侧颞、顶叶为甚,脑沟回加深。

语言诊断:纯词聋。

10. 皮质下失语　以上所述失语类型与大脑皮质语言中枢或连接皮质区的传导束中断等损害密切相关,大多具有典型的失语表现。近30年来,随着临床诊断技术的发展,如CT、MRI、局部脑血流测定等的应用,发现单独皮质下病变时也可引起失语症,但引起失语症的机制仍有争论。常见类型有基底节性失语和丘脑性失语。此类失语在表现上与以上类型失语症相比缺乏典型性,所以有些学者又将其称为非典型失语。

(1) 基底节性失语(basal ganglion aphasia)

①主要临床特征:基底节区包括壳核、尾状核和苍白球,在解剖位置上紧靠内囊,所以病变时往往同时受累。国内的失语症研究发现此类失语最多,北京大学附属医院的基底节失语患者占所有失语症患者的22%,中国康复研究中心的研究病例占26%。基底节性失语的会话言语表现在流畅性与非流畅性失语之间,被称之为中间型。国外的资料表明病变部位靠前时,语言障碍类似于Broca失语;病变部位靠后时,表现类似于Wernicke失语;病变较大,波及整个基底节区时,临床表现类似于完全性失语。国内的研究表明病变部位靠前时,表现类似于非流畅性失语;病变部位靠后时,表现类似于流畅性失语。在复述方面总体上说比较好,但在发病的初期,特别是在损害面积较大时,可能复述不好,但随着病情的恢复,复述能力恢复较快。一般均可以复述短句,但对较长句子复述较差。在命名方面,对名词、颜色命名较好,在列名上有较明显障碍。动作描述较好,但情景画描述有较明显困难。在口语理解方面,对名词、动词和短句的理解较好,但对较长句子和执行口头指令的理解有比较明显的障碍。在阅读方面,大多数患者出声读表现较好,而阅读理解较差,其性质与口语理解障碍相似。在书写方面,除少数患者可以进行命名书写外,大多数患者在动作描写方面的障碍较突出。

②病灶:主要在基底节内囊区。

(2) 丘脑性失语(thalamic aphasia) 丘脑性失语是由局限于丘脑的病变引起的失语。中国康复研究中心语言科 10 年来收集的丘脑性失语占失语症总数的 4%,其中脑出血 3 例,脑肿瘤 1 例。

① 主要临床特征:丘脑性失语中间型者谈话偏流畅,声调低,音量小,有时甚至似耳语,但音尚清晰。个别表情淡漠不主动讲话。一般能简单回答问题和叙述病史,有些病人存在语意性错语。复述正常或轻度障碍,多数丘脑性失语可以复述句子。有较明显的命名障碍,命名中以词命名和词的列举障碍严重。语意性错语较多。对颜色命名较好。名词、动词和短句听理解较好,执行口头指令较差。出声读较好,但阅读理解相对较差。多数丘脑性失语有不同程度的构字障碍和语法结构障碍。丘脑性失语的预后较好,大多几周即可恢复,但常留下不同程度的命名障碍,但也有资料证实个别患者遗留较明显的语言障碍。

② 病灶:丘脑。

11. 交叉性失语(crossed aphasia) 临床上绝大多数失语症是由于左侧大脑半球损伤所致,但是也有一些患者例外。Braimwell(1899 年)介绍了"交叉性失语"这个术语,交叉性失语是用来描述左利手者左侧大脑半球受损造成的右侧偏瘫和失语,或者右利手者右侧大脑半球受损所造成的左侧偏瘫和失语。目前交叉性失语被用来描述右利手者右侧大脑半球受损所致的失语症。

这类患者很少见,其发病率不足失语症的 1%~2%,而且从病因学来看与那些典型失语和非交叉性失语不同,Boller(1973 年)估计仅 23% 的交叉性失语是由于血管疾病所致,大多数病例的病因是肿瘤和颅脑外伤。这个结论与传统的右利手左侧大脑半球受损所致的失语症病因主要是血管疾病明显不同。

交叉性失语很难按传统的失语症的类型进行分类,所以又称为非典型失语。在症状方面,大多数患者有语法和书写障碍,听理解和命名受到影响较小,但是也有个别报道脑血管病造成右侧额叶损伤患者的失语症状类似 Broca 失语的表现。

12. 儿童获得性失语 指儿童在部分获得或者已经获得口语能力以后所发生的失语症。国外的资料显示发病年龄在 3 岁以后,但也有人认为在 1 岁以后。在失语症中,儿童获得性失语较少见,在中国康复研究中心语言科,该病占诊治的失语症总数的 4.7%。在病因学方面,成人失语症的主要原因是脑血管病,而儿童获得性失语的主要病因是脑外伤。在语言表现方面,多数儿童初期表现为缄默,这在成人患者中少见,缄默消失后表现为言语速度慢,说话量少,声音低弱以及韵律失常。另外,几乎所有儿童失语症患者的口语表达均为非流畅性,很少出现杂乱语。这与成人失语症的表现明显不同,成人的额叶损伤表现为非流畅性失语,而颞叶的损伤表现为流畅性失语和杂乱语。儿童获得性失语的预后较好。

五、与失语症有关的言语障碍

(一) 言语失用

1. 定义 言语失用是指不能执行自主运动进行发音和言语活动,而且这种异常是不能用言语肌肉的麻痹、减弱或不协调来解释的一种运动性言语障碍,或者说是一种运动程序障碍。

2. 病因　　言语失用的病因是由于脑损伤,大部分患者涉及到左大脑半球第三额回的损害。言语失用可以单独发生,也可以伴随于其他语言障碍,如常常伴随于运动性失语。

3. 言语特征

(1) 随着发音器官运动调节复杂性增加,发音错误增加。

(2) 辅音在词的开头比在其他位置发音错误多。

(3) 重复朗读相同的材料时,倾向于出现一致的错误发音。

(4) 模仿回答比自发性言语出现更多发音错误。

(5) 发音错误随着词句难度的增加而增加。

4. 评定　　见表2-3。

表2-3　言语失用评定

元音顺序(1、2、3要说5遍)	3. 词序(复述"爸爸、妈妈、弟弟")
1. a-u-i 　正常顺序_____ 　元音错误_____ 　摸索_____	正常顺序_____ 　元音错误_____ 　摸索_____
2. i-u-a 　正常顺序_____ 　元音错误_____ 　摸索_____	4. 词(复述"啪嗒洗手、你们打球、不吐葡萄皮") 　正常顺序_____ 　元音错误_____ 　摸索_____

(二) 口失用

1. 定义　　口失用是指在非言语状态下,与言语产生活动有关的肌肉自发活动仍存在,但是舌、唇、喉、咽、颊肌执行自主运动困难。在临床上,一些言语失用并不存在口失用,但多数口失用伴有言语失用。Arosen(1980年)的研究通过以下的表现证实了口失用的存在:①患者无发音或喉发声运动;②有非发声气流所产生的发音,如耳语;③不伴有呼气运动的发音运动。在这些患者中,即使为了维持生命能反射性地呼气、吸气,但是他们却不能按指令自主地呼气、吸气或模仿声音。

2. 检查　　通过以下检查可以判断患者是否存在口失用及其轻重程度(表2-4)。

表2-4　口失用检查

1. 鼓腮 　正常_____ 　摸索_____	4. 缩拢嘴唇 　正常_____ 　摸索_____
2. 吹气 　正常_____ 　摸索_____	5. 摆舌 　正常_____ 　摸索_____
3. 咂唇 　正常_____ 　摸索_____	6. 吹口哨 　正常_____ 　摸索_____

(三) 运动性构音障碍 (dysarthria)

见第三章构音障碍。

(四) 言语错乱

1. 定义　言语错乱是由脑损伤后因失定向和记忆、思维混乱而引起的一种言语障碍。

2. 表现　患者表现为对时间、地点、人物的定向能力紊乱，不能正确地理解和认识环境，记忆和思维也有障碍，但听理解、找词、复述，尤其是语法基本正常。在谈话中常有离题和虚谈倾向。缺乏自知力，不合作，缺乏对疾病的认识。病因多为双侧颅脑损伤，其表现常不是言语的障碍而是作为言语基础的认知过程的障碍。Darley 认为多数这种言语障碍持续时间短或呈一过性，如表现持续超过数周，应考虑其他诊断。

3. 评定　可根据下列特点进行评定：①近期有脑外伤史，特别是双侧脑外伤；②失定向；③缺乏自知力，不合作，缺乏对疾病的认识；④言语流利，但错乱；⑤语法无异常。典型举例见表 2-5。

表 2-5　言语错乱患者的反应

项目	反应
Ⅰ. 定向	
ⅰ. 今天是星期几？	这个星期？今天是星期一（应为五）。
ⅱ. 现在是几月份？	现在是 5 月（应为 3 月）。
ⅲ. 今天是几号？	我确实不知道，你得问问其他人。
ⅳ. 今年是一九九几年？	1940，等一等，1951，不，1983。
ⅴ. 你现在在何地？	我在饭店。
ⅵ. 你在哪个城市？	北京。
ⅶ. 你在哪一个省？	山西或河北。
ⅷ. 为什么在这里？	再次入院治疗。
Ⅱ. 一般常识	
ⅰ. 什么时候我们过除夕？	前天晚上。
ⅱ. 哪是中国首都？	可能西安或南京。
ⅲ. 谁是我国主席？	李向阳，在他之前是李向阳自己，然后是徐向前和陈毅。
ⅳ. 谁发现美洲？	哥白尼。
ⅴ. 我国有多少省？	仍是 20 个。
ⅵ. 谁写的三国演义？	曹操。
ⅶ. 谁发明的米老鼠和唐老鸭？	米老鼠的发明者是杜勒司。
ⅷ. 什么国家直接在我国北面？	可能是苏联或新加坡，依你到那里去而定。
ⅸ. 谁是林黛玉？	她从她爸爸那里得到一块表，她会用看表来回答她。

（李胜利）

第二节 失语症的评定

失语症评定总的目的是通过系统全面的语言评定发现患者是否患有失语症及其程度，鉴别各类失语症，了解各种影响患者交流能力的因素，评定患者残存的交流能力并制定治疗计划，还可用于病因学、认知和交往能力方面的研究。听理解和口语表达是语言最重要的方面，应视为评定的重点。下面介绍国际上几种常用的失语症评定方法。

一、国内常用的失语症评定方法

（一）汉语标准失语症检查

1. 特点和内容　此检查方法是中国康复研究中心听力语言科以日本的标准失语症检查（standard language test of aphasia，SLTA）为基础，同时借鉴国外有影响的失语症评定量表的优点，按照汉语的语言特点和中国人的文化习惯编制而成，亦称中国康复研究中心失语症检查法（CRRCAE）。该检查法于1990年编制完成，经40例正常成人测试后制成试案应用于临床，经过近10年多家医院的临床应用，证实适合中国的失语症患者。从1999年至2000年对151名正常人和非失语症患者进行检测，计算出均数和标准差，并用方差分析的方法分析年龄、性别、利手、职业和文化水平对此检查法的影响，发现除了不同文化组间在执行口语指令和描述图有差异外，其他项目未发现显著差异。因此，本检查方法适用于我国不同地区使用汉语的成人失语症患者。

此检查包括两部分内容：第一部分是通过患者回答12个问题了解其言语的一般情况；第二部分由30个分测验组成，分为9个大项目，包括听理解、复述、说、出声读、阅读理解、抄写、描写、听写和计算。为不使检查时间太长，身体部位辨别、空间结构等高级皮层功能检查没有包括在内，必要时另外进行。此检查只适合成人失语症患者。在大多数项目中采用了6等级评分标准，在患者的反应时间和提示方法上都有比较严格的要求，除此之外，还设定了中止标准。本检查是通过语言的不同模式来观察反应的差异，为避免检查太繁琐，在一些不同项目中使用了相同词语；又为了尽量避免和减少患者由此造成对内容的熟悉，在图的安排上有意设计了一些变化。使用此检查以前必须掌握正确的检查方法，因此应该由参加过培训或熟悉检查内容的检查者来进行检查。

2. 检查表介绍

言语症状的一般情况

检查前，通过问病人以下问题，了解病人的一般言语状况：

1. 姓名	7. 学历
2. 住址	8. 爱好
3. 出生年月	9. 主诉
4. 年龄	10. 发病前后言语状况
5. 家庭成员	11. 发病时状况
6. 职业史	12. 方言

Ⅰ 听
1. 名词的理解

说明:"请指出来是哪个图。"
　　　误答或 15 秒后无反应重复提问一次。

6 分:3 秒内回答正确。

5 分:15 秒内回答正确。

3 分:提示后回答正确。

1 分:提示后回答不正确。

中止 A:3 分以下,连续错 2 题。

问 题	得 分
1. 西瓜	
2. 鱼	
3. 自行车	
4. 月亮	
5. 椅子	
6. 电灯	
7. 火	
8. 钟表	
9. 牙刷	
10. 楼房	

中止 B:全检。

Ⅰ 听
2. 动词的理解

说明和打分同左。

问 题	得 分
1. 飞	
2. 睡	
3. 喝水	
4. 跳舞	
5. 穿衣	
6. 敲	
7. 坐	
8. 游泳	
9. 哭	
10. 写	

中止 B:全检。

Ⅰ 听
3. 句子的理解

说明:"请指出来是哪个图。"
　　　误答或 15 秒后无反应重复提问一次。

6 分:3 秒内回答正确。

5 分:15 秒内回答正确。

3 分:提示后回答正确。

1 分:提示后回答不正确。

中止 A:3 分以下,连续错 5 题。

问 题	得 分
1.水开了。	
2.孩子们堆了一个大雪人。	
3.男孩洗脸	
4.男孩付钱买药。	

问　题	得　分
5. 老人拄着拐杖独自过人行横道。	
6. 两个孩子在讨论书上的图画。	
7. 男孩子在湖上划船。	
8. 小男孩的左臂被车门夹住了。	
9. 一个男演员边弹边唱。	
10. 护士准备给男孩打针。	

中止 B:分项目 1 或 2 中 6 和 5 分在 5 题以下。

（患者）

Ⅰ　听
4. 执行口头命令

钢笔　剪子　牙刷　镜子　盘子
手帕　牙膏　钱（硬币）　梳子　钥匙

（检查者）

说明:"请按我说的移动物品,请注意听"。超过两单位错误或 15 秒后无反应需提示(重复提问一次)。

6 分:3 秒内回答正确。
5 分:15 秒内回答正确。
4 分:15 秒内回答但有错误。
3 分:15 秒后经提示回答正确。
2 分:提示后不完全反应。
1 分:提示后答错。
中止 A:4 分以下,连续答错 5 题。

问　题	得　分
1. 把梳子 和 剪子 拿起来。	
2. 把钢笔 放在 盘子 旁边。	
3. 用牙刷 碰 三下 盘子。	
4. 把牙膏 放在镜子 上。	
5. 把钥匙 和 钱 放在手帕上。	
6. 把盘子 扣过来再把钥匙 拿起来。	
7. 摸 一下 镜子 然后 拿起梳子。	
8. 把钱 放在牙膏 前面。	
9. 把剪子 和 牙刷 换个位置,再把镜子 翻过来。	
10. 把钢笔 放在盘子 里,再 拿出来放在牙膏 和 钱 之间。	

中止 B:分项目 2 中 6 和 5 分在 6 题以下,或分项目 3 中 6 和 5 分在 5 题以下。

Ⅱ 复述
5. 名词

说明:"请模仿我说的话,我只说一遍,请注意听。"

6 分:3 秒内复述正确。

5 分:15 秒以内复述正确。

4 分:15 秒内复述出,不完全反应。

3 分:提示后复述正确。

2 分:提示后回答同 4 分结果。

1 分:提示后反应在 2 分以下。

中止 A:4 分以下,连续错 3 题。

问 题	得分
1. 自行车	
2. 楼房	
3. 西瓜	
4. 月亮	
5. 电灯	
6. 牙刷	
7. 钟表	
8. 鱼	
9. 椅子	
10. 火	

Ⅱ 复述
6. 动词

说明和打分同左。

问 题	得分
1. 坐	
2. 哭	
3. 睡	
4. 游泳	
5. 穿衣	
6. 喝水	
7. 写	
8. 飞	
9. 敲	
10. 跳舞	

中止 B:分项目 2 中 6 和 5 分在 6 题以下,或分项目 3 中 6 和 5 分在 5 题以下。

Ⅱ 复述
7. 句子

说明:"请模仿我说的话,我只说一遍,请注意听。"

6 分:10 秒内复述正确。

5 分:30 秒内复述正确。

4 分:30 秒内复述出,不完全反应。

3 分:经提示复述正确。

2 分:经提示后不完全反应。

1 分:提示后低于 2 分结果。

中止 A:4 分以下,连续错 3 题。

问 题	得 分
1. 护士/准备/给男孩/打针。	
2. 男孩/洗/脸。	
3. 一个/男演员/边弹/边唱。	
4. 孩子们/堆了/一个/大雪人。	
5. 水/开/了。	
6. 小男孩/的左臂/被/车门/夹住了。	
7. 男孩/在湖上/划船。	
8. 两个/孩子/在讨论/书上的/图画。	
9. 男孩/付钱/买药。	
10. 老人/拄着/拐杖/独自过/人行横道。	

中止 B：分项目 5 中或 6 中 6 和 5 分在 6 题以下。

Ⅲ 说
8. 命名

Ⅲ 说
9. 动作说明

说明："这个是什么？"

6 分：3 秒内回答正确。

5 分：15 秒以内回答正确。

4 分：15 秒内回答，不完全反应。

3 分：提示后回答正确。

2 分：提示后不完全反应。

1 分：提示后答错。

中止 A：4 分以下，连续错 3 题。

说明："这个人（他、它）在干什么？"
打分同左。

问 题	得分
1. 月亮	
2. 电灯	
3. 鱼	
4. 火	
5. 椅子	
6. 牙刷	
7. 楼房	
8. 自行车	
9. 钟表	
10. 西瓜	

中止 B：全检。

问 题	得分
1. 喝水	
2. 跳舞	
3. 敲	
4. 穿衣	
5. 哭	
6. 写	
7. 睡	
8. 飞	
9. 坐	
10. 游泳	

中止 B：全检。

III 说
10. 画面说明

说明:"这幅画描写的是什么?"

6分:10秒内回答正确。

5分:30秒内回答正确。

4分:30秒内回答,不完全反应。

3分:提示后回答正确。

2分:提示后不完全反应。

1分:提示后答错。

中止A:4分以下,连续错4题。

问　题	得　分
1. 男孩付钱买药。	
2. 孩子们堆了一个大雪人。	
3. 水开了。	
4. 男孩洗脸。	
5. 老人拄着拐杖独自过人行横道。	
6. 一个男演员边弹边唱。	
7. 护士准备给男孩打针。	
8. 小男孩的左臂被车门夹住了。	
9. 男孩在湖上划船。	
10. 两个孩子在讨论书上的图画。	

中止B:分项目8或9中6和5分在5题以下。

III 说
11. 漫面说明

说明:"请把这个漫画描述出来",限时5分钟。

6分:基本含义包括(撞、起包、锯、高兴等),流利,无语法错误。

5分:基本含义包括,有少许语法错误,如形容词、副词等。

4分:三个图基本含义正确,有一些语法错误。

3分:二个图基本含义正确,有许多语法错误。

2分:一个图基本含义正确,只用单词表示。

1分:以上基本含义正确,相关词均无。

中止A:1分钟未说出有意义的词语。

问 题	反 应
①	
②	
③	
④	

中止B:分项目8或9中6和5分在6题以下,或分项目10中6和5分在2题以下。

得分	

Ⅲ 说
12. 水果举例

说明:"请在一分钟内尽可能多地说出水果的名字,例如:苹果、香蕉……"
打分:每说出一个水果名字1分。限时1分钟。

_____
_____
_____
_____

中止B:分项目8或9中6和5分在3题以下,或分项目10中6和5分在2题以下。

得分	

Ⅳ 出声读
13. 名词

Ⅳ 出声读
14. 动词

说明:"请读出声。"
6分:3秒内读正确。
5分:15秒内读正确。
4分:15秒内读出,不完全反应。
3分:提示后读正确。
2分:提示后不完全反应。
1分:提示后读错。
中止A:4分以下,连续错两题。

说明和打分同左。

问 题	得 分
1. 楼房	
2. 牙刷	
3. 钟表	
4. 火	
5. 电灯	
6. 椅子	
7. 月亮	
8. 自行车	
9. 鱼	
10. 西瓜	

中止B:全检。

问 题	得 分
1. 写	
2. 哭	
3. 游泳	
4. 坐	
5. 敲	
6. 穿衣	
7. 跳舞	
8. 喝水	
9. 睡	
10. 飞	

中止B:全检。

Ⅳ 出声读
15. 句子

说明:"请读出声。"

6分:10秒内读正确。

5分:30秒内读正确。

4分:30秒内读出,不完全反应。

3分:提示后读正确。

2分:提示后不完全反应。

1分;提示后错读。

中止A:4分以下,连续错2题。

问 题	得 分
1. 水/开/了。	
2. 男孩/洗/脸。	
3. 男孩/付钱/买药。	
4. 孩子们/堆了/一个/大雪人。	
5. 老人/拄着/拐杖/独自过/人行横道。	

中止B:分项目13或14中6和5分在5题以下。

Ⅴ 阅读
16. 名词的理解

说明:"这个卡片上写的是哪个图。"

6分:3秒内正确指出。

5分:15秒内正确指出。

3分:提示后正确指出。

Ⅴ 阅读
17. 动词的理解

说明和打分同左。

1分:提示后指错。

中止A:3分以下,连续错2题。

问题	得分
1. 鱼	
2. 西瓜	
3. 电灯	
4. 月亮	
5. 火	
6. 钟表	
7. 自行车	
8. 椅子	
9. 睡	
10. 牙刷	

中止B:全检。

问题	得分
1. 敲	
2. 游泳	
3. 跳舞	
4. 喝水	
5. 穿衣	
6. 坐	
7. 飞	
8. 哭	
9. 睡	
10. 写	

中止B:全检。

V 阅读
18. 句子的理解

说明:"这个卡片上写的是哪个图?"

6分:10秒内正确指出。

5分:20秒内正确指出。

3分:提示后正确指出。

1分:提示后指错。

中止A:3分以下,连续错5题。

问题	得分
1. 水开了。	
2. 两个孩子在讨论书上的图画。	
3. 孩子们堆了一个大雪人。	
4. 男孩付钱买药。	
5. 男孩洗脸。	
6. 男孩在湖上划船。	
7. 小男孩的左臂被车门夹住了。	
8. 老人拄着拐杖独自过人行横道。	
9. 护士准备给男孩打针。	
10. 一个男演员边弹边唱。	

中止 B：分项目 16 或 17 中 6 和 5 分在 5 题以下。

V 阅读	（患者）
19. 执行文字命令	钢笔　剪子　牙刷　镜子　盘子 手帕　牙膏　钱(硬币)　梳子　钥匙

（检查者）

说明："请按文字命令移动物品。"

6分：10秒内移动物品正确。

5分：20秒内移动物品正确。

4分：20秒内移动，不完全反应。

3分：提示后移动正确。

2分：提示后不完全反应。

1分：提示后移动错误。

中止 A：4分以下，连续错5题。

问　　　题	得　分
1. 把梳子 和 剪子 拿起来。	
2. 把钢笔 放在盘子 旁边。	
3. 用牙刷 碰 三下 盘子。	
4. 把牙膏 放在镜子 上。	
5. 把钥匙 和 钱 放在手帕上。	
6. 把盘子 扣过来再把钥匙 拿起来。	
7. 摸 一下 镜子 然后 拿起梳子。	
8. 把钱 放在牙膏 前面。	
9. 把剪子 和 牙刷 换个位置，再把镜子 翻过来。	
10. 把钢笔 放在盘子 里,再 拿出来放在牙膏 和 钱 之间。	

中止 B：分项目 17 中 6 和 5 分在 6 题以下，或分项目 18 中 6 和 5 分在 5 题以下。

Ⅵ 抄写	Ⅵ 抄写
20. 名词	21. 动词

说明："请看好这些词并记住，然后写下来。"　　　说明和打分同左。

6分：3秒内抄写正确(非利手可延长时间)。

5分：15秒内抄写正确。

4分：15秒内抄写，不完全反应。

3分：提示后抄写正确。

2分：提示后不完全反应。

1分：提示后抄写错误。

中止 A:4 分以下,连续错 2 题。

问　题	得　分
1. 西瓜	
2. 自行车	
3. 楼房	
4. 牙刷	
5. 月亮	

中止 B:全检。

问　题	得　分
1. 游泳	
2. 飞	
3. 睡	
4. 写	
5. 喝水	

中止 B:全检。

> Ⅵ　抄写
> 22. 句子

说明:同分项目 20 和 21,只是反应时间延长至 10 秒(6 分)和 30 秒(5 秒)。

问　题	得　分
1. 男孩/洗/脸。	
2. 水/开/了。	
3. 孩子们/堆了/一个/大雪人。	
4. 男孩/在湖上/划船。	
5. 老人/拄着/拐杖/独自过/人行横道。	

中止 B:分项目 21 或 22 中 6 和 5 分在 3 题以下。

> Ⅶ　描写
> 23. 命名书写

> Ⅶ　描写
> 24. 动作描写

说明:"这个图是什么,用文字写下来。"

说明:"这个人(他、它)在干什么?"

6 分:10 秒内书写正确。(非利手可延长时间)

打分同左。

5 分:30 秒内书写正确。

4 分:30 秒内书写,不完全反应。

3 分:提示后书写正确。

2 分:提示后不完全反应。

1 分:提示后书写错误。

中止 A:4 分以下,连续错 2 题。

问 题	得 分
1. 电灯	
2. 月亮	
3. 楼房	
4. 自行车	
5. 钟表	
6. 牙膏	
7. 椅子	
8. 鱼	
9. 火	
10. 西瓜	

中止B：全检。

问 题	得 分
1. 跳舞	
2. 喝水	
3. 睡	
4. 飞	
5. 坐	
6. 写	
7. 哭	
8. 敲	
9. 穿衣	
10. 游泳	

中止B：全检。

Ⅶ 描写
　　25. 画面描写

说明："用一句话描写出这幅图。"

6分：15秒内书写正确（非利手可延长时间）。

5分：30秒内书写正确。

4分：30秒内书写，不完全反应。

3分：提示后书写正确。

2分：提示后书写，不完全反应。

1分：提示后书写错误。

中止A：4分以下，连续错2题。

问 题	得 分
1. 孩子们堆了一个大雪人。	
2. 男孩付钱买药。	
3. 护士准备给男孩打针。	
4. 小男孩的左臂被车门夹住了。	
5. 男孩在湖上划船。	
6. 一个男演员边弹边唱。	
7. 水开了。	
8. 男孩洗脸。	
9. 两个孩子在讨论书上的图画。	
10. 老人拄着拐杖独自过人行横道。	

中止 B:分项目 23 或 24 中 6 和 5 分在 5 题以下,或分项目 8 或 9 中 6 和 5 分在 5 题以下。

Ⅶ 描写
26. 漫画说明

说明:"请将漫画的意思写出"。

6 分:基本含义包括(撞、起包、锯、高兴等),流利,无语法错误。
5 分:基本含义包括,有少许语法错误,如形容词、副词等。
4 分:三个图基本含义正确,有一些语法错误。
3 分:两个图基本含义正确,有许多语法错误。
2 分:一个图基本含义正确,只用单词表示。
1 分:以上基本含义及相关词均无。
中止 A:此题无限制时间,但 1 分钟内未写出有意义的文字则中止。

问 题	反 应
①	
②	
③	
④	

中止 B:分项目 23 或 24 中 6 和 5 分在 6 题以下,或分项目 25 中 6 和 5 分在 2 题以下。

得分	

Ⅶ 听写
27. 名词

说明:"请将我说的话写出来"。

6 分:10 秒内书写正确。(非利手可延长时间)
5 分:30 秒内书写正确。
4 分:30 秒内书写,不完全反应。
3 分:提示后书写正确。
2 分:提示后不完全反应。
1 分:提示后书写错误。
中止 A:4 分以下,连续错 2 题。

问 题	得 分
1. 楼房	
2. 钟表	
3. 电灯	
4. 月亮	
5. 鱼	

中止 B:全检。

Ⅶ 听写
28. 动词

说明和打分同左。

问 题	得 分
1. 写	
2. 游泳	
3. 敲	
4. 跳舞	
5. 睡觉	

中止 B:分项目 27 中 6 和 5 分在 3 题以下。

Ⅷ 听写
29. 句子

说明和打分同 27。

限定的时间由 10 秒延长至 15 秒(6 分)。

问　　题	得　分
1. 水/开/了。	
2. 男孩/洗/脸。	
3. 男孩/在湖上/划船。	
4. 孩子们/堆了/一个/大雪人。	
5. 老人/拄着/拐杖/独自过/人行横道。	

中止 B：分项目 27 中 6 和 5 分在 3 题以下。

Ⅸ 计算
30. 计算

说明：对 1 题给 1 分。

中止 A：+，-，×，÷ 各项错 2 题中止该项。

1 + 2	4 + 7	27 + 5	35 + 27	135 + 267
4 - 1	16 - 7	32 - 9	87 - 38	306 - 186
2 × 4	3 × 5	16 × 3	52 × 32	57 × 26
2)$\overline{4}$	7)$\overline{63}$	6)$\overline{102}$	17)$\overline{714}$	36)$\overline{1332}$

	得分

(二) 汉语失语症成套测验

汉语失语症成套测验(aphasia battery of chinese, ABC)是由北京大学医学部神经心理研究室参考西方失语症成套测验结合国情编制而成，ABC 由会话、理解、复述、命名、阅读、书写、结构与视空间、运用、计算和失语症总结 10 大项目组成，于 1988 年开始用于临床。

(三)汉语波士顿失语症检查法

此检查法由河北省人民医院康复中心翻译和按照汉语特点编制并用于临床。

二、国际上常用的失语症检查法

(一)波士顿诊断性失语症检查

波士顿诊断性失语症检查(Boston diagnostic aphasia examination,BDAE)是目前英语国家普遍应用的标准失语症检查。此检查由27个分测验组成,分为5个大项目:①会话和自发性言语;②听理解;③口语表达;④书面语言理解;⑤书写。该测验在1972年标准化,1983年修订后再版(Goodglass 和 Kaplan,1983 年),此检查能详细、全面测出语言各种模式的能力,但检查需要的时间较长。河北省康复中心已将此方法翻译成中文,在我国应用并通过常模测定。

(二)西方失语症成套测验

西方失语症成套测验(western aphasia battery,WAB,1983 年)是较简短的波士顿失语症检查版本,检查时间大约1小时,该测验提供一个总分称失语商(AQ),可以分辨出是否为正常语言(见附录1)。WAB 还可以测出操作商(PQ)和皮质商(CQ),前者可了解大脑的阅读、书写、运用、结构、计算、推理等功能;后者可了解大脑认知功能。该测验还对完全性失语、感觉性失语、经皮质运动性失语、传导性失语等提供标准误差解释和图形描记。

三、失语症严重程度的评定

目前,国际上多采用波士顿诊断性失语症检查法(BDAE)中的失语症严重程度分级(表2-6)。

表2-6　BDAE失语症严重程度分级标准

级别	描述
0级:	无有意义的言语或听理解能力
1级:	言语交流中有不连续的言语表达,但大部分需要听者去推测、询问或猜测;可交流的信息范围有限,听者在言语交流中感到困难
2级:	在听者的帮助下,可能进行熟悉话题的交谈,但对陌生话题常常不能表达出自己的思想,使患者与检查者都感到进行言语交流有困难
3级:	在仅需少量帮助下或无帮助下,患者可以讨论几乎所有的日常问题。但由于言语和(或)理解能力的减弱,使某些谈话出现困难或不大可能
4级:	言语流利,但可观察到有理解障碍,但思想和言语表达尚无明显限制
5级:	有极少可分辨得出的言语障碍,患者主观上可能有点困难,听者不一定能明显觉察到

(李胜利)

第三节 失语症的鉴别诊断

一、主要失语症类型的鉴别诊断

常见失语症类型的鉴别诊断如图 2-2。

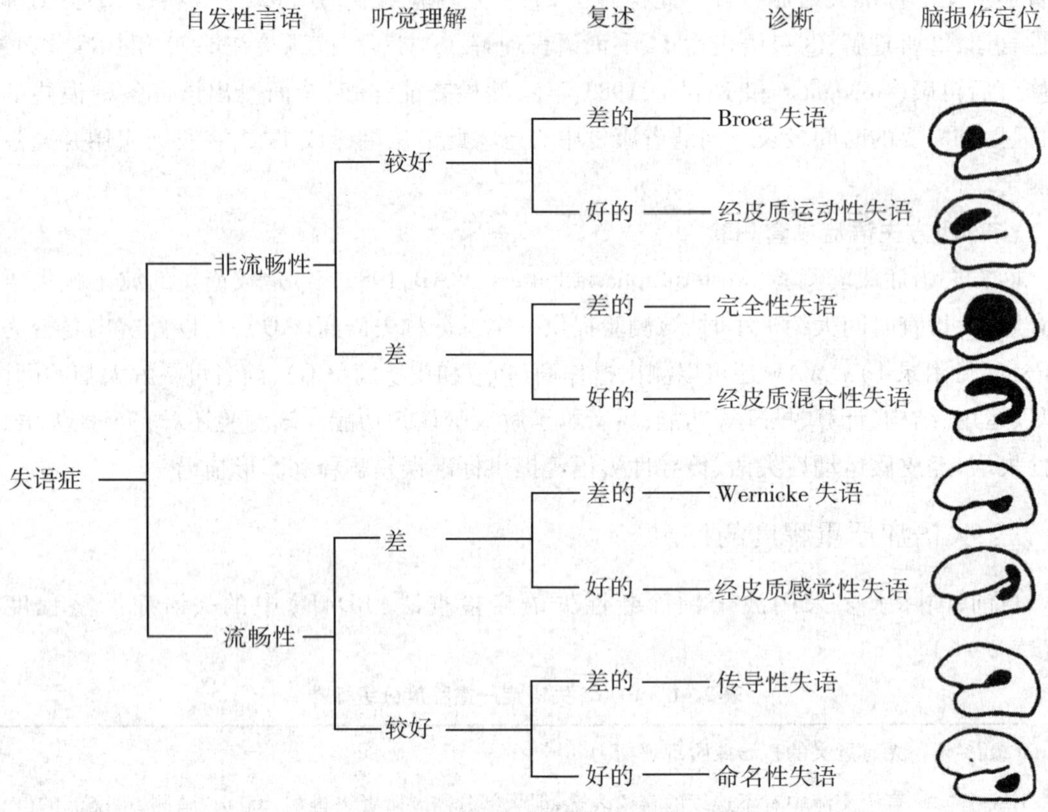

| 自发性言语 | 听觉理解 | 复述 | 诊断 | 脑损伤定位 |

失语症
- 非流畅性
  - 较好
    - 差的 —— Broca 失语
    - 好的 —— 经皮质运动性失语
  - 差
    - 差的 —— 完全性失语
    - 好的 —— 经皮质混合性失语
- 流畅性
  - 差
    - 差的 —— Wernicke 失语
    - 好的 —— 经皮质感觉性失语
  - 较好
    - 差的 —— 传导性失语
    - 好的 —— 命名性失语

图 2-2 常见失语症类型的鉴别诊断流程

(一) 言语的流畅度

失语症鉴别诊断的第一步是确定言语的流畅度。大脑皮层病变所致的失语症依据会话言语的特征分成两类:流畅性和非流畅性失语,这些会话言语的范例应该包括社会交往方面的话题("你今天好吗?")以及个别需要以短句和较长句子回答的问题("请介绍一下你的职业"或"请说一下你的发病经过")。虽然一些有经验的治疗师随着患者的谈话便可以确定患者言语的流畅度,但最好将患者的谈话录音并仔细分析。如何判定请参考本书言语症状内容中 Benson 的流畅性和非流畅性言语鉴别,也可以参考 WAB 检查中有关章节。图 2-2 中根据患者的口语可以将失语症分为流畅性和非流畅性两大类:非流畅性失语约占患者总人数的 68%,有 Broca 失语、经皮质运动性失语、完全性失语、经皮质混合性失语;流畅性失语包括 Wernicke 失语、经皮质感觉性失语、命名性失语、传导性失语。

(二) 口语的听理解

失语检查中的听理解由 4 个分测验组成,即名词、动词、句子和执行口头命令。在决定听理解的好与差时,重要的是看患者理解短句和较长句子、用对或错回答相应水平的材料和完成指令(一步到三步指令)的情况。如果患者可以理解检查中的句子或简单指令被视为理解较好,反之被视为较差。非流畅性的失语中听理解好的是 Broca 失语和经皮质运动性失语;听理解较差的是完全性失语和经皮质混合性失语。流畅性失语中听理解较好的是传导性失语、命名性失语;听理解较差的是 Wernicke 失语和经皮质感觉性失语。

(三) 复述

像听理解检查一样,这项检查主要是鉴别患者的复述和面对面会话能力的相对保留或损害程度,在检查中包括名词、动词(单音节词到三音节词)以及短句和较长句子复述。能够较好复述句子的可以视为复述好的类型。非流畅性失语听理解好的一组中复述好的是经皮质运动性失语,复述差的是 Broca 失语;听理解差的一组中复述好的是经皮质混合性失语,复述差的是完全性失语。流畅性失语听理解好的一组中复述好的是经皮质感觉性失语和命名性失语,复述差的是 Wernicke 失语和传导性失语。

通过这三方面的鉴别,治疗师可以比较容易区别这些临床上常见的失语症类型。

二、失语症与其他言语障碍的鉴别诊断

(一) 言语失用

言语失用(apraxia of speech)指不能执行自主运动进行发音和言语活动,而且这种异常是无法用言语肌肉的麻痹、减弱或不协调来解释的一种运动性言语障碍。大部分患者为左大脑半球的损害,并涉及到第三额回。言语失用可以单独发生,常常伴随运动性失语。口语特征为:随着发音器官运动调节复杂性增加,发音错误增加;辅音在词的开头比在其他位置发音错误多;模仿回答比自发性言语发音错误多;在元音顺序模仿时出现困难,并常出现探索现象。

(二) 运动障碍性构音障碍

运动障碍性构音障碍(dysarthria)是由于神经和肌肉的病变,与言语产生有关的肌肉麻痹、收缩力减弱或运动不协调所致的言语障碍。轻症患者言语不清晰,重症患者完全不能说话,但患者的听理解、阅读、书写均正常。在成人,临床上最常见的是假性球麻痹引起的痉挛型构音障碍,以发声粗糙、费力,明显鼻音以及构音器官的运动障碍为其特征。此类言语障碍大多单独存在,特别是轻症时要注意鉴别。有时与失语症同时存在,在临床上更应引起注意。(详见第三章构音障碍。)

(三) 言语错乱

言语错乱(language of confusion)是由于脑损伤后失定向和记忆思维混乱而引起的一种言语障碍。患者表现出对时间、地点、人物的定向能力紊乱,不能正确地理解和认识环境,记忆和思维也有障碍,但听理解、找词、复述,尤其是语法基本正常。在谈话中常有离题和虚谈倾向。缺乏自知力,不合作,缺乏对疾病的认识。病因多由于双侧颅脑损伤,其表现为认知障碍所致。Darley 认为多数这种言语障碍持续时间短或呈一过性,如表现持续超过数周,应考虑其他诊断。

(四) 痴呆

痴呆(dementia)是一种与许多神经疾病、中毒、感染和外伤有关的综合征。痴呆可以出

现一些与失语症相似的表现,如命名障碍、口语保持现象、非流畅性言语、杂乱语和迂回现象等。如患者的症状为痴呆所致时,必须仔细询问病史,采取一系列针对性诊断程序。痴呆的特征是除了有言语障碍的表现外,还具有慢性进行性的智力、记忆、人格和交往方面的退行性改变。可以采用相应的量表进行评定。

(五)格斯特曼综合征

格斯特曼综合征(Gersmann's syndrome)的言语障碍包括四种表现:左右辨别不能、手指失认、失写、失算。这四种表现全部存在时可以认为存在优势侧大脑顶叶病变,评定时要从整体上观察这些障碍是单独存在还是全部存在。

(李胜利)

第四节 失语症的评定报告及训练规划

一、评定报告简述

为了对失语症患者进行适当的语言治疗,首先应对失语症作出正确的诊断和评定。评定时注意不要评定项目过多和过急,否则会增加患者身体、心理上的负担。而且,要仔细选择评定的项目,不要单纯为了评定而评定。主要应做以下几方面的工作:

一是问题点的整理:通过评定结果和其他情报,整理出语言障碍及合并症的问题点。

二是制作报告:根据有无失语,失语的类型、程度、预后,选择适当的训练。

三是训练规划:制成初期具体计划和长期目标。

二、报告书的制作和训练规划

报告书的项目如表2-7,报告书的制作应建立在语言评定的基础上,因此医生及康复小组其他成员负有互通患者语言障碍状况的责任。报告书内容要求简明易懂;对于不同语言障碍类型和程度,应重点突出;另外,有合并症的要重点记录。报告书的正确制作对设定训练目标及制定训练计划十分重要。

表2-7 报告书格式

语言评定报告(初次)

患者:　　　年龄:　　　性别:　　　职业:　　　利手:

年　月　日

临床诊断:　　　语言障碍诊断:　　　语言科

(CT或MRI)　　　　　　　　　　　　言语治疗师:

I 大体所见

  1. 失语症

  2. 脑功能低下

  3. 口部颜面部失用,其他高级脑功能障碍

[现存交流能力]

以失语症程度为标准

Ⅱ 检查结果
1. 语言功能
   听
   说
   读
   写
   计算
2. 其他
全部脑功能（WAIS-R 知能诊断检查的动作性检查结果和 KHOS 立方体检查结果等）
Ⅲ 总结
1. 语言障碍种类、程度、类型及作为诊断依据的语言症状总结
2. 合并障碍
3. 推测预后
4. 制定计划（长期和短期目标设定）
5. 适当的治疗途径和方法
6. 其他和治疗有关的问题

（一）印象

要记录语言障碍的种类和程度，合并症的鉴别、诊断结果。失语症类型很复杂，要综合语言的全部表现对失语症的类型进行判断。如果不是典型失语症要做专门记录。失语症程度要在语言功能和交流能力的基础上进行评定。按失语症的类型和程度设定目标，制定训练计划，确定接诊方法。另外，合并症（意识障碍、运动性构音障碍、言语失用、脑功能低下、行为认识障碍、视觉障碍等）也要考虑到。

（二）检查结果

叙述一下检查结果，见表 2-8。

1. 语言功能　总结失语症的检查结果，记录诊断上述失语症类型和程度依据的症状。失语症的语言症状有以下几方面，应按失语症的程度记录症状的重点。

表 2-8　报告书中应记载的要点

项目	内容
听	有无听障碍理解障碍及其水平（单词、短文、口头指令）、内容（高频率词、低频率词、语言的抽象度、文章的构造），是否因话题而不同，单纯写作和谈话有无差别，检查认知障碍的有无和程度
说	有无自发性言语，自发语的量，有无一定程度的系列语，说话水平（单词、文章）及其内容（与说话量比较的情报量），流畅度，有无错误构音，有无命名困难（迂回、延迟、不能），有无错语（词性、音韵性），有无语法障碍，有无复述障碍及其水平（单词、文章），有无回响语言、自发语言、惯用的（自动的）语言
读	与听理解障碍程度比较的阅读理解障碍程度，有无肌肉运动知觉的影响
写	自发书写（姓名、住所），抄写（视觉通路），听写（听觉通路）
计算	是否保留数的概念，笔算（加、减、乘、除）水平

2. 其他　简单总结必要的智能检查、构音检查或其他高级脑功能检查的结果。

(1)合并问题(或可疑症状)　①构音障碍;②行为、认知异常;③听力、视觉异常。

(2)一般问题　①脑功能低下;②注意力的保持;③检查态度(配合、拒绝);④疲劳程度;⑤可能出现的妨碍检查和训练的问题。

(三)总结

总结患者语言障碍问题点及推测预后。

1. 总结　语言症状的种类、程度、类型及能够作为诊断依据的语言症状(表2-9)。

表2-9　各种模式程度分级表

Ⅰ　听理解能力

0)无障碍

1)听广播(天气预报、新闻)、和少数人说话几乎没问题,但细节上有漏听的地方

2)几乎不妨碍普通日常会话,但复杂内容理解上有困难

3)大体上能进行日常会话,但有时漏听重要事情

4)能进行简单的会话,当对方不反复说明时,不懂的地方很多

5)配合手势进行交流,能理解极短的文章和单词

6)无实用性理解能力

Ⅱ　说话能力

0)无障碍

1)在日常情况能大体上较流畅地讲话,但遇到有复杂内容时还显得有些不足

2)能简单会话,但长篇表达困难,用片断性言语和单词表达意思

3)以单词水平表达实用性意思

4)使用的单词很有限,有错误的说话方式,在一定程度上按自己的要求和愿望向对方表明自己的意思

5)无实用性会话言语

Ⅲ　读解能力

0)无障碍

1)小说、传记和一般性杂志能用比正常慢一些的速度阅读,但细节上有漏读的地方

2)报纸、短杂志、简单记事(如社会方面记事等)几乎能理解

3)简单的短文几乎能理解

4)日常用语80%能阅读理解,句子和文章中有很多能理解

5)能正确地把数字中常出现的字与图对应,有许多单词既能书写也能听懂

6)无实用性读解能力

Ⅳ　书写能力

0)无障碍

1)用文字形式表现(需花费较正常时间长的时间,与对方通过信和写作形式交流几乎无错误,但当内容复杂时还有不足)

2)能写短的日记和信,文字的语法上有较多错误

3)能写短的简单句,能做听写,但写长的复杂文章时很困难

4)能写80%日常用语和句子

5)能写自己的姓名,能完成极有限的单词的听写

续表

6）无实用性书写能力

Ⅴ　计算能力

0）无障碍

1）完全能进行加减运算,复杂的乘除也几乎能完成,但需要较长时间,有时有错误

2）完全能进行加减运算,乘除运算能到99,复杂运算有困难

3）可进行简单加减运算,能进行一个题以上复杂加减运算,但乘除运算不能达到99

4）一定程度上能完成简单加减运算,乘除运算不能达到99

5）几乎不能运算,保留数的概念

6）数的概念丧失

2. 合并障碍

3. 预后的推测　对每个患者都能正确地判断其预后极不容易,初次评定时推测其预后的目的是要设定今后治疗的出发点。综合地判断失语症的类型、程度、原发病、发病经过、年龄、治疗恢复的愿望、合并问题等,对改善其功能极为有利。预后推测应考虑以下几方面：

（1）能改善吗？用怎样的方式获得最大的改善？

（2）实用性交流能力能得到何种程度的改善？

（3）期望的长期目标：复职(现单位、调换单位),回归社会,回归家庭(家庭内独立、需要介助),其他。

（四）训练的禁忌证

在上述基础上判断能否进行语言训练,有时需做实验性的训练和观察,以下几种情况不适合训练：

1. 全身状态不佳。

2. 意识障碍。

3. 重度智能低下。

4. 拒绝或无训练欲望。

5. 接受一段时间的系统语言训练后,已达到静止阶段。

（五）训练规划

1. 初期计划　是根据长期目标和患者的具体情况决定,拟订一周或一个月的进度和到时应达到的水平,在确定初期计划时要注意：

（1）训练内容和难度要依据患者的现存能力来确定。

（2）要求达到的目标不能超出预期患者应能达到的功能水平。

2. 长期目标　根据失语程度的不同来确定,可以参照表2-10。

表2-10　失语治疗长期目标

分度	BDAE失语严重级	长　期　目　标
轻度	4、5	改善语言功能,力争恢复就业
中度	2、3	充分利用残存功能,在交流上做到基本自如
重度	1、2	利用残存功能和代偿方法,进行简单的日常交流

对一些不典型和发病初期的失语患者,可以考虑经过一段时间的训练后再进行长期目标的设定(必要的话,可以采取短期与长期目标相结合的训练)。

(六)记录其他与训练有关的问题

(七)病例举例

患者×××,34岁,男性,司机,右利手,初中文化程度,汉族,东北口音。患者于1991年11月30日驾驶小轿车与大货车相撞,造成头部外伤,昏迷。送当地医院急诊,当时诊断为:脑挫裂伤、脑出血。入院MRI示:左颞顶脑软化,局限性脑萎缩。入院临床诊断:脑外伤,右侧偏瘫,语言障碍。既往史:患者平素健康,无特殊疾病史。

1. 语言功能及相关评定

(1)语言功能

①听:在日常会话中患者表现为不能与他人进行实用性交流,对他人言语大部分不理解。失语症的检查结果表明,该患者在听理解方面有重度障碍。在失语症检查中患者对名词、动词及句子理解能力严重丧失,其中以对动词理解的丧失最为严重,对口头命令不能执行。

②说:患者语量较多,并且说出的话多为一长串,很流畅,但多为无意义语。虽然患者表达能力很差,但能很完整地唱出几首自己印象深刻的歌曲。其口语特征有:

A. 新造语:患者经常说"pulapulapula……"这样在中文里没有任何含义的音节或句子。

B. 描述困难:患者的言语多为无意义语。

C. 词义错语:例如患者经常出现把"手"说成"手表"的情况。

D. 自言自语:回答问题时有自说自话。

虽然患者的表达能力差,但是患者的复述能力却相对较好。在检查中,除句子水平的复述能力部分丧失外,单词水平的复述检查正答率为100%。

③读:患者的阅读能力几乎全部丧失,朗读要好于阅读。

④写:患者写的能力几乎全部丧失,但是名词的抄写较好,而动词和句子的抄写不能,自发书写及描写不能。

⑤计算:计算能力保存很好,检查中加法的5个题全部正确,减法的5题中4题正确,乘除法不能完成。

(2)脑功能 经WAIS-R(动作性课题)的检查,发现有脑功能低下,患者没有失认失用的情况。

2. 总结 诊断依据:①患者损伤部位为左颞顶叶;②患者的言语总体来说属于流畅性;③听理解能力低下,复述相对较好;④对提问有时自言自语。

3. 失语诊断 经皮质感觉性失语。

4. 预后推测 鉴于:①患者年轻;②失语是由于外伤造成的;③家属和患者本人的训练欲望很强;④从发病到现在时间不太长(8个多月)。虽然患者属于重度经皮质感觉性失语,但还是有希望得到进一步康复的。

5. 设定治疗目标和制定计划

(1)长期目标 患者病前是司机,不可能再返回原来的工作岗位。但是,患者很年轻,所以可以考虑变更职业,使其回归社会。

(2) 初期计划　按目标制定计划，主要进行两个方面的训练：

①全面改善语言功能：主要进行听理解方面的训练、书写功能训练、文字命令理解的训练。除此之外，还需要进行唱歌训练。

②脑功能的改善：患者注意力低下，需进行动作性课题的训练，例如：画迷宫，数字连线。

6. 训练经过　患者入院后训练一个月，主要进行了以上两方面的训练，经过训练，各方面能力都有了明显的提高。

7. 存在的问题　患者情绪波动很大，影响了语言治疗的效果，不利于进一步康复。经过同家属交换意见，得知患者外伤后性格有很大改变，变得暴躁和不通情理。虽然如此，家属还是对患者的预后充满了希望，认为患者今后能够完全恢复正常，还能像以前那样同他们一起生活。因为家属对患者期望过高，所以对患者要求过高，一旦患者难以达到，家属就以离婚相威胁，这样使患者压力很大，情绪波动明显，无心训练。针对这种情况，同家属进行多次交谈后，情况有了很大改善，所以该患者语言能力能够得到进一步提高。

（秦江天　李胜利）

第五节　失语症治疗

一、概述

（一）目的

失语症治疗的目的是利用各种方法改善患者的语言功能和交流能力，使之尽可能像正常人一样生活。

（二）措施

失语症的治疗通常采取以下措施：

1. 通过对语言的符号化和解读直接进行训练。
2. 以语言各模式间的互通为目的，对信息的传达媒介实行代偿。
3. 采取通过认知理论间接作用于交流活动的措施。

从临床观点出发，这些措施可以归纳为以下几方面：①以语言功能改善为目的的措施；②在实际交流中以提高信息传达能力为目的的措施；③以家庭指导和环境调整为中心的措施。这些措施共同作用以促进患者语言能力的改善。

（三）治疗方法

1. 以改善语言功能为目的的治疗方法

(1) 阻断去除法　根据 Weigl 的理论，失语症患者基本上保留了语言能力，而语言的运用能力存在障碍，通过训练可使患者重新获得语言运用能力。

(2) Schuell 的刺激法　刺激训练法是多年失语症训练中摸索出的方法，20 世纪 70 年代刺激法被应用到认知心理学的研究中并产生了新的理论。

(3) 程序介绍法　是将刺激的顺序分成若干个阶段，对刺激的方法和反应的强化严格限定，使之有再现性并定量测定正答率。

(4) 脱抑制法　利用患者本身可能保留的功能,如唱歌等,来解除功能的抑制。

(5) 功能重组　通过对被抑制的通路和其他通路的训练使功能重新组合、开发,以达到语言运用的目的。

(6) 非自主性言语的自主控制　一些失语症患者的表达很困难,只残留很少的词语或刻板言语,这些言语又是在非自主状态下产生的,因此可以把这些自发产生的词语作为康复的基础。首先是自发性词语正确反应的建立,然后是这种反应的进一步扩展并达到自主控制水平,使患者的命名和交流水平得到改善。有文献报道此方法主要用于皮质下失语症患者。

2. 以改善日常生活交流能力为目的的治疗方法

(1) 交流效果促进法(promoting aphasics communication effectiveness,PACE)。

(2) 功能性交际治疗(functional communication therapy,FCP)。

(3) 小组治疗及交流板的应用。

虽然从理论上讲失语症治疗有改善语言功能和提高日常生活能力之分,但这并不是绝对的,治疗人员在选择治疗方法时也要全面地考虑,在运用传统方法时要考虑到日常生活语言的需要,总之要相互促进,真正达到提高患者日常生活交流能力的目的。

(四) 适应证和过程

原则上所有失语症都是治疗的适应证,但有明显意识障碍,情感、行为异常和精神病的患者不适合训练。失语症治疗的过程分为3个时期:

1. 开始期　原发疾病不再进展,生命体征稳定。此时期应尽早开始训练,并使患者及其家属充分了解其障碍和训练的有关情况。

2. 进行期　在训练室训练的频度和时间是有限的,此时期要使患者在家中或病房配合训练。此时期也可能发现初期评定存在的问题,有时需要修改最初制定的计划。

3. 结束期　当经过一段时间的训练,患者的改善达到一定程度后几乎不再进展或进展很缓慢时,可以看作是平台期,此时要把以前掌握的内容或再获得的能力进行适应性训练。结束时可向患者的家属介绍训练的情况,并设法采取一定的指导和帮助。

二、失语症分类治疗

Lenenberg(1967年)认为与正常幼儿相比,成人失语患者不是再学习言语,因为他们的问题不是不知道言语,而是不能像从前一样使用已学过的言语。Jenkins和Jimenee-Pabon(1964年)也认为损害的成人脑不同于儿童正在发育的脑,他们认为治疗人员不是教患者,而是通过与患者交往,刺激中枢神经最大限度地应用材料,促进言语过程的整合,使受损害的言语发挥最大功能。

回顾言语康复的整个历史,对言语障碍的原因产生了两种不同的观点:或者是由于损害了言语,或者是由于损害了获得使用完整言语知识的能力。由此决定了治疗的主要途径,"损伤言语"理论导致了教学理论,"损伤使用"理论导致了刺激和认知治疗途径。

(一) 完全性失语的治疗

完全性失语是指全部言语模式受到了严重损害。这类患者几乎没有能力通过言语和书写进行交际,也不能理解口语和书面语,他们的康复是言语治疗师最大的挑战。

治疗完全性失语症的途径:

1. 教患者言语　像以上所述,失语可以看作是损伤了言语或损害了使用言语的能力。依据前者,完全性失语意味着严重的言语损失。由于左半球广泛的损害,完全性失语不能应用任何言语形式。在这种情况下,可以采用两种方法:试图再建立或从最基本的开始教会言语技能;或忽略自然言语,企图教会另一种交际形式。前者在历史上是最流行的方法,Froschels 称之为"大脑田径",由于涉及到全部言语模式,该方法是让患者复述和书写单个音素,然后是字,再把字连成词,再把词连成句子的循序渐进的方法。

另外,治疗人员也可以教患者利用手势进行交往,手势语对口语的恢复是有促进作用的。还可以利用人工言语,如使用交流板,利用形状和线条画来代替言语和概念。对一些完全性失语的患者利用交流板进行训练,可使他们在理解和表达方面都有不同的改善。还可以应用带有符号标志的剪纸来表达不同的关系,包括相同/不同,肯定/否定等动作的状态。尽管完全丧失使用言语的能力,完全性失语患者仍有能力学习人工言语。有人对各完全性失语的患者进行研究,观察到他们表现出不同程度的视觉交流能力,包括:①执行指令;②回答问题;③描述事情;④表达感情;⑤表达即刻需要;⑥表达要求。这些发现表明患者某些自然言语所需要的认知活动是完整的。

2. 再建患者使用言语的能力　由于认为完全性失语是因使用言语能力的严重损害所致,临床治疗已证实了只要使用适当的暗示、提词和刺激,甚至最严重的失语患者也可以理解和产生言语。虽然训练不能明显地改善回忆能力,但可以临时帮助理解和表达。近些年来,波士顿治疗中心应用 VAT 方法训练,把专门的物体与活动和概念形式联系起来,并执行一系列与图画有关的训练。VAT 应用 8 个实物,例如刮脸刀和杯子,所有这些物品都很容易用一只手操作,并可以用一种手势表示,这些操作过程按难易程度分成不同的步骤和水平,目的是使患者逐渐认识线条画和手势所代表的意思,然后产生有代表意义的手势。12 名完全性失语患者接受了 VAT 治疗,治疗前后的标准测试分数比较表明,在听理解和手势表意部分有明显的改善,在命名和书写部分也存在不同程度的改善。尽管 VAT 过程是在无声情形下进行的,仍可收到以上的效果,这个发现也支持失语患者言语可能没完全损害的观点。

(二) 非流畅性失语的治疗

非流畅性失语包括三种基本类型:Broca 失语、经皮质运动性失语和完全性失语。这类失语言语常减少,构音费力,常常一字一字地说话。因此,言语旋律很差或丧失,语句长度变短,言语常由单词组成。经常出现词的替代、失语法结构或类似电报式言语及不同类型的错语。听理解除完全性失语,另外两型较轻。非流畅性失语又经常伴有言语失用和右侧偏瘫。最严重的非流畅性失语病人有时会有很好的构音并反复说出一些音素、音节、咕噜音,像"bika,bika","莫鸟,莫鸟……",却不能产生有意义的类似词语。但是,一些患者恢复了真正的言语后,非流畅性的失旋律和构音费力便表现得很突出,这种固定式的音素、音节、咕噜音是预后不好的表现。严重的非流畅性失语可以看作是言语表达知识的损害、丧失或者看作是言语知识是完整的,只是丧失了言语表达途径的障碍。

非流畅性失语治疗的途径有:

1. 教会言语表达技能　Froschels 指出言语知识丧失的观点:这些患者就像聋哑人一样在言语声音的收集上功能低下,所以患者必须被教会说话。通过一个一个的音素、音节(字),再把字结合成词,最后结合成句。在汉语失语症训练时,可以先教患者最易发出的音如"b、p、m",张口元音"a",这种治疗有时可以用压舌板帮助发音准确,可经常面对着镜子进行训练;也可以利用患者随机产生的声音协助发出更多的音,比如有一患者会说"笔",便可利用让他看毛笔的图片和用夸张并减慢发音速度的口型引导发出"毛笔"这个词。

2. 自动性言语　让患者数数由1~21,逐日增加,每日必须掌握规定的数字,不宜过快过多增加,每日只宜增加3~5个数字。

3. 命名训练　命名障碍是非流畅性失语中一种较为常见的症状,这是由于物品的视觉形象与对物品的知识、语言之间的连续中断。有时患者对出示的图片或实物不能命名,比如一位患者不能命名电话,就对他说:"王先生,您如果下班后有其他事情要办,不能及时回家,必须要先给您太太通个……",结果患者顺利地说出"电话",从而达到训练目的。还可以一个词头音和手势引导患者命名。

4. 看图说话　给患者出示有简单情景的卡片,请患者说出卡片内容。这种方法适合于较轻的表达性失语者。

5. 描述训练　给患者出示有情景的图片,让患者描述。这种方法适合较轻的患者。另外,还可以利用手势表达的方法进行训练。因为言语活动是整体的反应,这些活动可以与言语、模仿结合在一起。在适当的时间从记忆中诱发口语反应,现已证明对严重的失语症患者是有效的。在训练中先教会患者手势,然后训练发音,最后使患者掌握完整的词和短句。

(三)失语法结构的治疗

随着以上的治疗,患者的口语可能迅速改善,这种改善后的口语表现出失语法结构特征,语句长度变短和语法形式的受限。Good Glass把失语症的失语法结构分为运动性失语法结构和语法错乱(paragrammatism)。运动性失语法结构常常表现为漏掉连词、冠词、助动词,而实词如名词、动词、形容词相对完整。根据治疗模式概念,失语法结构多可看作丧失了语法知识或者丧失了应用这种知识的途径或应用效率的降低。如果失语法结构被看作是丧失了语法知识,那么,治疗的任务是依照正常语法获得语法结构或者应用教中文为第二语言的途径,通过教语法规则再建立语法知识;如果认为是由于使用语法知识的效率降低或丧失了使用完整语法知识的途径,那么,治疗的任务是设计出其他技术来促进语法结构的建立,如利用刺激法。还可以利用再教的方法,例如开始教主、谓、宾结构,然后再教形容词和副词、介词、连词。也可以用表示动作的句子来进行训练,例如"妈妈开门"。应用这类句子是由于这类句子最容易被正常人和失语症患者理解。另一种观点认为失语法结构的患者仍然保留语法结构知识,通过适当的提示可以刺激患者应用完整的语法知识,这被称为"冲破阻滞"。可使用几个句子并逐句增加句子语法的复杂性如"妈妈熨衣服","妈妈一边熨衣服一边看电视","妈妈一边熨衣服一边看精彩的电视节目","昨天晚上,妈妈一边熨衣服一边看精彩的电视节目"等等。

(四)命名性失语的治疗

应该知道,实际上所有的失语症都有不同程度的找词和命名困难,可以通过命名测验了解其程度。然而,由于失语的类型和损伤的部位与范围不同,命名困难也有所不同。

Goldstein描述了两种不同的命名障碍:一种是涉及抽象概念的丧失,就是不能把词和它们代表的东西联系起来;另一种是由于"言语工具"的丧失,这种障碍损伤了产生词的能力。Luria也描述了两类不同的命名障碍:一种是涉及到高水平语意组织方面的选择性困难;另一种是在专门感觉运动过程输出模式的缺陷。Geschwind 描述了四种不同的命名错误:第一种是命名性失语,病人在呼名测验中出现困难;第二种是由于主要通路阻断,病人无能力感知刺激;第三种称为非失语性错误命名,是在病人无明显失语症时出现;第四种是歇斯底里错误命名,是在假性失语时出现。

虽然命名性失语可能是一种相对轻的失语类型,但并不意味着很容易治疗。因此,患者会有较长时间的命名困难。

命名性失语的治疗途径有:

1. 再建命名事物　命名性失语可以视为词汇量的减少,也就是不能命名事物,持有这种观点的治疗人员的目的在于帮助患者重视学习命名,常常用图片进行治疗。Wepman 采用巴甫洛夫途径建立命名,他推荐治疗人员集中几个词反复出现在患者面前,一遍一遍地让他听读,在头 3 个月中教 4 个词,患者学会 2 个词后的 2 周,取得了很快的进步,到第 5 个月的时候,他已经说得比较好。Rosenber 也曾应用此法,患者从发病后 6 个月开始,治疗 5 个月以后,患者的呼名测验和自发性言语突然改善,他作了以下 3 种可能的解释:①连续一段治疗后的突然改善可能类似一种总和。在总和方面,一个神经元在形成以前,必须由数个其他神经元激发,因此,这种命名能力可能来自于治疗人员几百次刺激的累计效果。②也可能这种命名是逐渐改善的,但评分系统不能评出逐渐的变化。③这种特殊的恢复类型受病因(闭合性脑损伤)、利手(左利)、年龄(56 岁)的影响。

2. 再建命名回忆　与把命名性失语看作词汇量减少的观点相比,另一种观点认为根本的原因可能是回忆词功能的丧失,选用不同的刺激方法有助于对词的回忆。常用的音素(第一音)可用手势、描述、句子引出;目的词可用书写、描图、患者重复的方法等引出。具体方法可以用图片和实物来进行训练,每次 8~10 个实物或图片,这些图片所表示的词很多,可用明显的手势来表明如何使用。如训练说"剪刀",可以用手指比剪东西的动作,训练说"刮脸刀",用手在面部做刮脸的动作,这样常常可以刺激患者回忆起要说的词。下面是一个刺激命名性困难患者说出望远镜的例子:

治疗人员问:"这是什么?"(出示望远镜的线条画。)

患者:"圈里有玻璃片,用眼睛可以看见东西。"

治疗人员用手指画和玻璃窗。

患者:"这是小玻璃,这是大玻璃。"

治疗人员:"请像我这样做。"(用拇指和食指形成一个圈放在眼睛前。)

患者模仿动作后说:"望远镜。"

(五)听理解障碍的治疗

许多失语患者都有不同程度形式的听理解障碍。治疗人员应注意 2 个问题:①听理解障碍并不是单独存在的,而是作为所有失语表现的一部分。②失语患者所表现出的听理解障碍与言语表达程度并不完全一致。Schuell 观察了 130 名不同类型的失语患者,发现在理解测验中都有理解错误,但他们的基本机制不同。运动性患者表现为口语的思维、内部言语的丧失,语意性失语和没有能力抓住完整的语法结构。

虽然听理解障碍可能是许多失语症的一部分,但最常见于感觉性失语,Hecaen 等曾描述了 3 类不同的感觉性失语:①语音译码(decoding)障碍;②语意理解障碍;③非语言学注意障碍。这种障碍有言语理解丧失,而且阅读和书写也严重受损,听力和发音是完整的。

听理解障碍的治疗途径有:

1. 再建对口语词的理解　感觉性失语可以表现为对口语意思知识的丧失,这种类型可以通过重新学习使听理解获得改善。方法是从最简单声音单位到最复杂的信息,此方法类似非流畅性失语再建立途径,主要不同点在于非流畅性失语是试图使患者发出简单声音,然后是词,最后连成句子;在听理解障碍患者,治疗人员试图再教患者由易到难建立对所听到词语的理解。感觉性失语患者必须通过听觉再学习语音和词。训练者不是坐在患者的对面或面对镜子的侧面,而是站在患者的背后,让他重复发音、词,然后连成句子。训练顺序是先教单元音,然后是双元音、辅音、单词。

2. 再建口语理解途径　应用去阻滞技术的理论基础是认为其言语理解知识是完整的,只是得到这种知识的途径受到了阻滞。应用印刷体文字可以增强训练效果和提示,这种训练分为3项:复述词、单独读词和按顺序把词排列在句子中。另外对某些口语理解困难的患者,有些人采用唱歌的形式,患者可以很快地理解词语的意思。

听理解训练举例:

①标记训练:"指红匙","指小红匙和绿杯子"。

②对/错问题回答训练:"下雨了吗?","你喜欢鱼吗?","你脚上穿着鞋吗?"。

③系列指点:"指杯子和房子","指杯子、房子和树","指房子、杯子和汽车"。

④系列指令:"指天花板,再站起来,站起来转过身,坐下","过来,关上窗,坐下,递给我笔"。

(李胜利)

第六节　失语症的康复疗效和预后

一、失语症康复的主要机制

关于失语症康复的机制,Luria(1963年)认为是由于其他脑区取代病损区的功能即功能代偿;基本脑结构功能的动员;高级脑结构功能的动员。Rubens(1977年)认为水肿的减轻、损伤的前神经递质活性重建、颅内出血血肿的重吸收、神经功能联系不能或病变对特殊区域的远隔效应解除等均可影响语言障碍的康复。Johnson等(1978年)认为自然恢复的功能可能是:①替代:中枢神经系统中原先存在多余功能或多重表象,或平时仅起次要作用的神经系统发挥功能;②非特定的脑区域承担起了功能作用;③再生:在受损的神经元中出现了新的生长物;④侧突发芽或邻近受损组织区域中新的生长物出现;⑤失神经敏感性或对作为脑损伤后果的失神经支配作用的神经元递质的敏感性增加;⑥行为性策略变化:此时内部和外部环境的暗示被用于维持功能。

二、失语症的康复疗效

在进行康复治疗时,要考虑的问题之一是关于失语症的自然恢复问题。失语症患者在发病后最初的几个月内未经治疗的言语能力的改善称为自然恢复。其病理基础是未损伤的部分大脑在部分大脑损伤后获得功能。目前对于自然恢复期的长短还没有完全一致的意见。通常认为最大程度的恢复是在发病后的第1月,第2月后基本不存在,有些学者以3个月为界限。国内学者观察后认为中风后总的自然恢复情况是2周内恢复最快,6周内也较快,以后即减慢。Holland等的研究提示,在追踪未加选择的中风不久的患者时可发现,自然恢复曲线的斜率比一般推测的更为陡直,进展更多出现在中风后最初2个月或更早。脑部病变如脑血管病所致的语言障碍的恢复在发病后1～3周,主要原因为脑血液供应的再疏通和病灶周围水肿的消失。他们的观察还发现多数患者在病后<6周时恢复最为迅速,符合恢复曲线较为陡直的现象。尽管对自然恢复期长短问题还没有一致的意见,但这种现象是存在的,而且在失语症治疗的研究上要有所估计。

有人通过两组失语症患者的治疗对比来观察治疗效果,非特殊治疗组与没有治疗的小组相比有总体的效果。而且,有进一步的证据说明在某些类型的失语病人,以专门的方式进行治疗收到了明显的效果,所以说语言治疗的积极作用是肯定的。

Basso等1979年描述了3个在自然恢复期后接受治疗的病人(分别为发病11年,2年2个月,7个半月),随着治疗进展每个病人都有很大的改善。中国康复研究中心曾对18名失语病人的治疗进行了观察,其中12名为自然恢复期之后开始治疗,最长为发病后12年,最短的为发病后8个月,平均治疗90天,除1名病人仅治疗18天效果不明显出院外,其他病人都有较大的改善。

三、失语症的预后

一般失语症的预后与原发病的预后一致,近年来在发达国家和我国的一些大城市,人口已趋向老龄化,也产生了失语症重度化、复杂化的趋势,再加上年龄增加所带来的脑功能低下,有时会见到症状加重的现象。若为再次脑卒中或以进行性疾病为基础,失语症状也会加重。根据国外的文献和中国康复研究中心的统计资料,失语症的预后与以下因素有关:

(1) 训练开始期　开始越早预后越好。
(2) 年龄　患者越年轻预后越好。
(3) 轻重程度　轻度患者预后好。
(4) 原发疾病　脑损伤范围小和初次脑卒中者预后好,脑外伤比脑卒中者预后好。
(5) 合并症　无合并症者预后好。
(6) 利手　左利或双利者比右利者预后好。
(7) 失语类型　表达障碍为主比理解障碍为主者预后改善好。
(8) 智能水平　智商高者比低者预后好。
(9) 自纠能力　有自纠能力和意识者预后好。
(10) 性格　外向性格者预后好。
(11) 对恢复的愿望　患者和家属对恢复训练愿望高者预后好。

(李胜利)

第七节　Schuell 刺激疗法

Schuell 失语症刺激疗法是多种失语症治疗方法的基础，应用最广泛。刺激疗法的定义是以对损害的语言符号系统应用强的、控制下的听觉刺激为基础，最大程度地促进失语症患者的语言再建和恢复。

一、Schuell 刺激疗法的原理

Schuell 刺激疗法的原理很多，但最主要的原理可以归纳为以下 6 条，见表 2-11。

表 2-11　失语症 Schuell 刺激疗法的主要原理

刺激原理	说　明
利用强的听觉刺激	是刺激疗法的基础，因为听觉模式在语言过程中居于首位，而且听觉模式的障碍在失语症中也很突出
适当的语言刺激	采用的刺激必须能输入大脑，因此，要根据失语症的类型和程度，选用适当的控制下的刺激难度上要使患者感到有一定难度但尚能完成为宜
多途径的语言刺激	多途径输入，如给予听刺激的同时给予视、触、嗅等刺激（如实物）可以相互促进效果
反复利用感觉刺激	一次刺激得不到正确反应时，反复刺激可能提高其反应性
刺激应引出反应	一项刺激应引出一个反应，这是评价刺激是否恰当的唯一方法，它能提供重要的反馈而使治疗师能调整下一步的刺激
正确反应要强化以及矫正刺激	当患者对刺激反应正确时，要鼓励和肯定（正强化）。得不到正确反应的原因多是刺激方式不当或不充分，要修正刺激

二、治疗程序的设定及注意事项

依照刺激疗法的原理设定治疗程序并注意以下方面：

（一）刺激的条件

1. 刺激标准　应根据刺激的复杂性选用不同的刺激标准。刺激的复杂性体现在：听觉刺激训练时选用词的长度；让患者选择词时图摆放的数量；采用几分之几的选择方法；所选用的词是常用词还是非常用词等。无论采用什么标准，都应遵循由易到难、循序渐进的原则。

2. 刺激方式　包括听觉、视觉和触觉刺激等，通常采取以听觉刺激为主的刺激模式。在重症患者常采取听觉、视觉和触觉相结合，然后逐步过渡到听觉刺激的模式。

3. 刺激强度　是指刺激的强弱选择，如刺激的次数和有无辅助刺激。

4. 刺激材料选择　一方面要注意语言，如单词、词组、句子的功能，另一方面也要考虑到患者的日常生活交流的需要，以及个人的背景和兴趣爱好来选择训练材料。

（二）刺激提示

在给患者一个刺激后，患者应有反应，当无反应或部分回答正确时常常需要进行提示。

在提示时要注意以下几点：

1. 提示的前提　要依据治疗课题的方式而定，如听理解训练时，当书写中有构字障碍或阅读理解中有错答时，规定在多少秒后患者无反应才给予提示。这方面也常常需要依据患者的障碍程度和运动功能来控制。如右利患者患右偏瘫而用左手书写时，刺激后等待出现反应的时间可以延长。

2. 提示的数量和项目　在提示的项目上常有所不同，重症患者提示的项目较多，如呼名时要用的提示包括描述、手势、词头音等，而轻度患者常常只需要单一的方式如词头音或描述即可引出正确的回答。

(三) 评定

这是指在具体治疗课题进行时，治疗人员对患者反应进行评定。要遵循设定的刺激标准和条件做客观的记录，举例见表2-12。因失语症的类型和严重程度不同，患者可能会作出各种反应，正确反应除了按设定时间作出的正确回答外，还包括延迟反应和自我更正，均以(+)表示；不符合设定标准的反应为误答，以(-)表示。无反应时要按规定的方法提示，连续无反应或误答要考虑预先设定的课题难度是否适合患者的水平，应下降一个等级进行治疗。经过治疗，患者的正答率逐渐增加，提示减少，当连续3次正答率大于80%时，即可进行下一课题的治疗。

表2-12　训练评定记录表

	听理解(SP:P)	称呼(P:SP)	读解(P:W/W:P)	书写(P:WR/SP:W)
西瓜				
橘子				
桃				
梨				
香蕉				
菠萝				
苹果				
葡萄				
海棠				
柿子				
	(1)(2)(3)	(1)(2)(3)	(1)(2)(3)	(1)(2)(3)

1/10 选择

(四) 反馈

反馈可巩固患者的正确反应，减少错误反应。正确地应用反馈对加速失语症的康复很重要。当患者正答时采取肯定患者的反应，重复正答，将答案与其他物品或动作比较等方法，以扩展正确反应，以上这些方法称正强化。当患者误答时要对此反应进行否定。部分失语症患者的情绪常不稳定，连续生硬的语言可能会使患者失去信心而不能配合治疗，因此要避免。这种否定错误回答并指出正确回答的方法称为负强化。其他改善错误反应的方法还包括让患者保持注意，对答案进行说明性描述和改变控制刺激条件等。

三、治疗课题的选择

(一) 按语言模式和失语程度选择课题

失语症是语言障碍而不是单纯言语障碍，所以这种障碍绝大多数涉及听、说、读、写四种模式，但这四种障碍可能不是平行的，某种失语症以听理解障碍为突出表现，某种以表达障碍为主要表现，在一种语言模式中，一种类型失语症的障碍可能为突出表现。因此，可以按语言模式和严重程度选择课题，详见表2-13。原则上轻症者以直接改善其功能为目标，而重症者重点则放在活化其残存功能或进行实验性治疗上。

表2-13　不同语言模式和严重程度的训练课题

语言模式	程度	训练课题
听理解	重度	单词与画、文字匹配，是或非反应
	中度	听短文做是或非反应，正误判断，口头命令
	轻度	在中度基础上，文章更长，内容更复杂(新闻理解等)
读解	重度	画和文字匹配(日常物品、简单动作)
	中度	情景画、动作、句子、文章配合，执行简单书写命令，读短文回答问题
	轻度	执行较长文字命令，读长篇文章(故事等)提问
说话	重度	复述(音节、单词、系列语、问候语)，称呼(日常用词、动词命名、读单音节词)
	中度	复述(短文)，读短文，称呼，动作描述(动词的表现、情景画或漫画的说明)
	轻度	事物描述，日常生活话题的交谈
书写	重度	姓名，听写(日常生活物品单词)
	中度	听写(单词、短文)，书写说明
	轻度	听写(长文章)，描述性书写，日记
其它		计算练习、钱的计算、写字、绘画、写信、查字典、写作、利用趣味活动等，均应按程度进行

(二) 按失语症类型选择治疗课题

这种课题是依不同失语症类型而定，见表2-14。

表2-14 不同类型失语症训练重点

失语症类型	训练重点
命名性失语	口语命令、文字称呼
Broca失语	构音训练、文字表达
Wernicke失语	听理解、会话、复述
传导性失语	听写、复述
经皮质感觉性失语	听理解(以Wernicke失语为基础)
经皮质运动性失语	以Broca失语课题为基础

(李胜利)

第八节　小组治疗

一对一的治疗形式是语言治疗的主要形式,一般为每日一次,每次半小时至一小时。另一种治疗形式为小组治疗。小组治疗起源于第二次世界大战后,当时大量颅脑损伤的患者从战场返回,由于缺少职业人员,因而建立了小组治疗方法。其后因为这种治疗形式可使患者在语言和言语技能上发生更大的改变,并有助于失语患者的心理调节,有利于他们回归社会,因此仍把小组治疗作为一种治疗形式。

一、心理治疗小组

心理治疗小组可以为失语患者宣泄情感和学习处理心理冲突提供支持气氛,增进个人之间的了解,改善患者的观察能力,并且帮助成员适应离院后的社会情绪,减少孤独感,使患者易于被社会接纳和增加自我意识。心理小组治疗内容包括讨论、现实生活中的发挥、专题演讲、艺术展览,还可以采取手势表达、本人观察生活中角色发挥和其他人的角色发挥、心理剧等。

二、家庭咨询和支持小组

帮助家庭成员或配偶了解失语并解决语言问题,帮助患者和家庭成员解决情感问题,这些常常需要社会和心理工作者的合作。

三、言语—语言治疗小组

言语—语言治疗小组已存在了近50年,并已证实这种小组治疗方法对语言障碍病人有效。有的小组被称为"言语班"。小组的成员每天进行言语交流,内容包括打招呼,辞行,人物辨别信息,钱、日历的应用,左右辨别,身体部位辨认……。小组治疗的内容涉及心理学、社会学、作业训练、阅读和数学。治疗活动的意义是强调功能性的、现实生活中的治疗活动。根据患者情况来决定治疗时间,强化治疗小组可以每天3小时,每周5次,也可以每周1~2次,每次1~2小时,与个人治疗相配合。

(李胜利)

第九节　言语失用与口失用的治疗

一、言语失用的治疗

1. 治疗原则　言语失用的治疗原则上应集中在异常的发音上,因此与失语症和构音障碍的语言刺激、听觉刺激不同。视觉刺激模式是指导发音的关键,建立或强化视觉记忆对成人言语失用的成功治疗是最重要的。另外,也要向患者介绍发音音位和机制以指导发音,可以按照以下步骤进行：

(1) 掌握每个辅音发音的位置。

(2) 迅速重复每个辅音加"啊"，以每秒 3~4 次为标准。

(3) 用辅音加元音方式建立音节，如"fa、fa、fa、fa……"。

(4) 一旦掌握了稳定的自主发音基础和基本词汇，便可尝试说复杂的词，原则上还是先学会发词中的每个音、音节，最后是词。

2. Rosenbeke 成人言语失用八步治疗法　见表 2-15。

表 2-15　成人言语失用八步治疗法

步骤：

1. 联合刺激："请看着我"〔视觉(V1)〕，"请听我说"〔听觉(a)〕，同时发音(患者和治疗师同时发音或词语)。当一起发音时，治疗师要嘱患者注意听准确，特别是正确发音(词)时的视觉提示。

2. 联合刺激(V1、a)和延迟发音(治疗师先发音或词，稍隔一会儿，患者模仿)伴(V1)提示：治疗师先示范说出一个音(词)，然后，治疗师重复这个音或词的口型但不发音，患者试图大声地说出这个音(词)，也就是这时只有视觉提示而衰减了听觉刺激。

3. 联合刺激(V1、a)和不伴视觉刺激(V1)的延迟发音：这是传统的"我先说一个音(词)，随后你说"，此时治疗师没有提示。

4. 联合刺激和不提供任何刺激以及听觉(a)或视觉(V1)状态下正确发音(词)：治疗师发音(词)一次，患者在无任何提示状态下连续发这个音(词)几次。

5. 书写刺激(V2)，同时发音(词)

6. 书写刺激(V2)，延迟发音(词)

7. 提问以求适宜回答：放弃模仿，由治疗师提出适宜问题以便患者能回答相应的靶音(词)。

8. 角色发挥情景下适宜的反应：治疗师、工作人员或朋友被假定为靶词语角色。患者作恰当回答。

二、口失用的治疗

1. **喉活动技巧**　训练时，治疗人员与患者面对镜子而坐，治疗者发"澳"音让患者边听边看，然后模仿。如果患者不能模仿又试图发声时，治疗者应把患者的手放在自己的喉部让其感觉到震动。有时需要治疗者用手帮助患者张口形成发声的口型，此过程应多次重复。由治疗者产生的和来自患者本人的听觉反馈系统加上触摸喉的触觉刺激可以促进发声控制。也可以由一个反射性的声音来建立发声，例如咳嗽、叹气、哼哼声、大笑、哼曲子等都可以促进"澳"的发声，这种声也可以通过患者自己用手使双唇形成口型得到促进。当患者可以成功地发"澳"时，下一步可以练习发其他声调，同时加大音量。随后可以训练其他音，如"衣"、"屋"等，可以用同样的方法训练。另外，唱歌和完成句子也可以训练初始音，如一杯"水"、"茶"、"酒"，草是"绿的"、"黄的"等等。

2. **舌活动技巧**　为了控制运动，治疗人员通过用单音节"la"唱一支流行歌曲表示舌如何活动，患者以同样方法唱，并对着镜子看舌是如何运动的。另外，还可以用压舌板帮助训练患者伸舌、缩舌、向侧方及上下运动。

3. **言语活动技巧**　能控制发声和双唇运动之后，便可以训练患者产生完整词语并使患者在言语中意识到听、视、触觉的作用。口颜面失用和言语失用的共同特点是自主言语困难,不是处于自发的言语状态。但是,可以利用自发性言语来改善自主性言语:可以让患者唱熟悉的歌曲或戏曲,如《祝你生日快乐》、《洪湖水浪打浪》、《好汉歌》等;也可以利用戏曲中熟知的唱段如《红灯记》、《沙家浜》或《梁祝》等,均可以促进自主言语。另外,让患者从1数到10,从星期一说到星期日等作为自发性言语来促进完整的言语活动。在治疗人员与患者一起说话时,开始时的声音总是小于患者,然后再慢慢降低,最后在没有帮助的状态下由患者自己说,最好选用较强的听觉模式、节律或生活中常用的词语,如"你好"、"谢谢"、"再见"以及广告词等作为引出完整言语活动技巧用词。

(李胜利)

第十节 促进实用交流能力的训练

一、训练目的

训练目的是使失语患者最大程度地利用其残存交流能力,能与他人发生或建立有效的联系,尤其是促进日常生活中必要的交流能力。

二、训练原则

1. 重视日用性的原则　采用日常交流活动内容为训练课题,选用接近现实生活的训练材料(如实物、照片、新闻报道等)。
2. 重视传递性的原则　除了用口头语以外,还利用书面语、手势语、画图等代偿手段来传递信息。
3. 调整交流策略的原则　计划应包括促进运用交流策略的训练,使患者学会选择适合不同场合及自身水平的交流方法。
4. 重视交流的原则　设定更接近于实际生活的语境变化,引出患者的自发交流反应。

三、交流效果促进法

1. 适应证　各种类型和程度的失语症,尤其是重症失语症。
2. 治疗原则　见表2-16。

表2-16　交流效果促进法的治疗原则

交换新的未知信息	表达者将对方不知的信息传递给对方。利用多张信息卡,患者和治疗者随机抽卡,然后尝试将卡上信息传递给对方
自由选择交往手段	不限于口语,如书面语、手势、绘画等手段
平等分担会话责任	表达者与接收者在交流时处于同等地位,会话任务应来回交替进行
根据信息传递的成功度进行反馈	患者作为表达者,治疗者作为接受者时,治疗者要给予适当的反馈,促进患者表达方法的修正和发展

3. 具体方法　将一叠图片正面向下放在桌上,训练者与患者交替摸取,不让对方看见自己手中图片的内容,利用各种表达方式(如呼名、描述语、手势等)将信息传递给对方。接受者通过重复确认、猜测、质问等方式进行适当反馈。

4. 评定　见表2-17。

表2-17　交流效果的评定

评价分	内　容
5	首次即将信息传递成功
4	首次传递信息未能令接受者理解,再次传递获得成功
3	通过多次发问或借助手势、书写等代偿手段将信息传递成功
2	通过多种发问等方法,可将不完整的信息传递出来
1	虽经多方努力,但信息传递仍完全错误
0	不能传递信息
U	评价不能

(李胜利)

第十一节　阅读理解的训练

阅读是人类重要的认知行为之一,是人类借助书面语言进行交流时的理解过程,实现这一过程既可以通过默读,也可以通过朗读。

一、失读症(alexia)的分类

失读症是指由于大脑损伤导致正常阅读者对书面语言——文字的理解能力丧失或受损,可伴或不伴有朗读障碍。Benson将失读症分为失读伴失写、失读不伴失写、额叶失读症、失语性失读四种类型。

1. **失读伴失写**　又称中部失读症,这类失读症的特征除了失读之外还伴有失写,在出声读和阅读理解方面都存在障碍,常伴有不同程度的后部失语症。在书写方面,抄写常明显好于听写和描写,而且对提示多无明显反应。在其他方面,表现为错语表达、复述、呼名和听理解方面的障碍。这类失读症失读和失写的症状比其他障碍(主要是指失语症)更加突出。这类患者还伴有右侧偏盲或视野右上1/4象限的偏盲,另外还可能存在失认、失算和左右辨别困难。

2. **失读不伴失写**　又称为纯失读、后部失读症,是一类较特殊的失读症,临床上很少见。特征为不伴有或只伴有较轻微的失写,患者常常不能读出自己刚刚写出的字。大多数患者可以理解一些常用的文字,如自己的姓名和所居住的城市的名称,但常常不能理解文章的内容。许多患者还存在颜色命名困难,当被要求指出检查者所说的颜色时,常常不能完成,但在会话中不存在理解和使用颜色词的困难,这种异常是由于从视觉到言语联系上出现了障碍,70%以上的纯失读患者有这种障碍。患者常伴有右侧同向性偏盲或视野缺损,脑损

伤部位一般位于枕叶或胼胝体压部。

3. 额叶失读症 又称前部失读症,这类失读症常见于运动性失语。特征为多数患者可以理解文字,但一般只限于单词水平的名词和动词,在句子层级有困难,特别是在句子中出现有决定意义的形容词、介词、连词时表现更为突出,这与运动性失语症的"电报式语言"相似,患者常常伴有明显的书写障碍。病变位于大脑优势半球的前部并涉及到皮质下组织。经皮质运动性失语不伴有这种障碍。

4. 失语性失读 阅读障碍几乎是所有失语症患者语言表现的一部分,失语性失读是指感觉性失语、传导性失语及难以进行分类的失语症所伴有的阅读障碍。

表 2-18 三种主要失读症的表现和鉴别

	失读伴失写	失读不伴失写	额叶失读症
文字			
阅读	完全失读	音读失读为主	字母失读为主
书写	除抄写外,严重失写	无	严重失写包括抄写
字母命名	严重失命名	相对完整	严重失命名
词理解	不能	好	部分保留
出声读	不能	好	差
有关表现			
口语	流畅性失语	正常	非流畅性
运动	轻度麻痹	正常	偏瘫
感觉	半身感觉丧失	正常	轻度感觉丧失
视野	有或无视野障碍	右侧偏盲	通常正常
Gerstmann 综合征	常有	无	无

不同类型失语症根据不同的病变部位表现出不同的阅读障碍。在失语症的表现方面,失读常常不是唯一的表现,往往需要进行详细的语言评定和仔细的观察。另外,必要时还要进行视觉和视野的检查。

二、阅读理解的过程

阅读理解的过程是一个复杂的认知过程,经历两个不同层级的信息加工处理阶段。首先是字词层级的认知,掌握字词的形、音、义及其联系,字词阅读始于对字形的视觉感知,通过感知辨识,字形刺激被特定的脑视觉机能区所接收,并激活相应的语音、语义代表区与之发生机能联系。字词的认读过程实质上是由字形到字音和字义联系的整合过程。其次是语句层级的理解,语句的句法分析,掌握语句的意义。字词层级的认知表现为对组成语句材料的字词能正确认读,能辨识字词的确切意义,即正确牢固地把握字词的形、音、义联系,是阅读理解的基础。语句层级的理解是对以单个字词为单位按照语法规则构成有意义的结构进一步分析,从而掌握整个语句的意义。

三、影响阅读理解的因素

汉语字词的特点和汉语的语言环境在阅读理解中发挥着重要的作用。影响阅读理解的因素包括:字词的使用频率,词性及词长,词汇的想象力,对词汇的熟悉程度,句法结构,语境等。

1. 词汇的频率和习得年龄　对于一些使用频率高的词汇阅读理解更容易,但这一因素也与词汇的想象力有关,有的介词、连词虽然使用频率高,但词的想象力差,形象化水平低,也比较难理解。词汇的习得年龄是指以口语或书面语的形式接触到这个词并且理解其意义的年龄。词汇的习得年龄越早越容易被理解。

2. 词汇的熟悉程度　尽管有些词在语言中不常使用,但对某些患者来说,这些词汇可能更容易理解。因为职业或业余爱好,患者会对某些罕用词汇更为熟悉。

3. 词汇的想象力　一个词如果能够激发出读者的思维形象(mental image),这个词就是想象力高的词。词汇的想象力越高,在大脑中越易于呈现,患者阅读理解成功的可能性越大。

4. 语境　语境指言语交际的环境。从广义说,指言语活动出现的具体情景,包括说话的场合、社会环境、时代背景等;从狭义讲,语境指书面语言的上下文和口语的前言后语等。在言语交际时,语境提供了各种时代背景知识,因而能帮助人们迅速、准确地理解语言。对于阅读理解障碍的患者来说,在阅读文章前看与文章有关的图画,有助于理解。

5. 句子的结构　句子结构对言语理解有一定影响。研究发现,对否定句的理解一般难于对肯定句的理解,理解否定句比理解肯定句需要较长的加工时间。

四、阅读理解的训练

阅读理解的训练是建立在对患者的阅读水平进行测试的结果上的。通过测试结果判断患者的阅读障碍水平是在字形辨识层级,单词层级,短语层级,语句层级,段落层级还是篇章层级。针对患者阅读障碍的程度进行有针对性的训练方案的制定。此外,在阅读理解的训练中也应考虑患者的视空间功能、注意力及记忆力对阅读理解的影响。

1. 促进字词的辨识和理解

(1)匹配作业　严重阅读障碍的患者对单字的辨识障碍,可以首先进行单字的匹配训练(字—字匹配),即让患者从一系列字卡中选出与所出示的字卡相同的文字,这项任务不需要患者对文字进行理解,只需要辨别出字形即可,患者通过训练可以提高对文字的视觉辨识能力,是最基本的匹配训练。随着患者视觉辨识能力的提高,可以让患者尝试进行字图匹配及听字指字的训练,从而逐步建立起文字与语义之间的关系和文字的语音之间的关系。值得指出的是,在匹配作业中要注意,对于严重阅读障碍的患者,起始训练文字的选择应该是笔画少、高频的词汇,当患者的正确率提高后可以考虑通过增加文字笔画数、词长和频度等来增加任务的难度,供选择的字词也可以由2张逐步增加至12或16张。此外,也应考虑针对不同词性的训练,可以选取名词、动词等想象力高的词逐步过渡到形容词、介词等想象力低的词。

(2)分类作业　分类作业需要患者对词汇的语义做出正确的辨识,从而对不同类别进行划分,这一任务的材料可以选择想象力高、比较常用的名词,如对食物、电器、交通工具等进行分类,也可以对抽象词汇,如表示情感、颜色等的词汇进行划分。示例如下:

小白菜　长毛兔　牛　小草　羊　蜗牛　油菜　鹅　鸭子　杨树　柳树　乌龟　菊花　梅花　青蛙　蚊子　鲸　桃子　枇杷　企鹅　帽子　骆驼　豹子　草莓　蝴蝶

植物类：
动物类：
其他类：

(3)语义联系　可以通过近反义词、语义相关词的连线促进阅读理解中语义水平的提高。示例如下：

等待　　　开来　　　矫健的　　　老人
目光　　　降临　　　慈祥的　　　心情
缓缓　　　归来　　　沉痛的　　　身躯
夜幕　　　移动　　　慈善的　　　面庞

(4)其他　贴标签也可以用于词汇理解的训练。可以让患者家属在患者常用的物品上贴上物品名称的标签，这样可以增强词汇与物品之间的联系，从而达到提高阅读能力的目的。对于一些重度失语症患者，尤其是文字理解能力相对好一些的患者，可以制作文字交流板。在交流板上写上常用物品，家属的名字及一些简单的动作增加患者与家属之间的交流。

2. 促进词汇与语句的辨认和理解

(1)选词填空　这一任务主要是建立起文字与短语之间的匹配，是由词汇到句子阅读的过渡阶段的训练。示例如下：

我们用_____刷牙。
　牙刷　　梳子
梳头用_____。
　梳子　　毛巾
哪一个动物会飞_____？
　麻雀　　小兔子
什么时候有星星_____？
　白天　　晚上
太阳早晨从_____升起。
　东方　　西方　　南方
给病人看病的人是_____。
　护士　　老师　　医生

(2)近义词的辨识　通过近义词的辨识训练促进患者对于语义相近词的理解。示例如下：

A. 呈现　　表现　　展现
小明的优点(　)在多方面。
不同高度的自然带(　)出不同的自然景观。
走出大门，(　)在眼前的是一个宽广的庭院。

B. 观赏　　欣赏
爸爸正在(　)盛开的牡丹。
我们到音乐厅(　)音乐。

(3)关联词语的选择

是……还是……　　宁可……也不……
与其……不如……　　不是……就是……

每天上学(　　)李明来找我,(　　)我去找李明。
我们(　　)说明天开始好好学习,(　　)从今天就开始。
他(　　)牺牲个人利益,(　　)损害集体利益。
你(　　)看报纸,(　　)看杂志?

(4) 执行文字指令　执行文字指令训练可以帮助患者更好地建立起对与连词、介词的理解。练习的材料可以从简单的一步指令逐步增加难度到两步指令、三步指令,可以是做出一组身体动作,也可以是操作桌上的实物。示例如下:

摸一下鼻子
把笔递给我
把剪刀和笔换个位置
把牙刷放进盘子里再拿出来放在钥匙和钱之间

(5) 找错　找错的训练可以帮助患者认真阅读并分析语句,在寻找错误的过程中提高对语义的理解及句法的应用。

小钢特别喜欢踢足球和打乒乓球。
怀着崇敬的心情,祭扫了烈士墓。
我们要认真改正并找出作业中的错误。
他虽然刻苦学习,但是热爱劳动。
经过努力,我的学习目的提高了。

(6) 给句子加标点　这一任务主要是帮助患者提高分析句子的能力。可以向患者提供一组句子,让患者在合适的位置加入标点符号。

我喜欢吃的水果有香蕉橘子梨和苹果
今天的天气真好啊
你的作业做完了吗

(7) 语句构成训练　可以向患者提供一组词汇,让患者将这些词汇连接成一个完整的句子。通过这一任务的训练可以提高患者词序排列的能力及对语法关系的处理能力,从而达到改善阅读理解的目的。

田里　麦子　收割　正在　人们
挂着　桃子　许多　上　桃树
小时候　非常　爸爸　读书　喜欢
大象　小兔　野猪　和　比赛　在
给　爷爷　常常　讲故事　小明

3. 促进段落的理解　当患者能够对语句理解得较为准确时,可以进行段落层级的理解训练。

(1) 段落构成训练　向患者提供打乱顺序的一组句子,让患者按照语境将其连成一个段落。这一任务不仅能够提高患者对单句的理解,更能提高对整体语境的把握。

(　　)肖邦从小就很喜欢音乐,他六岁开始练琴,八岁便举行演奏会了。

（　　）当时的人,都惊讶他的音乐天才,争着要为他出版呢!
（　　）肖邦是波兰的一位音乐家。
（　　）他十五岁那年,就写成了第一首圆舞曲。
（　　）他出生在波兰首都华河,父亲是一位教师。

(2) 针对段落回答问题

孔融是汉朝有名的文学家,他六七岁的时候就聪明过人。许多有才学的大官出各种各样的难题考他,都没有把他难住。有一次,孔融参加了一个宴会。在宴会上,孔融机智地回答了几个人出的难题,受到在场官员的称赞。大家都说他长大以后一定有出息。有一位大官见众人都捧这个六七岁的孩子,心里很不服气,便对大家说:"依我看,小时候聪明的人,长大以后不一定聪明。"孔融听了,马上接过话来,对他说:"我想,您小时候一定非常聪明。"

问题:

A. 孔融是哪个朝代的?
B. 孔融是汉朝有名的什么家?
C. 孔融是不是从小就聪明过人?
D. 大官有没有出难题为难孔融?
E. 孔融有没有机智地应付过难题?

4. 促进篇章的理解　　当患者对单一语段的理解达到80%的水平时,就可将阅读材料增加到两三个段落,再逐步增加至篇章的理解。可以让患者在阅读篇章后针对阅读材料回答简单的问题。训练初期可以选择一些有情节的篇章,阅读后针对故事发生的时间、地点、人物等问题进行提问,随着患者阅读能力的提高可以选择一些说明文、应用文或以前工作中常接触的日常文件让患者阅读。此外,也可以让患者家属配合患者一起阅读一些报纸、书籍,提高患者的实用阅读能力。

第十二节　　书写的训练

与口语表达比较,文字表达更需要计划性和准确性,词汇的使用范围更为广泛,语法结构要求更为严谨和规范。因此,大脑病变所产生的书写障碍,一般比口语表达障碍更严重,恢复也比较慢和不完全。

一、失写症(agraphia)的分类

失写症是由于后天获得性脑损害所引起的书写功能受损或丧失。Benson等将失写症分为失语性和非失语性。国内的学者也认为失写症应限于失语性失写,而非失语性失写症为书写障碍。虽然失语性失写症和非失语性失写症可能混合存在,但在临床诊断时应加以区别。

(一) 失语性失写

书写是一种语言表达形式,因此失写症也是失语症的组成部分。失语性失写症同失语症一样可分为两种基本形式:流畅性失写和非流畅性失写。

1. 非流畅性失写(non-fluent agraphia)　大多数非流畅性失语患者可产生与非流畅性失语口语相对应的失写。大多数非流畅性失写患者有右侧偏瘫而改用左手写。书写表现为写出量少,书写费力,字体笨拙,书写简短,缺乏语法词,比口语中失语法现象更明显,拼写困难,拼写几乎不可避免地遗漏笔划。

2. 流畅性失写(fluent agraphia)　见于流畅性失语患者。大多患者无偏瘫而用利手写。写出量较多或很多,书写不费力,字形工整,句子长短正常,拼写困难,缺实质性词,出现大量语音性和词义性错写。患者边写边大声朗读,大多是类似杂乱语样或错语样朗读。

3. 其他型失语的失写症　完全性失语患者表现为严重失写,仅限于写几个字,具有非流畅性失写特点,但写出更少,且不成字形,抄写也不能。经皮质混合性失语者的书写与之相似,但抄写可能好些。命名性失语者大多伴有不同程度的失写,无失写的命名性失语罕见。

4. 失读伴失写　失读伴失写患者的阅读和书写能力受损,即所谓后天文盲。此类患者无一例外地有命名困难,书写不正常,具有流畅性失写特征。病变位于语言优势半球的顶叶局限病灶。

5. Gerstmann综合征　患者的失写表现为流畅性失写,书写不费力,有字母遗漏,或者字母顺序错误而组成无意义词。如果失写具有组成Gerstmann综合征的四个成分,但不具流畅性特征,则不是真正的Gerstmann综合征。

6. 纯失写(pure agraphia)　指除书写障碍外其他的语言功能正常或接近正常。对所谓Exner区是否存在长期存在争论,至今尚无更多证据支持Exner书写中枢的存在。有报道认为左顶叶病变产生视觉控制下的手运动缺陷可引起纯失写症,也有报道其他部位局灶病变引起纯失写症。

7. 精神错乱状态失写症(confusional agraphia)　是指在各种原因引起的精神错乱状态下,如药物中毒、代谢性脑病或麻醉状态,发生言语功能障碍。有些患者的口语表达、理解、复述、命名和阅读能力正常或接近正常,但书写功能受损,表现为字形笨拙、书写量有限,表达意思不清楚。

8. 深层失写症(deep agraphia)　深层失写症患者在书写中出现词义替代,即词义性错写,病变多位于优势半球顶叶。

9. 分离性失写症(disconnection agraphia)　分离性失写症多出现在胼胝体切除术后,患者用右手书写正常或接近正常。左手抄写尚可,但自发书写完全失败,不能写出有意义的文字材料。

(二)非失语性失写

书写功能除与言语功能密切相关外,还与运动和视空间功能有关。因此,运动或视空间功能受损都可干扰书写的正常进行,甚至产生严重的书写障碍。包括运动性失写、视空间性失写和癔症性失写。

(三)过写症

可发生于以下两种情况:

(1)复杂的部分性癫痫伴人格改变的患者　书写内容多,带有强烈的情绪色彩,常包含哲学、政治或宗教内容,但更多的是泛泛的、空洞的过量书写内容。颞叶病变时更为多见。

(2)精神分裂症患者　书写过多,内容稀奇古怪,反映患者严重的思维紊乱。

二、书写的训练

书写训练分为三个阶段。第一阶段是临摹与抄写阶段,目的是促进非利手(通常是左手)的书写运动技巧,促进患者字的辨认和理解能力。第二阶段是过渡阶段,引导患者逐步放弃单纯抄写活动,逐步增加自发书写水平。第三阶段是自发书写阶段,患者可完成听写与简单问题的书写,最重要的是功能书写,即写便条和信件等。

训练任务也如阅读理解的训练一样,应该根据患者的检查结果制定。通过检查了解患者目前的书写水平,了解患者抄写、描写及听写的能力如何,是单词水平、短语水平、短句水平还是段落篇章水平。从而制定详细的训练方案。

(一)临摹和抄写

1. **临摹**　因脑损伤造成的失语症患者常伴有右侧偏瘫,临摹的目的是改善左手的书写运动技巧。方法是临摹圆形、方形等形状以及简单笔划的字。为了改善自动语序的书写能力,可让患者临摹系列数字。为了改善患者书写个人基本情况的能力,可让其抄写自己的姓名、地址、电话号码、家庭成员的姓名等。

2. **看图抄写**　当患者存在书面语的理解困难时,应首先训练患者对语词的理解,在活动中利用视觉提示、图—图匹配达到这一目的。在做作业前,向患者解释如何完成作业。先让患者看4幅图,然后把4幅图的字分别抄在横线上。作业提供了大量的视觉提示,如果患者在该阶段反复失败,可对患者进一步解释该作业涉及到哪些问题。作业中的词汇应尽可能有意义。

下一步的作业活动是在减少视觉暗示的条件下抄写。要求患者理解书面语。治疗师对每个错字、错词记分,这对患者是一有利的反馈,使患者感到任何努力都是可接受并得到重视的。

3. **分类抄写与短语完形**

(1)在训练中逐步削减视觉提示,提高患者理解文字的能力。这一水平的作业要注意增加阅读理解的难度,同时帮助患者积累常用词汇。

分类作业示例:

A. 动物:牛_____　　　　　植物:树_____

羊、草、花、驴、鸟、麦子

B. 房屋:平房_____　　　　交通工具:汽车_____

楼房、火车、自行车、茅草房、别墅、飞机

(2)在一些作业中使用配对词和反义词,可以加强词的语义理解,因此该作业的抄写具有一定难度。

作业示例:

上和_____　袜子和_____　老虎和_____　骄傲和_____　便宜和_____
美丽和_____　高和_____　快和_____　粗和_____　长和_____
细、矮、下、鞋、慢、狮子、昂贵、谦虚、丑恶、短

(3)增加词语的抽象水平,使匹配作业的难度加大。

作业示例：
医院_____ 学校_____ 工厂_____ 公园_____ 职业_____ 下雨_____
雨伞、机器、医生、教室、花草、干部

(4) 与分类作业水平相似的活动有词组和语句完形。
作业示例：
A. 一块_____ 一条_____ 一匹_____ 一碗_____ 一杯_____ 一瓶_____
马、饭、牛奶、茶、肥皂、糖
B. 学生在_____ (飞、绘画、卖菜)　鱼儿在_____ (微笑、爬山、游泳)
母亲在_____ (做饭、挖沟、跳高)　鸟儿在_____ (哭、飞、爬)
C. 邮递员_____ 会计师_____ 农民_____ 秘书_____ 医生_____
看病、记帐、送信、犁地、打字
D. 老婆婆_____ 女青年_____ 生气的男人_____ 婴儿_____ 漂亮的女人_____
大声吼叫、吸吮手指、穿着短裙、用手杖走路、有许多羡慕者

4. 回答问题　当阅读理解为中度或轻度受损时，抄写和选择书写的作业水平可以更高一些。下列短文可作为回答不同难度问题的练习。
作业示例：
日月潭是我国台湾省的一个大湖。日月潭里有个小岛，把潭分成两半，一边像圆圆的太阳，叫"日潭"，一边像弯弯的月亮叫"月潭"。两潭湖水相连，像碧绿的大玉盘，小岛就像玉盘中的明珠。

A. 写出下列问题的答案：
日月潭在我国的哪个省？
是什么把日月潭分成两半？
像太阳的是什么潭？
像月亮的是什么潭？
B. 两潭湖水相连，像碧绿的_____，小岛就像玉盘中的_____。

(二) 过渡阶段
由抄写到自发书写是一个很大的进步。当患者抄写作业达到65%～70%正确时，可考虑进行自发书写训练。在由抄写到自发书写过渡的阶段可进行如下训练：

1. 随意书写　要求患者按偏旁或部首随意书写。如木字旁，可以随意写出：树、林、椿、村、权、柱等。在这类练习中，可加强正确字形的构成，使患者建立起信心，逐步达到正确字形的形成阶段。
2. 字形构成　要求患者根据图画，将字形的各偏旁部首组合成一个完整的字。
3. 字完形　字完形作业要求患者阅读语句后，写出一个字或一个词作为回答。在回答前，呈现该字(词)的偏旁部首作为提示。如果有困难，可以给予更多的提示。
作业示例：
看时间用_____。
用_____听声音。
冬天会下_____。

一年有四个季节是_____。

下雨天要打_____。

4. 视觉记忆书写　视觉记忆书写与其他过渡阶段的活动完全不同,其目的是训练患者字(词)的视觉记忆能力。将字(词)呈现数秒,然后移开,患者根据记忆写出字(词)。开始时,字词的笔画要简单,用常用字,以后逐渐增加字词的笔画和长度,并缩短呈现时间。

另一个与视觉记忆有关的是治疗师呈现两个辅音相似的两个字,如"攀"和"搬",治疗师说"搬",移开两张字卡,患者根据记忆书写"搬"。

(三) 自发书写阶段

1. 句法构成　语法缺失的患者词提取的困难不突出,但形成完整的语句有困难。建立简单句法结构的方法与言语表达训练的方法相似。

作业示例:

给患者呈现3张图片和3张字卡。

A. 患者根据图片,将字卡排列整齐。

B. 治疗师移去字卡,患者根据记忆写出语句。

C. 治疗师呈现3张图片,其中2张与上面呈现的图片不同。患者在无提示的条件下书写短句。

D. 换掉全部卡片,书写另一语句。

2. 语句完形　在没有任何提示的情况下,补完语句。

作业示例:

A. 中国的首都是_____。

B. _____是百兽之王。

C. 我一进家门先换_____。

D. 我用_____拍照。

E. 我用杯子_____。

3. 动词短语的产生　失语症患者一个主要的书写特点是名词或动词占优势,缺少语句的其他部分。多数简单指示是由动词短语组成的,可以传递一定的信息。

作业示例:

A. 书写简单动词,如吃、喂、来、听、喝、看、走、跑、去。

B. 给患者呈现宾语字卡,如茶、狗、饭、水、电视、歌曲等,患者从动词中选出相应的动词,写出恰当的动宾结构,如喝茶、看电视。

4. 语句构成　患者可以应用简单的句法结构,书写自己、朋友、邻居的情况。也可由治疗师提供一些词汇,患者根据这些词汇构成语句。

作业示例:

治疗师写出:

A. 地点,如北京、青岛、上海。

B. 地理方位,如西、南、北、东。

C. 地区特点,如古城、工业区、海滩。

D. 人口。

患者根据上述词汇写出语句。如:"北京在北方,北京是古城,有一千多万人口。"

5. 信息的顺序　有些患者可以达到书写短小的正确的语句水平,但对信息量较多的事件则难以书写。这种情况可见于口语表达困难的患者。Luria 提议,鼓励患者任意将想法写在卡片上,然后根据重要性或时间的顺序,把卡片排列好。

作业示例:

列出一天要做的事情的日程表。

时间	人物	活动
早 8:00	我	作业治疗
上午 10:00	我	言语治疗
中午 12:00	女儿	送饭

另一种方法是与患者讨论所要书写的主题,然后帮助患者理好事件的头绪。如讨论旅游,涉及的内容有人员、时间、气候、旅馆、交通、活动、费用等,可让患者逐一写出。也可以让患者每天写一小段日记,记录每天发生的事情,然后治疗师和家属可以和患者一起修改日记中发生的书写错误。

思考题

1. 试述失语症定义和概念。
2. 失语症主要言语症状有哪些?
3. 典型失语症的鉴别方法有哪些?
4. 失语症刺激疗法的主要原则有哪些?
5. 言语失用与口颜面失用的言语表现有哪些?
6. 影响失语症预后的因素包括哪些?
7. 需要与失语症鉴别的言语障碍有哪些,如何鉴别?
8. BDAE 的失语症严重程度分级。
9. 失语症的主要分类及各型的特点。
10. 书写训练有哪几个阶段?

(李胜利　罗薇)

第三章 构音障碍

教学目标
1. 掌握运动型构音障碍的类型和言语特征。
2. 熟悉运动型构音障碍的评价方法和治疗原则。
3. 了解言语产生的机理及运动型构音障碍的产生机理。

第一节 言语产生的机制

一、大脑的控制和调节

言语产生的方式可以参考图3-1,这个图说明了言语产生是一个需要多个系统和结构连续活动的过程。首先,言语起始于大脑皮层,说话的思维(说话的意愿或反应过程)会引起

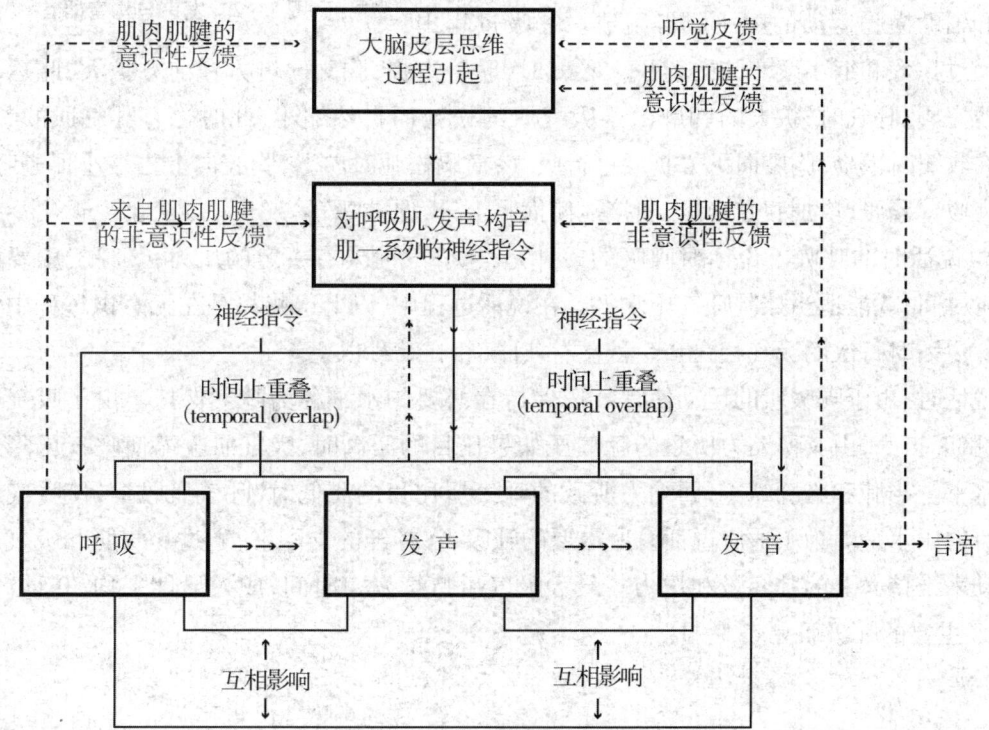

图3-1 言语产生的模式

一系列的神经冲动,然后,冲动会迅速地传递到呼吸肌、喉和其他构音器官(发声与构音器官如图3-2所示,它们也是呼吸和进食的器官)。这些神经冲动可能会同时传递给所有的肌肉或某些肌肉,此种模式会在言语产生的过程中存在短暂时间上的重叠(同时传递到一些肌肉)并产生相互影响。例如,在声带发声的同时发音器官进行相应活动,产生有具体意思的语音;另一方面,在发声和构音时对气流产生的阻力也会对呼吸系统产生影响。存在于相关关节、肌腱、肌肉的特殊感受器会将言语活动的信息不断传回到大脑。在这些信息中,一些是有意识的,一些是无意识的。因此,如果没有反馈、听觉、知觉,语言活动便无法完成。

二、发声

喉的发声包括从肺产生呼气流的过程和在声门(左右声带间隙)将呼气流转变成间断气流并生成声波的过程。

1. **呼吸运动** 呼吸运动由肺、支气管、气管、胸廓、横膈和辅助横膈运动的腹肌肌群组成。呼吸过程中,胸廓通过扩大和缩小改变肺的容积。吸气时,肋骨上提,胸廓向侧方和前方扩大,此运动由吸气肌完成;呼气时,扩大的胸廓由于吸气肌的松弛而自然缩小,此时也有呼气肌的参与。横膈在收缩时下降,胸腔向下方扩展进行吸气;横膈松弛时向上,胸腔向上方缩小促进呼气。腹肌使腹壁紧张,增加腹腔内压,间接地使横膈上升,促进呼气。

2. **说话时的呼吸** 说话时呼吸的条件是:①呼气时要有一定的压力;②呼气压要能维持一定时间;③能适当控制呼气压水平。在说话过程中,以上这些都是在无意识过程中实现的。在说话时每次的吸气相在0.5秒左右,呼气相在5秒以上。

说话时,由于呼吸肌的运动使呼气压保持在必要的水平称为呼气保持。由于吸气运动使肺、胸廓扩大,由其回缩力所致的呼气压如果比目的压高时,吸气肌收缩使呼气压降至目的压水平。当肺和胸廓缩小,回缩力所致的呼气压比目的压低时,呼气肌收缩,使呼气压上升至目的压水平。为了适应说话时所需要的呼吸,在神经的支配下,通过呼气肌和吸气肌的协运动来维持必要的肺容量和压力。最大吸气后持续发声时间,成人男性平均30秒,女性20秒。主要的呼吸肌见表3-1。

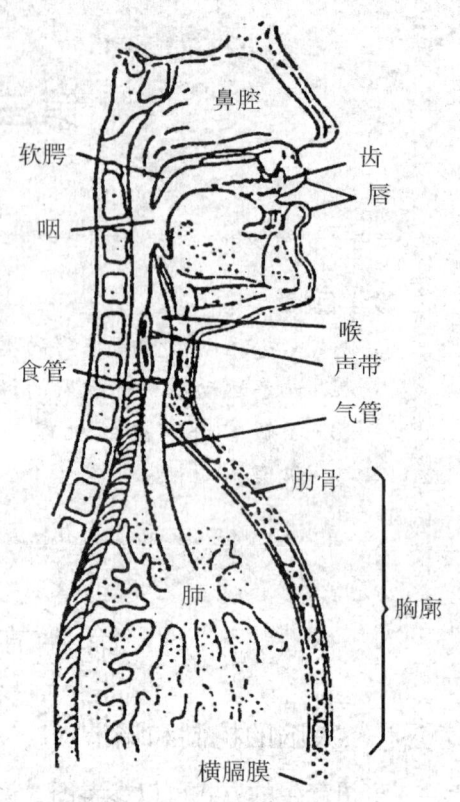

图3-2 发声与构音器官

表 3-1 参与发声构音的主要呼吸肌

肌群	肌肉名称	起始	终止	神经支配	作用
胸廓肌	肋骨提肌	第6颈椎~第11胸椎横突	第1~12肋骨	脊髓神经后支	上提肋骨,吸气
	上后锯肌	第6颈椎~第2胸椎棘突	第2~5肋骨	肋间神经	上提肋骨,吸气
	肋间外肌	肋骨间	肋骨间	肋间神经	上提肋骨,吸气
	下后锯肌	第11胸椎~第2,3胸椎棘突	第9~12肋骨	肋间神经	下拉肋骨,呼气
	肋间内肌	肋骨间	肋骨间	肋间神经	下拉肋骨,呼气
腹壁肌	横膈膜	腰椎、肋骨弓、胸骨剑突	中心腱	横膈膜神经	膈膜下降,吸气
	腹直肌	耻骨、耻骨联合嵴	剑突	肋间神经	腹压上升,呼气
	腹外斜肌	第2~5肋间	腹直肌鞘	肋间神经+腰神经丛	腹压上升,呼气
	腹内斜肌	胸腰肌膜、髂骨	腹直肌鞘	肋间神经+腰神经丛	腹压上升,呼气
	腹横肌	下接肋骨、髂骨	腹直肌鞘	肋间神经+腰神经丛	腹压上升,呼气

3. 喉 喉位于食管与气管的分界处,作用是防止食物进入气管。由甲状软骨和环状软骨组成环甲关节。披裂软骨外展则左右软骨分离,若内收则左右软骨接近,由此引起两侧声带外展时声门开大,内收时声门关闭。参与此关节运动的肌肉是喉内肌(图3-3、表3-2)。图3-4,表3-3显示了位于喉外部的喉外肌。舌骨上肌群通过舌骨把喉向上牵拉,舌骨下肌群向下牵拉,与咽肌一起,参与构音器官的运动和吞咽运动。

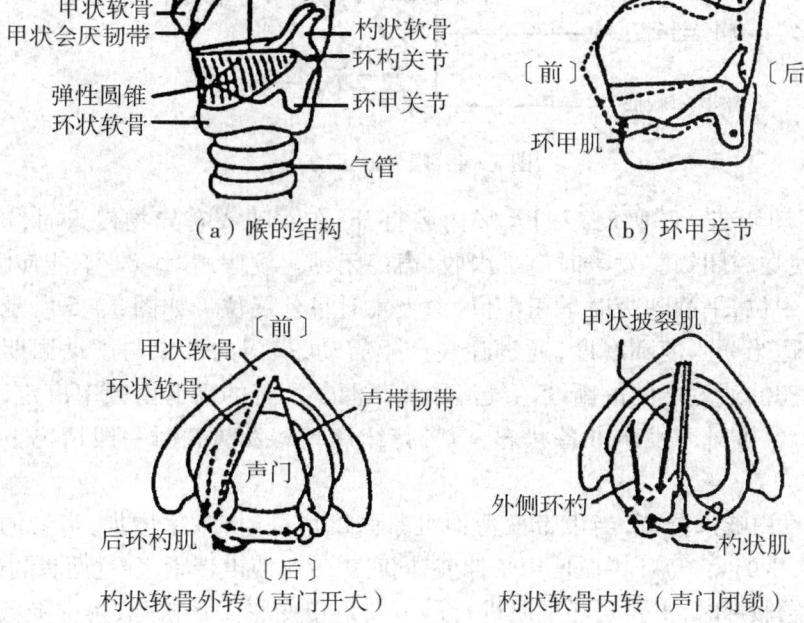

图 3-3 喉的结构(a),关节运动(b)与喉内肌(c)

表 3-2 喉内肌

肌群	肌肉名称	起 始	终 止	神经支配	作 用
喉内肌	环甲肌	环状软骨前面	甲状软骨下缘	喉上神经返支	拉伸声带,使之紧张
	甲杓肌	甲状软骨正中内侧面	杓状软骨前面	迷走神经返支	声门关闭
	声带肌	甲杓肌的声带缘		迷走神经返支	声带紧张
	环杓侧肌	环状软骨侧面	杓状软骨突起处	迷走神经返支	声门关闭
	杓肌	环状软骨后面	对侧杓状软骨后面	迷走神经返支	声门关闭
	环杓后肌	环状软骨后面	杓状软骨突起处	迷走神经返支	声门开大

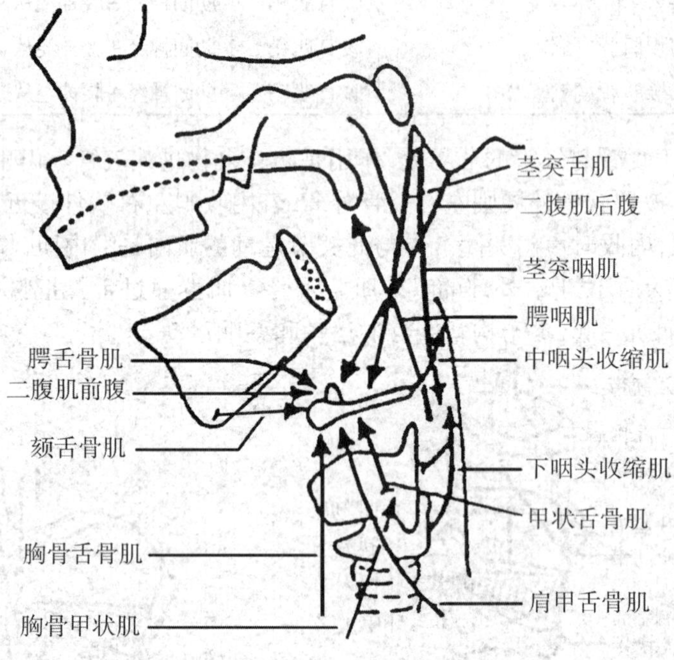

图 3-4 喉外肌运动

4. 喉的运动调节　呼吸时声门及喉内腔打开,在吞咽或有异物侵入时,声带反射性地强烈收缩,使喉腔闭锁。发声时声带内收,声门闭锁。发假声时声带不能使喉闭锁。发声时声带呈正中位,平静呼吸时呈正中位,深吸气时呈外展位。如图 3-5 所示,当发声时声带可以保持适当紧张度和厚度,通过呼气产生震动,声门的开闭与震动周期一致,使呼气流呈断续状态。通过声门的断续的气流形成声源。声音的高低由频率决定,见图3-6。若发的声是浊音,喉处于发声准备状态,声带持续震动。发清音时一般情况下声门打开,声带停止震动。

声音的高度由喉来调节,当声带变薄而且紧张度增高时,频率增加,声音的高度增加。发真嗓音时(天生的嗓子)环甲肌使声带伸展,同时声带肌使声带紧张,这两者的运动使声音的高度增加。发假声时,主要是环甲肌进行调节使声带变厚而且松弛,频率降低,声音的高度下降。

可能发出的最高音(音域的上限)与最低音(音域的下限)之间的音域称为生理性音域。

成人男性的音域为60Hz～500Hz(约3个音阶)成人女性为120Hz～800Hz(约2.5个音阶)。说话时发声的高度,虽然有某种程度的变化,但平均高度(说话时的发声)成人男性约120Hz,成人女性约240Hz。声音强度不同是由呼气压来调节。

表3-3 喉外肌

肌群	肌肉名称	起始	终止	神经支配	作用
舌骨上肌	二腹肌前腹	下颌体内面	固定于舌骨的中间腱	三叉神经第3支	使舌骨向前上方,下颌骨张开
	二腹肌后腹	颞骨乳突	固定于舌骨的中间腱	面神经	使舌骨向后
	上颏骨肌	下颌骨颏棘	舌骨	舌下神经	使舌骨向前上方,下颌骨张开
	下颌骨肌	下颌体内侧	舌骨、颏舌骨肌边缘	三叉神经第3支	使舌骨向前上
	茎突舌骨肌	下腭茎突	舌骨	面神经	使舌骨向后上
舌骨下肌	肩甲舌骨肌	肩胛骨上缘	舌骨	舌下神经+颈神经丛	下拉舌骨,使下颌张开
	胸骨舌骨肌	胸骨上端	舌骨	舌下神经+颈神经丛	下拉舌骨,使下颌张开
	胸骨甲状肌	胸骨上端	甲状软骨	舌下神经+颈神经丛	下拉喉
	甲状舌骨肌	甲状软骨	舌骨	舌下神经+颈神经丛	下拉舌骨
咽提肌	会厌咽肌	咽侧壁	会厌	舌咽神经	上拉咽壁
	茎突上咽肌	茎突	咽侧壁	舌咽神经	上拉咽壁
	咽上收缩肌	蝶形骨翼状突起、下颌骨、舌	咽缝线	舌咽神经	收缩咽腔
	咽中收缩肌	舌骨	咽缝线	迷走神经	收缩咽腔
	咽下收缩肌	舌骨	咽缝线	迷走神经	收缩咽腔
	甲咽肌	甲状软骨	咽缝线	迷走神经	收缩咽腔
	环状咽肌	环状软骨	咽缝线	迷走神经	收缩咽腔

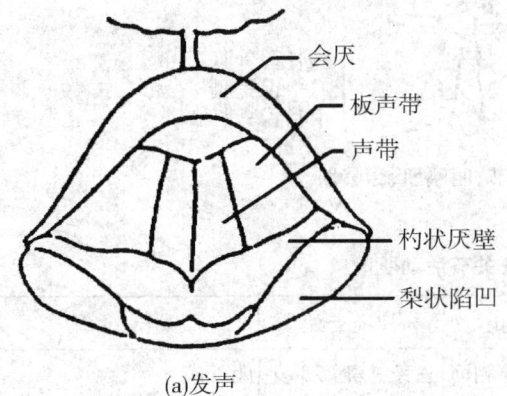
(a)发声

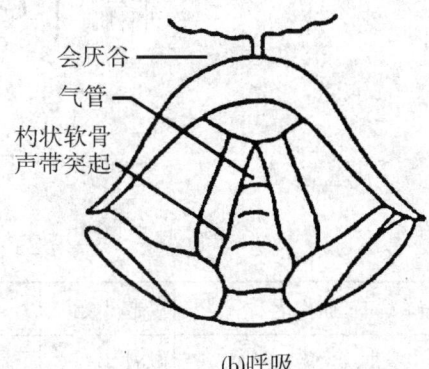
(b)呼吸

图3-5 喉镜像

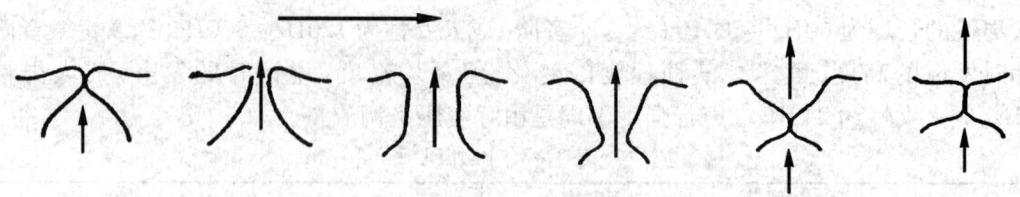

图 3-6 发声振动的一个周期（额状面）

三、调音

在说话时，通过声门以上各个器官的协调运动产生语音的过程称为调音。调音器官包括双唇、硬腭、软腭、咽、舌、下颌、鼻腔等，它们共同组成声道，其中可以活动的有唇、软腭、咽、舌及下颌。

1. 下颌　下颌骨呈马蹄型，后方向上弯曲，通过下颌关节与头骨相连。下颌关节的运动通过咀嚼肌和舌肌来进行。关节的运动包括开闭和左右前后移动。构音动作主要与口开闭运动有关，保持闭口（上举）也是很重要的运动（图3-7，表3-4）。

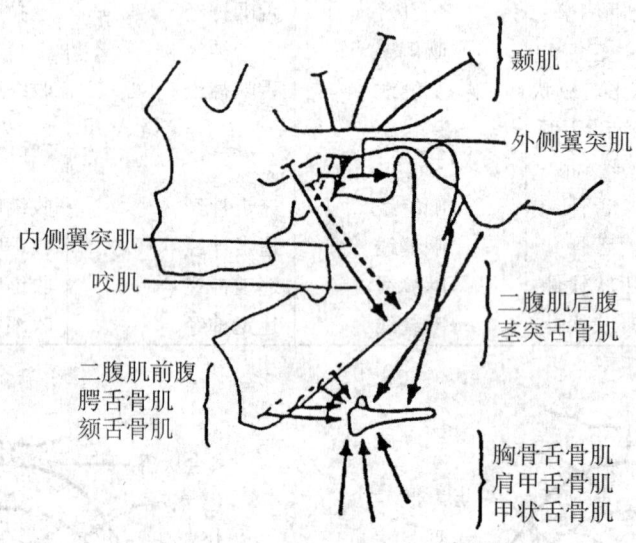

图 3-7 下颌关节、咀嚼肌、舌骨肌

表 3-4 下颌关节活动肌肉

肌群	肌肉名称	起始	终止	神经支配	作用
咀嚼肌	咬肌	颧骨	下颌角外侧面	三叉神经第3支	闭下颌
	内侧翼状肌	蝶骨翼	下颌角内侧面	三叉神经第3支	闭下颌
	外侧翼状肌	蝶骨翼大翼	下颌关节	三叉神经第3支	前拉下颌，张下颌
	侧关肌	颞骨	下颌骨突起	三叉神经第3支	关下颌，后部肌束后拉下颌
	舌骨肌（参照表3-3）				

2. 舌　舌是从口腔下面到咽中部的肌肉块,由舌外肌和舌内肌构成。舌外肌由舌的外部进入舌,使舌体前后、上下移动,改变舌的方向。舌内肌在舌的内部可以使舌上下、前后水平方向移动,改变舌的形状。舌的运动十分复杂,但与构音有关的运动是舌体上下、前后移动,舌尖的上举、下降等(图3-8,表3-5)。

表3-5　舌肌

肌群	肌肉名称	起始	神经支配	作用
舌外肌	颏舌骨肌	下颌骨	舌下神经	前拉舌后部
	舌骨舌肌	舌骨	舌下神经	将舌拉向后下
	茎突舌肌	茎突	舌下神经	拉舌后上方
舌内肌	上纵肌	舌背前后走行	舌下神经	舌缩短,抬舌尖
	下纵肌	舌下部两侧走行	舌下神经	舌缩短,抬舌尖
	舌横肌	舌中部横向走行	舌下神经	使舌细长
	舌垂直肌	垂直于舌肌两侧	舌下神经	使舌扁平

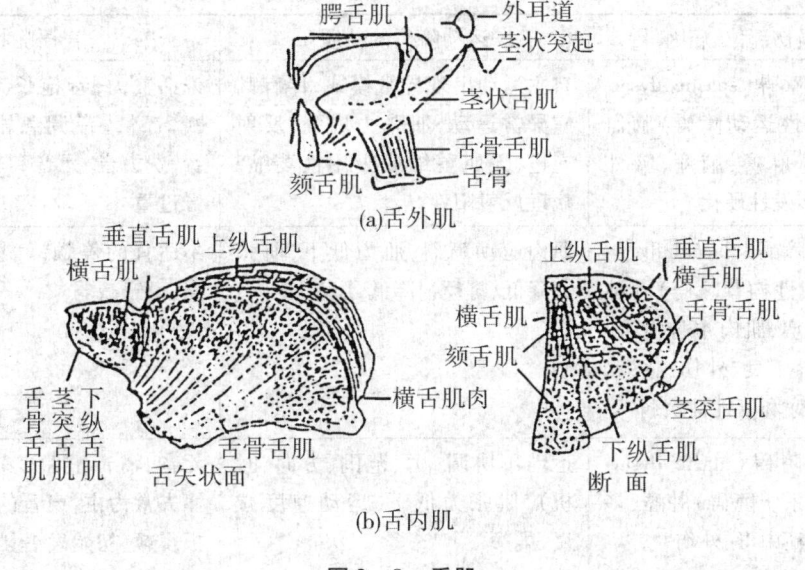

图3-8　舌肌

3. 软腭　软腭位于上腭的后三分之一,将咽上部与口腔咽中部分开,腭帆张肌和腭帆提肌从颅骨进入,在舌根和咽壁分别与腭舌肌、腭咽肌相连接。腭帆举肌把软腭向后上方牵拉,隔断从中咽到上咽的通路,这个动作可以使鼻咽腔闭锁。腭帆张肌使软腭紧张,受三叉神经的支配。腭帆提肌受咽神经丛分支的支配。腭舌肌、腭咽肌使软腭向下运动,受咽神经丛的支配。

4. 唇　唇位于口腔的前端,围绕口裂的肌肉和从周围向口裂集中的肌肉错综复杂,这些肌肉称为颜面肌,受面神经的支配。与构音有关的运动有双唇的开闭和突唇。

(李胜利)

第二节 构音障碍的评定

一、构音障碍的定义和分类

构音障碍(dysarthria)是由于神经病变,与言语有关的肌肉麻痹、收缩力减弱或运动不协调所致的言语障碍。此定义强调呼吸运动、共鸣、发音和韵律方面的变化,从大脑到肌肉本身的病变都可引起言语症状。病因常见于脑血管意外、脑肿瘤、脑瘫、肌萎缩性侧索硬化症、重症肌无力、小脑损伤、帕金森病、多发性硬化等。其病理基础为运动障碍,所以又称为运动性构音障碍,此种障碍可以单独发生,也可以与其他语言障碍同时存在,如失语症合并构音障碍。

根据神经解剖和言语声学特点分为以下 7 种类型,见表 3-6。

表 3-6 构音障碍的分类及主要言语表现

名称、损伤部位、病因	运动障碍的性质	言语症状
痉挛型构音障碍(spastic dysarthria):(中枢性运动障碍)脑血管病、假性球麻痹、脑瘫、脑外伤、脑肿瘤、多发性硬化	自主运动出现异常模式,伴有其它异常运动,肌张力增强,反射亢进,无肌萎缩或废用性萎缩,病理反射阳性	说话费力,音拖长,不自然的中断,音量、音调急剧变化,粗糙音、费力音、元音和辅音歪曲,鼻音过重
弛缓型构音障碍(flaccid dysarthrias):(周围性构音障碍)颅神经麻痹、球麻痹、肌肉本身障碍、进行性肌营养不良、外伤、感染、循环障碍、代谢和变性性疾病	肌肉运动障碍,肌力低下,肌张力降低,腱反射降低,肌萎缩	不适宜的停顿,气息音,辅音错误,鼻音减弱
失调型构音障碍(ataxic dysarthria):(小脑系统障碍)肿瘤、多发性硬化、酒精中毒、外伤	运动不协调(力、范围、方向、时机),肌张力低下,运动速度减慢,震颤	元音、辅音歪曲较轻,主要以韵律失常为主,声音的高低强弱呆板震颤,初始发音困难,声音大,重音和语调异常,发音中断明显
运动过强型构音障碍(hyperkinetic dysarthria):(锥体外系障碍)舞蹈病、肌震挛、手足徐动	异常的不随意运动	构音器官的不随意运动破坏了有目的运动而造成元音和辅音的歪曲,失重音,不适宜的停顿,费力音,发音强弱急剧变化,鼻音过重
运动过弱型构音障碍(hypokinetic dysarthria):(锥体外系障碍)帕金森病	运动范围和速度受限,僵硬	由于运动范围和速度受限。发音为单一音量,单一音调,重音减少,有呼吸音或失声现象

续表

名称、损伤部位、病因	运动障碍的性质	言语症状
混合型构音障碍（mixed dysarthria）（运动系统多重障碍）。 1. 常见于肌萎缩性侧索硬化症（ALS）	上下运动神经元的退行性变化。言语表现特征为痉挛型和麻痹型变化	主要言语表现为鼻音化构音、气息音、言语速度减慢、舌的力量降低、音节的重复速度减慢
2. 多发性硬化（MS）	运动方面显示出共济失调和痉挛性变化	其言语特征为音量控制失常、嗓音嘶哑费力、不适宜的音量控制、发音歪曲、不同程度的鼻音化构音、重音过强或语调发平
3. 威尔森氏病（Wilson's disease）	在运动方面表现出共济失调、运动减少和痉挛型的部分变化	言语表现为音量单一、音调单一、不适宜的停顿、发音急促和费力，鼻音化构音、辅音歪曲。不适宜的停顿与共济失调型相似。除此之外还存在言语速度减慢和发音延长等
单侧上运动神经元损伤型（unilateral upper motor neuron，UUMN）：大脑单侧上运动神经元损伤，特别是额叶	下列表现可能长期或短暂存在：病灶对侧颜面下部肌肉无力，面部下垂和病灶对侧唇舌无力。病灶对侧肢体远端无力	在严重程度上倾向于表现为较轻，主要为辅音发音不清，不规则的发音停顿，语速慢，粗糙或费力音，轻度鼻音化，部分语速快，过度重音或缺少重音变化，音量变低。一些严重病例可能合并失语症，失用症

构音障碍的病情取决于神经病学状态和进展情况，双侧皮质下和脑干损伤、退行性疾病如肌萎缩侧索硬化症等预后最差。脑瘫患者如有频繁的吞咽困难和发音很差，预后亦较差。儿童患者比成人有更多的康复机会，随着他们的成长症状常有所减轻。单纯构音障碍的患者比构音障碍合并失语症、听力障碍或智力障碍的患者预后好。

二、构音障碍的评定

（一）评定的内容
1. 构音障碍的有无、种类和程度判定。
2. 原发疾病及损伤部位的确定可作为制订治疗计划的依据。

（二）构音器官评定
1. 目的　通过构音器官的形态和粗大运动检查来确定构音器官是否存在器官异常和运动障碍。常常需要结合医学、实验室检查、言语评定才能作出诊断。另外，病史、交往史、听觉和整个运动功能的检查可促进诊断的成立。

2. 范围　包括肺(呼吸情况)、喉、面部、口部肌肉、硬腭、腭咽机制、下颌、反射。

3. 用具　压舌板、笔式手电筒、长棉棒、指套、秒表、叩诊槌、鼻息镜等。

4. 方法　在观察安静状态下构音器官的同时,通过指示和模仿,使其做粗大运动并对以下方面作出评定:

(1) 部位　构音器官哪个部位存在运动障碍。

(2) 形态　确认各器官的形态是否异常。

(3) 程度　判定异常程度。

(4) 性质　确认异常是中枢性、周围性或失调性的。

(5) 运动速度　确认是单纯运动,还是反复运动,是否速度低下或有无节律变化。

(6) 运动范围　确认运动范围是否受限,协调运动控制是否低下。

(7) 运动的力　确认肌力是否低下。

(8) 运动的精确性、圆滑性　可通过协调运动和连续运动判断。

5. 检查说明　做每项检查前应向患者解释检查目的,按检查表和构音器官检查方法的要求记录(表3-7,3-8)。

表3-7　构音器官检查记录表

Ⅰ　呼吸

1. 呼吸类型:胸腹____胸____腹____　　2. 呼吸次数____/分　　3. 最长呼气时间____秒

4. 快呼气:能____不能____

Ⅱ　喉机能

1. 最长发音时间____秒

2. 音质、音调、音量

a. 音质异常____　b. 正常音调____　c. 正常音量____　d. 总体程度 0 1 2 3　e. 吸气时发声

　嘶　哑____　　异常高调____　　异常音量____　　气息声 0 1 2 3

　震　颤____　　异常低调____　　异常过低____　　无力声 0 1 2 3

　　　　　　　　　　　　　　　　　　　　　　　　费力声 0 1 2 3

　　　　　　　　　　　　　　　　　　　　　　　　粗糙声 0 1 2 3

3. 音调、音量匹配

a. 正常音调____　　b. 正常音量____

　单一音调____　　　单一音量____

Ⅲ　面部

a. 对　称____　　　不对称____　　　b. 麻痹(R/L)____　　c. 痉挛(R/L)____

d. 眼睑下垂(L/R)____　　　　　　　e. 口角下垂(L/R)____　　f. 流涎____

g. 怪相____扭曲____抽搐____　　　h. 面具脸____　　　　　　i. 口式呼吸____

Ⅳ　口部肌肉

1. 噘嘴　　　　　2. 咂唇　　　　　3. 示齿　　　　　4. 唇力度

a. 缩拢范围正常____　a. 力量正常____　a. 范围正常____　a. 正常____

　缩拢范围异常____　　力量减低____　　范围缩小____　　减弱____

续表

  b. 对称缩拢____　　　　　　b. 口角对称____
   不对称缩拢____　　　　　　口角不对称____

Ⅴ 硬腭
  a. 腭弓正常____　　　　　　b. 新生物____
   高窄腭弓____　　　　　　c. 黏膜下腭裂____

Ⅵ 腭咽机制
1. 大体观察　　　　　　　　　　2. 软腭运动
  a 正常软腭高度_____　　　　a. 中线对称_____
   软腭下垂(L/R)_____　　　　b. 正常范围_____
  b. 分叉悬雍垂(L/R)_____　　　　范围受限_____
  c. 正常扁桃体_____　　　　c. 鼻漏气_____
   肥大扁桃体_____　　　　d. 高鼻腔共鸣_____
  d. 节律性波动　　　　　　　　低鼻腔共鸣_____
   或痉挛_____　　　　　　鼻喷气声_____
3. 鼓颊　　　　　　　　　　　　4. 吹
  a. 鼻漏气_____　　　　　　a. 鼻漏气_____
   口漏气_____　　　　　　　口漏气_____

Ⅶ 舌
1. 外伸　　　　　　　2. 舌灵活度　　　　　　3. 舔唇左右侧
  a. 正常外伸_____　　　a. 正常速度_____　　　a. 充分_____
   偏移(L/R)_____　　　速度减慢_____　　　　不充分_____
  b. 长度正常_____　　　b. 正常范围_____　　　扭曲_____
   外伸减少_____　　　　范围减小_____
   　　　　　　　　　　c. 灵活_____
   　　　　　　　　　　　笨拙_____

Ⅷ 下颌
1. 颌张开闭合
  a. 正常下拉____　　b. 正常上抬____　　c. 不平稳扭曲____　　d. 下颌关节杂音____
   异常下拉____　　　异常上抬____　　　或张力障碍性运动____　　膨出运动____
2. 咀嚼范围
  a. 正常范围_____
   减少_____

Ⅸ 反射
1. 角膜反射_____　　　　2. 下颌反射_____　　　　3. 眼轮匝肌反射_____
4. 呕吐反射_____　　　　5. 缩舌反射_____　　　　6. 口轮匝肌反射_____

表 3-8 构音器官检查方法

I 呼吸(肺)

用具	说　明	方　法　及　观　察　要　点
无	"坐正,两眼往前看"	患者的衣服不要过厚,较易观察呼吸的类型。观察是胸式、腹式还是胸腹式呼吸。如出现笨拙、费力、肩上抬,应做描述。
无	"请你平静呼吸"	检查者坐在病人后面,双手放在胸和上腹两侧感觉呼吸次数。正常热人16~20次/分。
无	"请你深吸气后,以最慢的速度呼气"	用放在胸腹的手感觉患者是否可慢呼气及最长呼气时间,注意同时看表记录时间,呼气时发[f][s]。
无	"请用最快的速度吸一口气"	仍用双手放在胸腹部感觉是否可快速吸气。

II 喉功能

用具	说　明	方　法　及　观　察　要　点
无	"深吸一口气然后发'啊——',尽量平稳发出,尽量长。"	不要暗示出专门的音调音量,按评价表上的项目评价,同时记录时间,注意软腭上提、中线位置。观察: a. 正常或嘶哑,气息声、急促、声音无力、费力声、粗糙声及震颤。(注) b. 正常或异常音调,低调 c. 正常或异常音量 d. 吸气时发声
无	"请合上我唱的每一个音"	随着不同强度变化发出高音和低音,评价病人是否可以合上,按表上所列项目标记。

III 面部

用具	说　明	方　法　及　观　察　要　点
无	"请看着我"	这里指的是整个脸的外观,脸的绝对对称很可能不存在,不同的神经肌肉损伤,可具有不同的面部特征: a. 正常或不对称,b. 单侧或双侧麻痹,c. 单侧或双侧痉挛,d. 单侧或双侧眼睑下垂,e. 单侧或双侧口角下垂,f. 流涎,g. 扭曲、抽搐、鬼脸,h. 面具脸,i. 口式呼吸

IV 口部肌肉检查

用具	说　明	方　法　及　观　察　要　点
无	"看着我,像我这样做"(同时示范缩拢嘴唇的动作)	评价嘴唇: a. 正常或范围缩小 b. 正常或不对称
无	"闭紧嘴唇,像我这样(示范5次)准备、开始"	评价咂唇: 正常或接触力量降低(上下唇之间)
无	"像我这样呲牙"(示范2次)	观察:a. 正常范围或范围减小 b. 口角对称或偏移

续表

用具	说　明	方　法　及　观　察　要　点
带绒绳的纽扣	"请张开口,把这个钮扣含在唇后,闭紧嘴唇看我是不是很容易的把它拉出来"	把指套放在钮扣上,把它放在唇后,门牙之前,患者用嘴唇含紧钮扣后,拉紧线绳,逐渐增加力量,直到钮扣被拉出或显出满意的阻力: 　　a. 正常唇力 　　b. 减弱

Ⅴ　硬腭

用具	说　明	方　法　及　观　察　要　点
指套、手电筒	"头后仰,张口"	把指套戴在一只手的食指上,用另一只手打开手电筒照在硬腭上,从前到后,侧面及四周进行评价,用食指沿中线轻摸硬腭,先由前到后,再由左到右。观察指动: 　　a. 正常腭弓或高窄腭弓 　　b. 异常生长物 　　c. 皱褶是否正常 　　d. 黏膜下腭裂

Ⅵ　腭咽机制

用具	说　明	方　法　及　观　察　要　点
手电筒	"张开口"	手电光照在软腭上,在静态下评价软腭的外观及对称性,观察要点: 　　a. 正常软腭高度或异常的软腭下垂 　　b. 分叉悬雍垂 　　c. 正常大小,扁桃体肥大或无腭扁桃体 　　d. 节律性波动或痉挛
手电筒和小镜子或鼻息镜	"再张开你的嘴,尽量平稳和尽量长地发'啊——'(示范至少10秒),准备,开始"	照在软腭上,评价肌肉的活动,并把镜子或鼻息镜放在鼻孔下,观察要点: 　　a. 正常中线无偏移,单侧偏移 　　b. 正常或运动受限 　　c. 鼻漏气 　　d. 高鼻腔共鸣,低鼻腔共鸣,鼻喷气声
镜子或鼻息镜	"鼓起腮,当我压迫时不让气体从口或鼻子漏出"	把拇指放在一侧面颊上,把中指放在另一侧面颊,然后两侧同时轻轻地施压力,把鼻息镜放在鼻孔下,观察要点: 　　a. 鼻漏气或口漏气
气球和小镜子	"努力去吹这个气球"	当患者企图吹气球时,把镜子放在鼻孔下观察,观察要点: 　　鼻或口漏气

Ⅶ　舌

用具	说　明	方　法　及　观　察　要　点
无	"请伸出你的舌头"	评价舌外伸活动: 　　a. 正常外伸或偏移 　　b. 正常或外伸,如有舌肌萎缩、肿物或其他异常要做记录

续表

用具	说　明	方　法　及　观　察　要　点
无	"伸出舌,尽量快地从一侧向另一侧摆动(示范至少3秒钟)开始"	评价速度、运动状态和范围： 　a. 正常或速度减慢 　b. 正常或范围受限 　c. 灵活、笨拙、扭曲或张力障碍性运动
无	"伸出舌,舔嘴唇外侧及上下唇"(示范至少3次)	观察要点： 活动充分,困难或受限

Ⅷ　下颌(咀嚼肌)

用具	说　明	方　法　及　观　察　要　点
无	"面对着我,慢慢地尽量大地张开嘴,然后像这样慢慢地闭上(示范3次)准备好,开始"	把一只手的食指,中指和无名指放在颞颌关节区(TMJ),评价下颌的运动是否沿中线运动或异常的下颌运动,观察要点： 　a. 正常或异常的下颌下拉 　b. 正常或偏移的下颌上抬以及不自由的张力障碍性运动(TMJ)弹响或异常突起

Ⅸ　反射

用具	说　明	方　法　及　观　察　要　点
细棉絮	患者睁眼,被检测眼球向内上方注视	用细棉絮从旁边轻触侧角膜,则引起眼睑急速闭合,刺激闭合为直接角膜反射,同时引起对侧眼睑闭合为间接反射： 　　被检侧消失,直接反射(＋) 　　对侧消失,间接反射(＋) 反射类型：一侧三叉神经疾患 　　患侧直接反射(＋) 　　间接反射(－) 反射类型：一侧面神经麻痹
叩诊槌	"下颌放松,面向前方"	将左手拇指轻放于下颌齿裂上,右手持叩诊槌轻叩拇指,观察其反射有无及强弱程度,轻度咬肌收缩或明显收缩为阳性,无咬肌收缩为阴性
叩诊槌	"双眼睁开向前看"	用叩诊槌轻叩眼眶,两眼轻闭或紧闭为阳性;无闭眼为阴性,左右有差异要记录
长棉棒	"仰起头,大张开口"	用长棉棒轻触咽弓周围,呕吐反应为阳性,无呕吐反应为阴性
纱布块	"伸出舌"	用纱布握住舌体突然向前拉舌,突然后缩为阳性,无后缩为阴性
叩诊槌	"口部放松"	轻叩唇周,向同侧收缩为阳性,不收缩为阴性,需注明左(L),右(R)

　　注1：没有发现异常的为0,稍有发现或若有若无无法确定的为1,确切发现的为2,明显感觉到的为3。在气息声、无力声、费力声、粗糙声4个项目中最高的数字即为总体程度的级别。

(三)构音检查

构音检查是以普通话语音为标准音,结合构音类似运动对患者的各个言语水平及其异常的运动障碍进行系统评定。

1. 房间及设施要求　房间内应安静,没有可能分散患者注意力的物品。光线充足、通风良好,应放置两把无扶手椅和一张训练台。椅子的高度以检查者与患者处于同一水平为准。检查时,检查者与患者可以隔着训练台相对而坐,也可让患者坐在训练台的正面,检查者坐在侧面。为避免患者注意力分散,除非是年幼儿童,患者的亲属或护理人员不要在室内陪伴。

2. 检查用具　单词检查用图卡 50 张、记录表、压舌板、卫生纸、消毒纱布、吸管、录音机、鼻息镜。上述检查物品应放在一清洁小手提箱内。

3. 检查范围及方法

(1) 会话　可以通过询问患者的姓名、年龄、职业等。观察是否可以说,音量、音调变化是否清晰,有无气息音、粗糙声、鼻音化、震颤等。一般 5 分钟即可,需录音。

(2) 单词检查　此项由 50 个单词组成,根据单词的意思制成 50 张图片,将图片按记录表中词的顺序排好或在背面注上单词的号码,检查时可以节省时间。

表中的所有单词和文章等检查项目均用国际音标,记录也采用国际音标,除应用国际音标记录以外,无法记录的要尽量描述。检查时首先向患者出示图片,患者根据图片的意思命名,不能自述采取复述引出。50 个词检查结束后,将查出的各种异常标记在下一页以音节形式出现的表上,音节下面的第一行数字表示处于前页第一音节的单词号码,第二行(在虚线之下)为处于第二音节的单词号,依此类推,如表 3-9(1),记录方法见表 3-9(2)。

表 3-9(1)　单词表举例

上　下	不　送　气						
	pa	po	pi	pu	pei	piao	pai
唇　唇	46	4	3				34
					11	29	

表 3-9(2)　构音障碍的记录方法

表达方式	判断类型	标记
自述引出、无构音错误	正确	○(画在正确单词上)
自述、由其它音替代	置换	—(画在错误音标下)
自述、省略、漏掉音	省略	/(画在省略的音标上)
自述、与目的音相似	歪曲	△(画在歪曲的音标上)
歪曲严重、很难判定说出是哪个音	无法判断	×(画在无法分辨的音标下)
复述引出		( )(画在患者复述出的词上)

注:如有其他异常要加相应标记,四声错误要在单词上面或角上注明。

(3) 音节复述检查　此表是按照普通话发音方法设计,共 140 个音节,均为常用和比较常用的音节,目的是在患者复述时,在观察发音点的同时注意患者的异常构音运动,发现患者的构音特点及规律。方法为检查者说一个音节,患者复述,标记方法同单词检查,同时把患者异常的构音运动记入构音操作栏,确定发声机制,以利制订训练计划。

(4) 文章水平检查 通过在限定连续的言语活动中,观察患者的音调、音量、韵律、呼吸运用。选用的文章通常是一首儿歌,患者有阅读能力者自己朗读,不能读的由复述引出,记录方法同前。

(5) 构音类型运动检查 依据普通话的特点,选用有代表性的15个音的构音类似运动如:[f](f)、[p](b)、[p˙](p)、[m](m)、[s](s)、[t](d)、[t˙](t)、[n](n)、[l](l)、[k](g)、[k˙](k)、[x](h)等。

方法是检查者示范,患者模仿,观察患者是否可以做出,在结果栏能与不能项标出。此检查可发现患者构音异常的运动基础,对指导今后训练有重要意义。

(6) 结果分析 将前面单词、音节、文章、构音运动检查发现的异常分别记录加以分析,确定类型,共9个栏目,下面分别说明:

①错音:是指发什么音时出现错误,如[p]、[p˙]、[k]。
②错音条件:在什么条件下发成错音,如词头以外或与某些音结合时。
③错误方式:所发成的错音方式异常。
举例见表3-10。

表3-10 错音、错音条件、错音方式举例

错音	错音条件	错音方式
[k]	[a][o]结合时	[t]
[t]	词头以外	歪曲

④一贯性:包括发声方法和错误。
⑤发声方法:发音错误为一贯性的以"+"表示,非一贯性也就是有时正确者以"-"表示。
⑥错法:错误方式与错音是一致的,以"+"表示,各种各样以"-"表示。
举例:[ts]、[ts˙]发成[t]、[t],如发声方式标记"+"说明[ts]和[ts˙]发音错误是一贯性的,错法标记"-"说明患者将[ts]、[ts˙]有时发成[t]、[t],有时发成其他的音。
⑦被刺激性:以音节或音素形式进行提示,能纠正构音错误的为有刺激性,以"+"表示,反之为无被刺激性,以"-"表示。
⑧构音类似运动:可以完成以"+"表示,不能完成以"-"表示。
举例:2(-)说明项目2的总体运动虽不能完成,但项目中的分项2-1的运动可以完成。
⑨错误类型:根据目前所了解的构音异常,共总结出26种类型集中在方框内,经前面检查分析,依异常特点从中选一项或几项相符类型填入结果分析表的错误类型栏内。
举例:[k]发成[t],[k˙]发成[t˙],为齿龈化、置换。
[s]发成[k],为软腭化、置换。

(7) 总结 把患者的构音障碍特点归纳分析,结合构音运动和训练计划观点进行总结,见表3-11。

表 3-11 常见的构音异常

错误类型	举例	说明
1. 省略	布鞋[buxie]	物鞋[wuxie]
2. 置换	背心[beixin]	费心[feixin]
3. 歪曲	大蒜	类似"大"中"d"的声音,并不能确定为置换的发音
4. 口唇化		相当数量的辅音发成 b,p,f 的音
5. 齿背化		相当数量的音发成 z,c,s 的音
6. 硬腭化		相当数量的音发成 zh,ch,sh 和 j,q,x 的音
7. 齿龈化		相当数量的音发成 d,t,n 的音
8. 送气音化	布鞋[buxie] 大蒜[dasuan]	铺鞋[puxie]将多数不送气音发成送气音 踏蒜[tasuan]
9. 不送气化	踏[ta]	大[da]
10. 边音化		相当数量的音发成 l 的音
11. 鼻音化	怕[pa]	那[na]
12. 无声音化		发音时部分或全部音只有构音器官的运动但无声音
13. 摩擦不充分	发[fa]	摩擦不充分而不能形成清晰的摩擦音
14. 软腭化		齿背音,前硬腭音等发成 g,k 的音

举例:

例1:[t]、[tʰ]、[k]、[kʰ]音在词头时发音正常,在词头以外时表现为省略和歪曲音。[p]、[pʰ]、[f]音在词头时发音尚可分辨,在词头以外表现为省略音,共同问题为发音时词头与词中存在差别。

例2:[ts]、[tsʰ]、[s]发成[k]、[kʰ]、[x],判定为软腭化、置换音,构音类似运动检查发现患者存在明显的舌前伸和上举障碍。

(四)语音清晰度测试

用于构音障碍患者评价的一种方法,此方法不但可以用于运动性构音障碍也可以用于器质性和机能性构音障碍,用于训练之前患者语言的清晰程度评价,以及训练之后患者语音改善的程度来评价疗效。

1. 测试用具 语音清晰度测试图片。分为两组:(每组 25 张图)

第一组:白菜 菠萝 拍球 飞机 毛巾 头发 太阳 电话 脸盆 萝卜 牛奶 公鸡 火车 黄瓜 气球 西瓜 浇花 树叶 唱歌 照相机 手绢 自行车 扫地 碗 月亮

第二组:苹果 拍球 冰糕 沙发 门 太阳 弹琴 电视 女孩 绿色 脸盆 蝴蝶 喝水 看书 汽车 熊猫 浇花 茶杯 唱歌 照相机 手绢 擦桌子 扫地 牙刷 碗

2. 测试方法 为使测试结果更接近实际,本测试采用三级人员测试方法,即依测试人员与被测试者接触密切程度分为三个级别:一级1名,二级1名,三级2名。一级测试人员为直接接触:测试对象的父母、兄弟或者语训治疗师或教师;二级测试人员为间接接触:测试对象的亲属或者本地残疾人工作干部；三级测试人员为无接触人员。要求测试人员的听力正常。测试时受试者(患者)面对主试者，主试者从两组图片中任意取一组图片，依次出示(25张图片)，让受试者看图片说出名称，如果患者不能正确说出图片代表的词语，主试者可以贴近受试者的耳朵小声提示说出该词语，注意不要让测试人员听到，由以上4名测试人员听受试者说的词或者受试者的录音记录。然后与主试者对照正确答案，最后将4名测试人员记录的正确数累积，算出百分数即是受试者的语音清晰度。

注：可以认字的受试者可以直接读图片背面的文字进行测试。

（李胜利）

第三节 构音障碍的治疗

一、轻度至中度构音障碍的治疗

轻度至中度病变时，有时听不懂或很难听懂和分辨患者的言语表达。虽然上面列举了不同类型的构音障碍，但是从治疗学的观点看，往往针对的是异常的言语表现而不是构音障碍的类型。言语的发生是受神经和肌肉影响的，所以姿势、肌张力、肌力和运动协调的异常都会影响到言语的质量。言语治疗应从改变这些状态开始，而这些状态的纠正会促进言语的改善。

关于康复生理的途径，学者们强调按：①呼吸；②喉；③腭和腭咽区；④舌体；⑤舌尖；⑥唇；⑦下颌运动的顺序一个一个地解决。要分析这些结构与言语产生的关系，决定治疗从哪一步开始和先后的顺序。这种顺序是根据构音器官和构音评定的结果来确定的。构音器官评定所发现的异常部位便是构音训练的重点部位。构音评定可发现哪些音可以发，哪些音不能发，哪些音不清楚等，这就决定了构音训练时的发音顺序。一般来说应遵循由易到难的原则。

1. 构音改善的训练

（1）舌唇运动训练 通过构音器官检查，可以发现几乎所有患者都存在舌唇的运动不良，它们的运动不良会使所发的音歪曲、置换或难以理解。所以要训练患者唇的张开、闭合、前突、缩回、舌的前伸、后缩、上举、向两侧的运动等。训练时要面对镜子，这样会使患者便于模仿和纠正动作，对较重患者可以用压舌板和手法协助完成。另外，可以用冰块摩擦面部、唇以促进运动，每次一两分钟，每日3~4次。

（2）发音的训练 待患者可以完成以上的动作后，要让其尽量长时间地保持这些动作，如双唇闭合、伸舌等，随后做无声的构音运动，最后轻声地引出靶音。原则是先训练发元音，然后发辅音，辅音先由双唇音开始，如[p]、[p']、[m]等。待能发辅音后，要训练将已掌握的辅音与元音相结合，也就是发无意义的音节[pa]、[pá]、[ma]、[fa]。这些音比较熟练后，就采取元音加辅音再加元音的形式，最后过渡到单词和句子的训练。在训练发音之前，一定要依据构音检查中构音类似运动的检查结果，让患者掌握了靶音构音类似运动后，才能进行此项训练。如构音检查时发现有明显的置换音，可以通过手法协助使音发准确后，再纠正其他音,这样做的效果较好。

(3) 减慢言语速度 轻至中度的患者可能表现为绝大多数音可以发,但由于痉挛或运动不协调而使多数音发成歪曲音或失韵律。这时可以利用节拍器控制速度,由慢开始逐渐变快,患者随节拍器的节拍发音可以增加可理解度。节拍的速度根据患者的具体情况决定。如果没有节拍器,也可以由治疗师轻拍桌子,患者随着节律进行训练。但这种方法不适合重症肌无力的患者,因为会进一步使肌力减弱。

(4) 辨音训练 患者对音的分辨能力对正确发音很重要,所以要训练患者对音的分辨。首先要能分辨出错音,可以通过口述或放录音,也可采取小组训练形式,由患者说一段话,让其他患者评议,最后由治疗师纠正,效果很好。

(5) 利用患者的视觉途径 如患者的理解能力很好,要充分利用其视觉能力,如可以通过画图让患者了解发音的部位和机制,指出其主要问题所在并告诉他准确的发音部位。此外,也可以结合手法促进准确的发音,首先是单音,然后是拼音、四声、词、短句。还可以给患者录音、录像,让患者一起对构音错误进行分析。

2. 克服鼻音化的训练 鼻音化(hypernasality)是由于软腭运动不充分,腭咽不能适当闭合,将鼻音以外的音发成鼻音。治疗的目的是加强软腭肌肉的强度。

(1) "推撑"疗法 具体的做法是患者两手掌放在桌面上向下推时、两手掌由下向上推时、两手掌相对推时或两手掌同时向下推时发[au]的声音。随着一组肌肉的突然收缩,其他肌肉也趋向收缩,增加了腭肌的功能。这种疗法可以与打哈欠和叹息疗法结合应用,效果更好。另外,也可以训练发舌后部音,如[ka]、[kei]、[kʰa]、[kʰei]等,来加强软腭肌力。

(2) 引导气流法 这种方法是引导气流通过口腔,减少鼻漏气。如吹吸管、吹乒乓球、吹喇叭、吹哨子、吹奏乐器、吹蜡烛、吹羽毛、吹纸张,都可以用来集中和引导气流。如用手拿着一张中心有洞或画有靶心的纸,接近患者的嘴唇,让患者通过发[u]声去吹洞或靶心,当患者持续发音时,把纸慢慢向远处移,一方面可以引导气流,另一方面可以训练患者延长吹气。

(3) 使用腭托 当软腭下垂导致重度鼻音化构音,而且训练无效时,可以采用腭托(图3-9)来改善鼻音化构音。

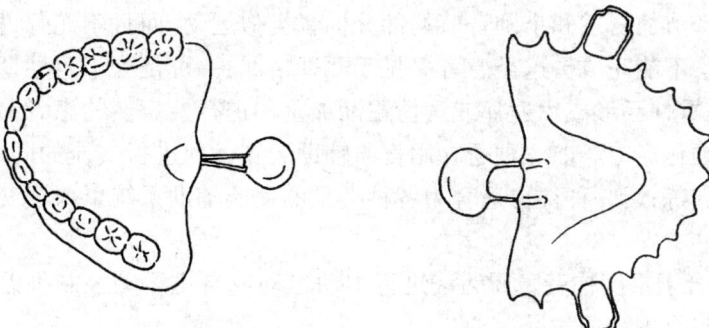

图 3-9 腭托

3. 克服费力音的训练　这种音是由于声带过分内收所致，听起来喉部充满力量，声音好似从其中挤出来似的。因此，主要的治疗目的是获得容易的发音方式，打哈欠的方法很有效。具体做法是让患者处在一种很轻的打哈欠状态时发声，理论上打哈欠可以完全打开声带而停止声带的过分内收。开始时让患者打哈欠并伴随有呼气，当成功时，在打哈欠的呼气相再教他发出词和短句。另一种方法是训练患者随着[x]发音，由于此音是由声带的外展产生，因此可以用来克服费力音。此外，头颈部为中心的放松训练也可以应用。方法是让患者设想他的头是空铁球，让头"掉进"胸腔然后从前到后慢慢旋转，同时发声。这种头颈部放松可以产生较容易的发声方式。头颈、喉的松弛性生物反馈也有良好作用，可以减轻费力音，同时也可以减轻鼻音化构音。另外，咀嚼训练可以使声带放松并产生适当的肌张力，训练患者咀嚼时发声，利用这些运动使患者发出单词、短句和对话。

4. 克服气息音的训练　气息音的产生是由于声门闭合不充分引起，因此主要克服途径是在发声时关闭声门。前面所述的"推撑"方法可以促进声门闭合；另一种方法是用一个元音或双元音结合辅音和另一个元音发音，如[ama]、[eima]等，再用这种元音和双元音诱导发音的方法来产生词、词组和句子。对单侧声带麻痹的患者，注射硅可用来增加声带的体积，当声带接近中线时，可能会产生较好的声带震动。

5. 语调训练　通过构音检查可以发现患者的音调特征，多数患者表现为音调低或单一音调(monopitch)，训练时要指出患者的音调问题，训练者可以由低到高发音，乐器的音阶变化也可以用来克服单一的音调。另外，也可以用"可视语言音量训练器"(visi-pitch)帮助训练，患者可以通过仪器监视器上的曲线升降调节音调。

6. 音量训练　呼吸是发音的动力，自主的呼吸控制对音量的控制和调节也极为重要。因此，要训练患者强有力的呼吸并延长呼气的时间。另外，对儿童可以利用声控的玩具训练，此种训练玩具有控制音量的开关，可将音量由高至低进行调节，有效地改善患儿的音量。成人可使用具有监视器的语言训练器，患者在发音时观看监视器的图形变化以训练和调节发音的音量。

二、重度构音障碍的治疗

重度构音障碍是严重的肌肉麻痹使运动功能严重障碍而难以发声，在构音检查的项目中只能完成个别音节的复述和个别音节的部分构音类似运动，而且不充分，构音器官检查中的绝大多数项目均不能完成。这类患者多见于两种情况：一种是处于急性期的患者；另一种见于病程长、病情重并已形成后遗症或病情逐渐加重的退行性病变的患者，如肌萎缩性侧索硬化症和多发性硬化症等。前一种适合用言语辅助装置确保进行交流的同时利用手法辅助进行呼吸和构音训练；后一种往往适合用各种类型的交流辅助系统以保证交流，构音训练常难以收效。

1. 手法　适合于重度构音障碍无法进行主动运动或自主运动控制很差的患者，通过手法可以使患者逐步自主完成构音运动。

(1) 呼吸　这类患者往往呼吸很差，特别是呼气相短而弱，很难在声门下和口腔形成一定的压力，呼吸的训练应视为首要训练项目。训练时可以采用卧位和坐位进行。采取仰卧位时双下肢屈曲，腹部放松。患者要放松并平稳地呼吸，治疗师的手平放在患者的上腹部，在呼气末时,随着患者的呼气动作平稳地施加压力,通过横膈的上升运动使呼气相延长,并逐步让患者结合[f]、[xa]等发音进行。如患者可以坐稳可采用坐位,鼓励患者放松,治疗师站在患者前方,两手置于胸廓的下部,在呼气末轻轻挤压使呼气逐渐延长。注意力量不要过大,老年人或伴有骨质疏松的患者不宜采用此法。

(2) 舌训练　重度患者舌的运动严重受限,无法完成前伸、后缩、上举、侧方运动等。上运动神经元损伤患者,舌为僵硬状态;下运动神经元损伤患者,舌表现为软瘫并存在舌肌的萎缩。治疗时在手法的应用上不同,上运动神经元损伤的训练要适当,避免过度训练,否则会出现运动功能下降的现象。具体方法是治疗师戴上指套或用压舌板协助患者做舌的各种运动。

(3) 唇训练　唇的运动对构音很重要,大部分患者都存在严重的唇运动障碍,通过手法可以帮助患者做双唇展开、缩拢、前突运动并进行吹吸及爆破音的训练。下颌肌麻痹的患者可能会出现下颌的下垂或偏移而使唇不能闭合,治疗师可以把左手放在颌下,右手放在患者的头部,帮助做下颌上举和下拉的运动,使双唇闭合。唇的训练不仅为患者发双唇音做好准备,流涎也可以逐渐减轻或消失。

2. 交流辅助替代系统(alterative and augmentative communication system, AAC)　包括很多种类,最简单的包括图片板、词板和句子结构板。经过训练,患者可通过交流板上的内容表达各种意思。近些年来,随着电子工业的高速发展,许多发达国家已研制出体积小、便于携带和操作的交流器(communicator),有的装置还可以合成声音,这在我国还是待开发的领域。可以使用各种类型的交流板,也可根据患者的情况设计交流板,这种方法简单而可行,可以发挥促进交流的作用。在为患者设计交流板时,关键要对患者的运动功能、智力、语言能力等进行全面的评定,充分利用残余能力来进行设计,见表3-12。除此之外还要对患者的交流对象进行评价。在使用途径和方法方面,还要评价患者的运动功能,例如患者是高位四肢瘫,采用的控制方法就可以是利用"眼指示"(eye pointing)或"头棒"(head stick)选择交流板上的内容来进行交流。总之,要选择能充分发挥患者的残余功能和最简单易行的交流手段。随着患者水平的提高,要调整和增加交流板上的内容,最终使患者能使用现代的交流辅助系统来补偿重度运动障碍所造成的言语交流障碍。

A. 交流者类型和能力评价

方法:评价患者时要执行"最低标准":如果患者可以完成目标行为,即使只有一次,也要给予鼓励并记为" + ";可以部分完成记为" ± ",完全不能完成则记为" - "。如果你认为患者在特定的辅助和/或多加训练后,有可能完成目标行为,那就需要在最后一栏里给患者划分等级(G = 好,F = 较好,P = 差)。在患者进行有可能出现目标行为的功能性或强化活动中进行观察。如果患者的能力、需要、自身情况发生变化,则需要重新评价。

通过计算患者每一部分所得的" + "、" ± "总数并将结果与正式测试和临床观察相比较,确定患者的基本交流者类型(例如,有听理解障碍但可完成辅助输入部分所列的某些行为的患者就可归为辅助输入型交流者)。虽然大部分的交流者类型还是很好区分的,但某些个体却有可能归为多种类型,特别是理解型和辅助输入型交流者;还有一些个体不能归为任何类型。

表 3-12 交流者类型和能力评价

姓名：	自身情况：	日期：	
交流者类型	交流技能	现有技能 (+、±、-)	交流潜力 (G、F、P)
基本选择型	早晨穿衣时可根据需要进行选择； 可以通过指示图片回答"喜欢的套装"等问题； 追视； 取用物品并可将其回归原位； 其他：		
可控情境型	关注印刷品； 通过指示绘有各种需求(n=2)的图片或图案符号回答问题； 可以确认并选择感兴趣的主题； 可以指示或注视文字选项回答问题； 有意识地按惯例进行日常活动(如治疗前戴眼镜等)； 其他：		
综合型	有一定的自发语； 可以书写某些笔划、字或词； 可以通过画示意图、地图或物品图案交流； 可以将物品归类(操作性课题可以完成)； 会话中指出首字可以说出特定的词； 姿势语； 手语； 对自身错误有自知力； 对自身交流障碍有自知力； 会话中表现出具有某些实际能力； 知道在何时何种情况下应用何种交流模式； 有在多种情境下与多个伙伴交流的欲望； 主动提出问题或发表意见； 其他：		
特定需求型	能更有效的完成特定的交流任务 ·打电话； ·写信； ·做祷告； ·说出家庭成员的名字； ·购物； ·列清单； ·写备忘录； ·坐公车到达目的地； ·寻求帮助； 可以完成其他交流者类型的大部分任务 其他：		
辅助输入型	关注印刷品； 关注肢体语言； 写出关键词可以增强理解； 交流对象的身势语可以增强理解； 部分或完全理解抽象符号； 其他：		

B. 交流对象技能筛选表

为了患者能够很好的与对方进行交流,还要对患者的交流对象进行筛选,见 3-13。

表 3-13 交流对象技能筛选表

患者:_____ 日期:_____

交流对象:_____

方法:第 1-3 部分,单独测试交流对象并提出相应问题填写表格。第 4 部分,观察交流对象与患者在一起时的表现。训练后重新评价。

1. 基本技能:
   听力: 差_____ 好_____ 矫正听力?_____
   视力: 差_____ 好_____ 矫正视力?_____
   阅读_____   不能阅读_____   阅读新闻、杂志_____
   笔迹: 差_____ 好_____
   拼写: 差_____ 好_____

2. 对患者的了解:
   你认识_____多少年了?_____年。
   你跟患者是什么关系?_____
   _____
   你们都一起参加过什么活动?_____
   _____

3. 对疾病的认识:
   对于_____中风,你都知道些什么?
   _____
   还能说些别的吗?
   _____
   你想了解更多吗?   是_____ 不是_____

4. 交流技能:
   交流对象与患者是否有目光接触?   是_____ 否_____
   必要时交流对象是否能给予警告?   是_____ 否_____
   交流对象能否选择患者感兴趣的话题进行讨论?   是_____ 否_____
   交流对象能否选用适当的语言提问?   是_____ 否_____
   交流对象能否给予患者足够的反应时间?   是_____ 否_____
   患者试图引起注意时交流对象能否立刻回应?   是_____ 否_____
   患者不能理解时交流对象能否换其他方法交流?   是_____ 否_____
   必要时交流对象能否以文字补充言语交流的不足?   是_____ 否_____
   患者不知如何回答问题时交流对象能否避免问开放式问题?   是_____ 否_____
   必要时交流对象能否提供适当的文字选项?   是_____ 否_____
   交流对象能否将训练材料移至患者视野内?   是_____ 否_____
   最初的交流模式无法进行时交流对象是否鼓励患者选用其他的替代模式? 是_____ 否_____
   交流对象能否清楚地向患者解释替代交流模式?   是_____ 否_____
   交流对象能否对患者使用对照短语作出反应?   是_____ 否_____
   辅助性会话课题中交流对象能否保持顺序的一贯性?   是_____ 否_____
   交流对象能否不打断患者直到他表达出完整信息?   是_____ 否_____
   交流对象是否喜欢与患者交流?   是_____ 否_____

患者×××,男性,62岁,干部,大学文化,右利手,应用普通话。既往高血压病史10余年。患者于2002年7月12日在家中休息时,突发头疼、视物不清,继而意识丧失,呼之不应。随后马上被送到医院,入院检查发现患者双侧瞳孔缩小,对光反射消失,双侧巴氏征(+)。经CT检查发现脑干不规则片状高密度影(32mm×23mm),诊断为脑干出血,昏迷,言语障碍,吞咽障碍。经抢救治疗,患者于3周后清醒,病情趋于稳定,于发病4周后言语康复开始介入。言语检查:神清,合作,保留鼻饲管,气管切开置管。能理解言语,可以发声,但不能说话。右侧面部下垂,口角偏向左侧,流涎,张口困难,突唇及展唇受限,舌前伸不能过唇,左右摆动及上挑不能,呕吐反射及下颌反射增强,最长发声时间仅2~3秒,声质粗糙、费力、轻度沙哑,鼻音化构音。咀嚼困难,进食普通食物及喝水均出现明显呛咳。阅读理解及书写正常。

言语障碍诊断:运动性构音障碍(痉挛型),吞咽障碍。

言语训练:初期由于患者不能说话,但阅读很好,为建立有效的交流方式,首先为患者设计交流板,利用交流板进行沟通;同时采取头颈部的放松训练;呼吸训练,特别是长呼气的训练;发声训练;吹的训练;刺激舌、软腭;构音器官训练,如伸舌、缩舌、舌上挑、摆舌、突唇、展唇等;构音及言语训练;会话训练;吞咽功能训练。每天进行一次,每次20分钟,逐渐过渡到半小时。经过3个月的训练,患者构音器官运动明显改善,最长发声时间延长至10秒以上,可以进行口语交流,言语可懂度较好,部分发音仍欠清晰,拔除鼻饲管,可以进普食。

三、脑瘫儿童构音障碍的治疗

脑瘫儿童在发音方面的异常称为运动障碍性构音障碍。目前多倾向对呼吸、喉、腭咽区、舌、下颌运动逐个进行康复治疗的途径,首先要分析以上结构与言语产生的关系,然后决定治疗先由哪一部分开始和顺序,决定这种顺序要根据构音器官和构音评定的结果。首先是运动功能和知觉方面的训练,然后是在此基础上的构音和表达的训练。在发音的顺序上应遵循由易到难的原则。

1. 构音运动训练

(1)呼吸训练 呼吸是构音的动力,而且必须在声门下形成一定的压力才能产生理想的发音和构音。首先应先调整坐姿,如果患儿可自己坐稳,应做到躯干要直,双肩水平,头保持正中位。如患儿年龄小又不能坐稳,可将这些患儿放进可固定躯干和坐位的椅子内,四周用毛巾垫好,尽量使孩子保持正确的体位进行训练。如果患儿呼气时间短而且弱,可采取卧位,由治疗师帮助进行,如做双臂外展和扩胸运动的同时进行呼吸训练,也可在呼气末向前下方轻轻按压腹部来延长呼气的时间和增加呼气的力量,这种训练也可以结合发声、发音一起训练。

(2)下颌、舌、唇的训练 当出现下颌的下垂或偏移而使双唇不能闭合时,可以用手拍打下颌中央部位和颞颌关节附近的皮肤,不仅可以促进双唇的闭合还可以防止下颌的前伸。也可利用手法帮助下颌的上抬。做法是把左手放在患儿的颌下,右手放在头部,左手用力协助下颌的上举和下拉运动,逐步使双唇闭合。多数患儿都有不同程度的口唇运动障碍而致发音歪曲或置换成其他音,所以要训练患儿唇的展开、闭合、前突、后缩运动,另外也训练舌的前伸、后缩、上举和侧方运动等。轻症者可以主动完成,重症者可以利用压舌板和手法帮助完成以上运动。首先可以利用 Rood 法促进双唇的闭合和舌的运动(用冰块对面部、口唇和舌进行刺激),每次 1~2 分钟,每日 3~4 次。也可以用刷子快速地进行刺激(5 次/秒)双唇和口唇。还可以用小勺把食物放在双唇前,让患儿用唇将食物吸入口内来训练口唇的运动控制,通过变换食物种类加强训练难度。这些运动不仅可以为发双唇音做好准备,流涎也可以逐步减轻或消失。为了建立下颌和双唇的联合运动,开始时可先让患儿做咀嚼运动,待巩固后,在做咀嚼的同时发声,随后就可以在咀嚼时说单词来进行训练。

2. 发音训练 患儿可以做双唇、舌、下颌的动作后,要其尽量长时间保持这些动作,随后做无声的发音动作,最后轻声引出目的音。原则为先发元音,如[a]、[u],然后发辅音,由双唇音开始加[b]、[p]、[m],能发这些音后,学习发较难的音,如舌根音、舌面音、卷舌音等。随后,将已经学会的辅音与元音结合,如[ana]、[apa],继续训练,最后过渡到单词和句子的训练。在训练过程中,治疗师可以利用压舌板或手指对患儿的构音器官做被动运动,对患儿进行触觉、视觉、听觉的联合刺激以帮助其构音运动,达到尽量使发音准确的目的。

3. 口腔知觉的训练 脑瘫儿童除了运动之外,大多存在知觉的发育落后或过于敏感而使发音出现困难,特别是口腔内的触觉异常,一些儿童特别反感别人接触这些部位,有的患儿还易诱发呕吐和全身紧张。正常儿童在发育的过程中,会经常将各种不同形状的东西或食物放在口中,通过口来感知不同物体的形状。脑瘫儿童由于吞咽困难和过敏,往往缺乏这方面的体验。这种对口中物体形状的辨别能力与构音能力有密切关系。因此,训练过程中,治疗人员可以使用各种各样形状的较硬的物体和食物对舌和口腔进行刺激,改善患儿口腔内的知觉,但在训练时注意防止患儿将训练物咽下。

4. 克服鼻音化的训练 鼻音化构音是由于软腭运动减弱,腭咽部不能适当闭合而将非鼻音发成鼻音,在脑瘫儿童常见。这种情况会明显降低清晰度而难以交流。治疗时可采用引导气流通过口腔的方法,如吹蜡烛、喇叭、哨子等。年龄较大的儿童可采用"推撑"疗法,做法是让患儿把两手放在桌面上向下推或两手掌放在桌面下向上推,在用力的同时发"啊"音,可以促进腭肌收缩和上抬功能,另外发舌根音"卡"也可以用来加强软腭肌力促进腭咽闭合。

5. 韵律训练 由于运动障碍,很多患儿的语言表达缺乏抑扬顿挫及重音变化而表现出音调单一、音量单一及节律的异常。可用电子琴等乐器让患儿随音的变化训练音调和音量。也可用"可视语音训练器"来训练,现国内已生产类似产品并配有软件,使患儿在玩的过程中进行韵律训练。用带有音量控制开关的声控玩具训练也很有效,特别适合年龄较小的儿童。节律的训练,可以用节拍器,设定不同的节律和速度,患儿随节奏纠正节律异常。

6. 交流辅助系统的应用 部分脑瘫患儿,通过各种手段治疗后仍不能讲话或清晰度极低,这种情况就是交流辅助系统的适应证。交流辅助系统的种类很多,最简单的有用图片或文字构成的交流板,通过板上的内容表达各种意愿。具有专门软件系统的计算机也逐步用于构音障碍患者的交流,这些特制的装置有的还可以合成言语声音。这些在我国虽然还有待开发,但就我国目前的状况为患儿设计交流图板和词语板是可行的,这种形式也可以发挥促进交流的作用,而且简单易行。设计交流板要注意三点:

（1）内容　要使交流板上的内容适合患儿的水平。

（2）操作　要确定如何使用交流系统,也就是要确定利用本身的哪一部分操作,常常首先需要与其他专业人员一起对患儿的运动功能、智力、语言进行全面评定,以充分利用残余功能。例如患儿是四肢瘫合并重度构音障碍,只有头和眼睛可以活动,便可以用"眼指示"或"头棒"来选择交流板上的内容。

（3）训练和调整　对患儿使用交流系统进行训练后,随着患儿交流水平的提高要调整和增加交流板上的内容。比如当患儿可以阅读文字时,可以由图片过渡到词语板并增加适当的语言结构。

（李胜利）

思考题

1. 言语产生的机理和调音过程。
2. 运动型构音障碍的的分类。
3. 运动型构音障碍的构音评价。

第四章　语言发育迟缓

教学目标
1. 掌握语言发育迟缓的定义和原因。
2. 熟悉语言发育迟缓的评价(S－S法)操作和诊断。
3. 了解语言发育迟缓的治疗方法和注意事项。

第一节　概述

在儿童的语言障碍中,语言发育迟缓是发生率较高的障碍。语言发育迟缓是指发育过程中的儿童语言落后于正常儿童的状态。对这类儿童进行教育和康复治疗已有100多年的历史,上个世纪初至中期对语言发育迟缓儿童的指导,仅限于对听觉障碍儿童的语言指导。后来对因轻度智力障碍及不适当的语言环境导致的语言发育迟缓儿童,采取多说话等方面的强化训练和语言环境调整,也就是进行"语言卫生(speech hygiene)"指导。在评定和诊断方面,将正常儿童语言发育的现象按其年龄顺序排列,评定语言发育迟缓儿童处于哪一阶段,以个体间的行为作为比较基准并应用于临床。

自上世纪60年代,受语言学、心理学等相关学科的影响,语言发育迟缓的临床工作也开始发生变化,在语言学领域里对语言发育的关注逐渐增加。受Shinner的行为主义心理学的影响,从语法、语言整体方面对特定的语言现象进行"刺激—反应—强化"的训练方法得到推广。在这个时期,有关语言行为的研究着眼点也是围绕语言构造方面的,对还没有开始说话的阶段研究很少。

到了20世纪70年代,认知研究开始兴起,从"语言能力到底是怎样发育的"这一方面开始对语言行为进行了探索和研究。对语言前期和语言功能侧面的研究也很热门,与语言的应用和对象相关的研究也很多。后来一般将语言行为分为句法学(syntactics)、语义学(semantics)、语用学(pragmatics)等三大方面。这意味着并不是通过个体间的比较来决定以后的指导目标,而是个体内(interpersonal)的各种能力的差异来决定指导目标。

目前,一些国家已开始把重度智力障碍及具有自闭倾向的语言发育迟缓儿童作为训练对象,在日本对这类儿童也开展了训练和研究,并作为专业重点。近年来,我国也开始开展这方面的工作。

(李胜利)

一、语言发育迟缓的定义和病因

(一) 语言发育迟缓定义

语言发育迟缓是指在发育过程中的儿童语言发育没有达到与其年龄相应的水平,但不包括由听力障碍而引起的语言发育迟缓及构音障碍等其他语言障碍类型。呈现语言发育迟缓的儿童多数具有精神及对周围人反应的发育延迟或异常。

(二) 语言发育迟缓的原因

语言发育迟缓的原因很多,如先天性的21-三体综合征、后天性疾病中的癫痫等。但是,相当数量的语言发育迟缓儿童即使进行脑电图、CT等现代化医疗技术所能做到的所有检查,仍查不到原因,其典型表现是对周围人反应发育迟滞的自闭症。

一般认为,阻碍语言发育的主要因素有以下八点:

1. 听觉障碍 听觉对儿童的语言发育非常重要,如果在语言发育期间长期存在声音语言的输入障碍,如中度以上的听觉障碍状态,则语言信息的接受(理解)和发出(表达)等会受到影响,导致语言发育迟缓。其语言障碍程度与耳聋程度相平行。

2. 广泛性发育障碍 有自闭的特征,在社会性交往、交流以及认知等方面有障碍,总称为广泛性发育障碍。如果对作为语言交流对象的存在及语言刺激本身的关心不够,儿童语言发育必然会受到影响。被称为自闭症的儿童即是这一情况的典型。其行为方面的特征是视线不合,即使招呼他也无反应,专注于某一事物及保持某种行为(保持同一行为的欲望)等等,并且在语言症状方面,有反响语言(模仿语言,echolalia)及与场合不符的自言自语、人称代词的混乱使用、没有抑扬顿挫的单调讲话方式等等。

3. 智力发育迟缓(精神发育迟缓) 精神发育迟缓在语言发育迟缓中所占的比例最大,其定义为:在发育期间整体智能较正常平均水平显著降低,并伴有适应性行为障碍。

精神发育迟缓的诊断标准是:

(1) 智能低下,比正常平均水平低两个标准差以上,IQ值不足70。

(2) 存在与实际年龄相应的适应性行为的障碍。

(3) 在发育期出现(18岁以前)。

作为语言症状,其语言的接受和表达均较实际年龄迟缓,在学习过程中,语言的接受(理解)迟缓,导致语言的发出(表达)也迟缓。另外,模仿语言等语言症状在精神发育迟缓中也可见到。在行为方面多伴有多动、注意力不集中等异常行为。

已知发生精神发育迟缓的原因很多。如染色体异常,胎儿期感染性疾病,新生儿窒息及重症黄疸等围产期障碍,脑炎及脑膜炎,先天性代谢异常,脑肿瘤等等。但是,其病因清楚者不过20%,目前多数的精神发育迟缓原因不明。

4. 受语言学习限定的特异性障碍(发育性运动性失语和发育性感觉性失语) 所谓发育性运动性失语,即语言的接收(理解)与年龄相符但语言表达障碍。这样的病例预后良好,即使在3周岁时完全没有自发言语的患儿,在6岁时多能达到正常儿童的发育。

所谓发育性感觉性失语,是指对语言的接受(理解)和发出(表达)同时极度迟缓。这种病例的语言发育的预后不理想。最近发现,在局限于颞叶的颅内感染及抽搐性疾病中可产生这样的语言症状。

5. 语言环境脱离　在儿童发育的早期被剥夺或脱离语言环境可以导致语言发育障碍。比如长期完全被隔离的儿童或者贫民窟居住的儿童长期脱离语言环境而致语言发育迟缓。现已证实缺乏适宜的语言环境将影响正常的语言发育过程。

6. 构音器官的异常　所谓构音器官异常指的是以脑性瘫痪为代表的运动障碍性疾病及以腭裂为代表的器质性病变等。这些因素单独或同时存在均会引起语言发育迟缓。

7. 学习障碍　学习障碍包含有三个特征：第一是虽然智能发育正常但仍然有些欠缺；第二是虽然个体十分努力，但在阅读、书写、计算等方面的能力仍存在困难，或是没有这些方面的能力；第三是推测有中枢神经系统方面的原因造成的这种障碍。

8. 注意欠缺/多动性障碍　注意欠缺/多动性障碍（ADHD）表现为注意力易涣散，多动，不能保持坐位，有冲动的行为等特征。多倾向于家庭对孩子的失教，但并不只是家庭失教的问题，还存在有脑功能有异常的问题。

二、语言发育迟缓的主要表现

语言发育迟缓的儿童如果有精神发育及对周围人反应发育的障碍，可出现语言学习障碍，如不会说话，只能说单词，言语不连贯，回答问题时出现鹦鹉学舌样表现等等。部分患儿还存在与别人缺少目光接触，烦躁、多动，不与小朋友玩等行为方面的表现。

当分析这些症状时，不仅要重视分析患儿对外界事物、状态的认识，符号化的内容（言语的理解、表达等），同时还要分析与他人的信息交流状况。

语言发育迟缓儿童的症状分类，是把正常儿童的语言发育阶段作为标准，与之比较来判定患儿的语言处于哪一阶段，根据患儿的类型特点和所处阶段制定康复计划。

具体评定详见以下章节。

（卫冬洁）

第二节　语言发育迟缓的评定

一、评定目的

评定的主要目的是发现和确定患儿是否存在语言发育迟缓，这种语言发育迟缓属于哪一种类型，患儿的语言与正常儿童相比处于哪一个阶段。评定的结果将作为制定训练计划的依据，而且还是研究语言发育迟缓的重要资料。有些儿童由于注意力很差、不能很好地配合评定等因素，在初诊时只进行初期的评定，在训练过程中进一步密切观察患儿表现，最后完成评定。在训练过程中，患儿的语言会发生变化或取得不同程度的改善，因此，必须进行再评定为进一步的训练和调整计划提供依据。

二、评定的程序和内容

（一）评定流程

语言发育迟缓儿童的评定涉及多学科和多专业的知识，基本的评定、诊断流程如

图4-1所示:

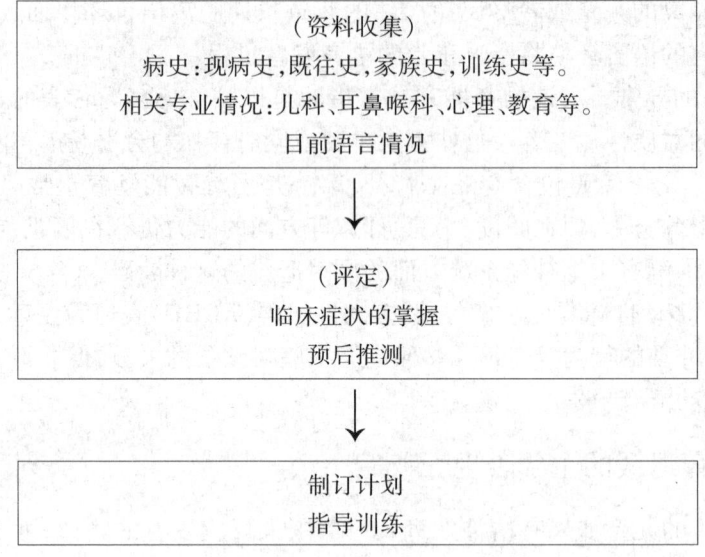

图4-1 语言发育迟缓评定流程图

(二)评定内容

1. 病史采集 病史采集非常重要,主要通过问诊从家长或看护人员那里获得,在内容上主要了解与儿童语言发育迟缓相关的情况,包括现病史、既往史、家族史等。

(1)现病史 要尽量详细询问患儿原发病的情况以及进展情况,病情程度,发病后对语言的影响和语言发展速度,是否接受过语言相关的检查、治疗、训练及其效果等。

(2)既往史 主要记录儿童出生时的有关情况,如是否足月出生、分娩方式、胎次、产次、出生时的体重、生后有无窒息和黄疸情况等,必要时还要详细询问母亲怀孕的情况。生长发育史方面要询问患儿的发育情况,重要发育指标包括患儿抬头、坐、爬、叫爸爸和妈妈的月龄或年龄,还要询问儿童出生后由谁抚养以及关系等。还应了解患儿的语言环境是否良好。生活习惯方面要询问儿童的生活是否规律,平时的兴趣和是否有特殊的爱好,某一阶段患儿的性格是否有较大的转变和表现等。

(3)家族史 主要询问家庭成员中是否与患儿有类似表现、父母及亲属是否有遗传病史、父母及看护者的文化程度以及与患儿的关系和语言环境情况。

(4)康复治疗及训练史 询问患儿来医院以前是否接受过针对性的康复治疗和训练,治疗或训练的情况如何及治疗时间和效果。

以上内容对于正确评定患儿的语言情况,推测预后以及采取哪种训练方式是很重要的。为了方便检查,可以将需要了解的主要内容制成表格,这样既省时间又不易遗漏重要资料。

另外,还要尽量了解相关专业和学科的情况,比如儿童的整体发育情况、吞咽和咀嚼能力的发展、是否有吞咽困难等;听力情况要了解是否曾经检测听力及其结果;心理方面要注意儿童的性格特点、情绪变化、注意力、社会适应性能力发展、智力等。

2. 相关检查

(1)听力检查 儿童对声音反应很差时,必须鉴别是听力障碍的问题还是注意力的问题,所以对于每个语言发育迟缓儿童都要进行听力检查,有条件的先进行500Hz~4000Hz频率的筛查,如发现听力问题再进行详细的听力检查。要根据儿童年龄和发育情况选择检查方法,可参考表4-1和4-2。

①听觉行为反应检查(BOA):是一种粗的听力筛选方法,但在不具备测听仪器的地方可以早期发现听力异常。详见第五章第二节"二、行为测听法"。

②条件探索听力反应检查(COR):一般可以给5个月以上儿童应用。此方法不适合注意力很差孩子的听力检查,但可用于加强孩子注意力的训练。详见第五章第二节。

③配景听力检查(peep show,PS):用一个配有玩具和灯光的箱子,通过小窗口可以看见里面的活动,通过喇叭给声,当孩子听到声音的时候,立刻拿孩子的手按开关,让他观察小箱子内的玩具。这些活动可以重复多次,建立条件反射,以逐渐增大声音强度的方法进行检查。

④游戏听力检查(PA):类似成人的标准听力检查方法,只是在测听的过程中不是利用举手或按动开关的方式显示是否听到声音,而是通过给声后让孩子变换玩具摆放的方法来显示。这种方法适用于年龄较小的孩子,可使他们比较容易配合。

⑤听力计检查法:又称电测听器,现代化的医院均有此设备。至少3岁半以上的儿童才能做此项检查,而且智力要正常。详见第五章第二节。

⑥听觉诱发脑干反应检查(ABR):是客观的听力检查,通常使用短声重复刺激听觉系统,在头颅表面记录到电位变化,可据此估算客观听阈及诊断听觉系统病变,可用于儿童和成人。

表4-1 主要听力检查的比较

检查的种类			音源		得到的情报				
检查	指标	月龄	音	输出	频率	音压	左右	骨导	结果
BOA	听觉反应	0	社会音						听力障碍的有无与大概程度
COR	音源定位反应	5	啭音	喇叭	○	○			健耳的听力
PS	条件形成	18	啭音	喇叭	○	○			健耳的听力
PA	条件形成	20	纯音	耳机	○	○	○	○	左右耳的听力

表4-2 适应各种年龄的检查方法

```
           0      6月    1岁    2岁    3岁    4岁    5岁以上
BOA    ─────────────────────────────────────
COR          ─────────────────────────
PS                         ─────────────────
PA                      ──────────────────────
ABR    ─────────────────────────────────────
```

例如:4个月儿童:BOA,ABR

　　　8个月儿童:COR,BOA,ABR

　　　1岁10个月儿童:COR,BOA,ABR,PS

　　　言语发育迟缓儿童:BOA,COR

(2) 皮博迪图片词汇检查(Peabody picture vocabulary test, PPVT) 此检查应用较普遍,共有150张黑白图片,每张图片有4个图,其中还有150个分别与每张图片内一个图词义相符的词,测验图片按从易到难的顺序排列。测验时测试者拿出一张图并说出一个词要求被试者指出图片上的4个图哪一个是最和词意相符的,记录下被试者的反应结果,连续8个词中错6个停止测试,每一词答对记1分,最后根据被试者的成绩转化成智龄、离差智商或百分位等级,即可比较该被试者与同龄正常儿童之间的语言水平发育情况。该测验适用年龄为2.5岁~18岁。整个测验要求10~15分钟内完成。

一般情况下,因为PPVT只考虑到词汇的理解,对儿童语言发育的水平仅靠PPVT很难作出系统完整的评定。

(3) 伊利诺斯心理语言能力测验(Illinois test of psycholinguitic abilities, ITPA) 该检查由美国1968年第一次发表,以测查能力为主,并且从儿童交往活动的侧面来观察儿童的智力活动情况。整个检查由五大部分、十个分测验构成,分别是:理解能力(①言语理解、②图画理解);综合能力(③言语推理、④图画类推);表达能力(⑤言语表达、⑥动作表达);构成能力(⑦作文、⑧构图);记忆能力(⑨数字记忆、⑩图形记忆)。应用范围为3岁~8岁11个月。

(4) 韦氏学龄儿童智力检查修订版(WISC-R) 美国1949年制定WISC,1974年修订为WISC-R,中国1982年引进WISC-R。该测验为智力检查,分为语言测验和操作测验两个部分,共12个分测验。每个分测验完成后都可算成标准分(量表分) 可以和正常儿童的水平相对照,同时各个分测验之间也可以进行对照。每一项分测验的成绩相加即为总量表分,由总量表分可以查出该儿童的离差智商,全面掌握儿童的智力发展情况。适用年龄为6岁~16岁。

(5) 韦氏学龄前儿童智力量表(WPPSI) 美国1963年制订,该测验也是分成语言测验和操作测验两部分,每部分又分成若干个分测验。结果统计和WISC-R基本一致,结果也用离差智商表示,同时还可评定儿童整体智力发育的情况。适用年龄为4岁~6.5岁。

(6) 构音障碍检查 在部分语言发育迟缓儿童中可能存在发音和言语困难,因此,需要判断患儿的哪些音不能发,发哪些音时出现歪曲音、置换音等;并要掌握其问题的基础是否为运动障碍,特别是口、舌的运动功能障碍,发声时间、音量、音调的变化;另外还要评定患儿的口腔感觉能力等。

3. 语言行为的评定 语言行为的评定大体上是从三个方面:即句法学、语义学、语用学来进行。这也就是Bruner所说的:第一是语言的构造形式(form);第二是辨别、记忆、产生、范畴化等的内容(content);第三是交流关系的建立、维持、展开等使用(use)方面。在S-S法中这些分别被称为记号形式—指示内容关系、基础性过程和交流态度,亦即语言行为的3个侧面(表4-3,图4-2)。

表4-3 语言行为的3个侧面

语言行为的侧面	内容
语言行为的基础	辨别、记忆、产生
构造性侧面	符号形式—指示内容关系
功能性侧面	交流态度

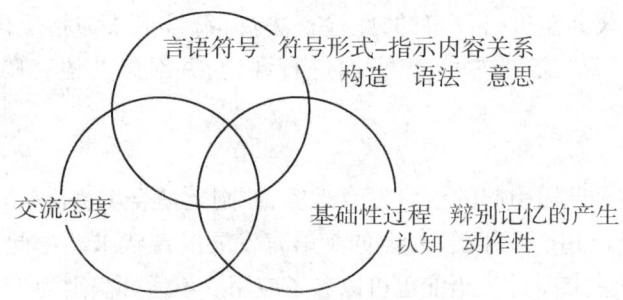

图 4-2 语言行为三个侧面的关系

语言行为可从三个侧面进行评定,语言发育迟缓患儿也可以从这三个侧面进行评定。语言发育迟缓语言障碍的性质不只是言语障碍,更主要的是语言的障碍。而且,很多孩子伴有智力和人际关系障碍,不少儿童还具有行为障碍。所以,应该对这些儿童的语言行为和相关活动进行综合评定。既往临床上了解儿童的语言能力往往是通过一些对儿童的智商检查获得的,国内没有专门用于儿童语言障碍的综合评定方法,所以在对儿童进行语言康复时,往往缺乏针对性。"S-S语言发育迟缓评定法"是日本音声言语医学会语言发育迟缓小委员会以语言障碍儿童为对象,于1977年开始研制试用的,1989年正式更名为S-S(Sign-Significaterelations)语言发育迟缓评定法,简称S-S法。但由于语言和文化背景的不同,不能照搬应用,中国康复研究中心按照汉语的语言特点和文化习惯研制了汉语版S-S评定法,试用于临床后,效果很好。

4. 鉴别诊断 语言发育迟缓的表现多种多样,因此鉴别诊断很重要。语言发育迟缓基本印象是不能说话和不能理解别人说话的状态,听觉障碍、发声言语器官的运动发育障碍、自闭症和智能低下等均可引起语言发育迟缓。早期发现语言发育迟缓很重要。临床上听觉障碍患儿大多是以说话晚、不会说话等主诉来就诊,这时首先应排除是否为听觉障碍所致。中度和重度听觉障碍会造成语言发育迟缓,即便是轻度耳聋,有时也会对语言发育造成较大的影响。如果考虑是听觉障碍,首先一定要详细进行听力检查,然后配戴助听器。另外,语言发育迟缓患儿中多数具有智能障碍和交往障碍。这时如仅仅进行语言评定,而忽略了心理等方面的评定,也不能正确进行诊断。

父母注意到孩子语言落后大多在学龄前。1～2岁的幼儿,不能讲话,但理解方面基本正常,这样的就诊病例也不少见。口语表达发育落后于理解发育这种现象在正常的孩子也可见到,常常见于男孩,多数没有必要训练。可向父母做一下解释或指导,随着年龄的增长,其言语会逐渐增加而达到正常。但是,其中有部分儿童尽管没有必要马上进行强化训练,但是需要长时期的观察。随着年龄的增加,有的患儿语言发育可达到正常,但有一部分直到四五岁都存在构音发育迟缓,有的移行为功能性构音障碍。年龄比较小的孩子如果怀疑有语言发育迟缓,有必要每隔3个月到半年复查一次,以便观察其语言发育情况。

三、汉语儿童语言发育迟缓评定法

下面重点就汉语版S-S法进行介绍。
(一)S-S法原理
从认知研究的角度,一般将语言行为分为语法、语义、语言应用三方面。S-S法是依照此理论对语言发育迟缓儿童进行评定的,此检查法对"符号形式与指示内容关系"、"促进学习有关的基础性过程"和"交流态度"三方面进行评定,并对患儿语言障碍进行诊断、评定、分类和针对性的治疗。

（二）适应证

S-S法适用于各种原因引起的语言发育迟缓,原则上适合1岁~6岁半的语言发育迟缓儿童,有些儿童的年龄已超出此年龄段,但如其语言发展的现状未超出此年龄段水平,也可应用。另外,学龄前的儿童获得性失语症也可以参考应用。不适合病因为听力障碍的语言障碍。

（三）S-S法的内容

检查内容是对符号形式与指示内容关系、基础性过程、交流态度三个方面进行综合评定,但以言语符号与指示内容的关系评定为核心,其比较标准分为5个阶段,见表4-4。将评定结果与正常儿童年龄水平相比较,即可判断儿童是否语言发育迟缓。

1. 阶段1——事物、事物状态理解困难阶段　此阶段语言尚未获得,并且对事物、事物状态的概念尚未形成,对外界的认识尚处于未分化阶段。此阶段对物品的抓握、舔咬、摇动、敲打一般为无目的性。例如,拿起铅笔不能够做书写操作而放到嘴里舔咬。另外,对于自己的要求,不能用某种手段来表现。这个阶段的儿童,常可见到身体左右摇晃、摇摆、旋转等,正在干什么突然停住,拍手或将唾液抹到地上、手上等反复的自我刺激行为。

2. 阶段2——事物的基本概念阶段　此阶段虽然也是语言未获得阶段,但是与阶段1不同的是能够根据常用物品的用途大致进行操作,对于事物的状况也能够理解,对事物开始概念化。此时可以将人领到物品面前出示物品,向他人表示自己的要求。一般认为在阶段2又包括从初级水平到高级水平。因此在阶段2中设定了3个亚项:阶段2-1:事物功能性操作;阶段2-2:匹配;阶段2-3:选择。其中匹配与选择都是利用示范项进行操作,因为检查顺序不同,对儿童来说意义也不同,因此分为2项。

表4-4　符号形式与指示内容关系的阶段

阶段	内容
第一阶段	对事物,事态理解困难
第二阶段	事物的基础概念
2-1	功能性动作
2-2	匹配
2-3	选择
第三阶段	事物的符号
3-1	手势符号（相关符号）
3-2	言语符号
	幼儿语言（相关符号）
	成人语言（任意性符号）
第四阶段	词句,主要句子成分
4-1	两词句
4-2	三词句
第五阶段	词句,语法规则
5-1	语序
5-2	被动语态

(1)阶段2-1——事物功能性操作 此阶段儿童能够对事物进行功能性操作。例如:拿起电话,让儿童将听筒放到耳朵上,或令其拨电话号码等基本操作。在生活当中,如穿鞋、戴帽等,只要反复练习,会形成习惯。检查分三项进行,即:事物,配对事物,镶嵌板。

(2)阶段2-2——匹配 在日常生活当中不难判断是否有"匹配行为",如果能将2个以上物品放到合适的位置上的话,可以说"匹配行为"成立。例如:将书放到书架上(或书箱里),将积木放到玩具箱里,像这样将书和积木区别开来放到不同的地方为日常生活场面,在这样的场面中是很容易将"匹配行为"引出来的,见图4-3。

(3)阶段2-3——选择 此阶段是当他人出示某种物品或出示示范项时,儿童能在几个选择项中将出示物或与示范项有关的物品适当地选择出来。与阶段2-2匹配不同的是后者是儿童拿物品去匹配示范项,而本项则是他人拿着物品或出示物品作为示范项。

选择检查时,儿童与出示的示范项之间,要有一定程度的空间距离,也就是儿童用手抓不到物品的距离,但如果出示物太远就起不到示范项作用。发育阶段低的儿童视线转向很困难,因此选择行为很难成立。检查用具同"匹配"(图4-3)。

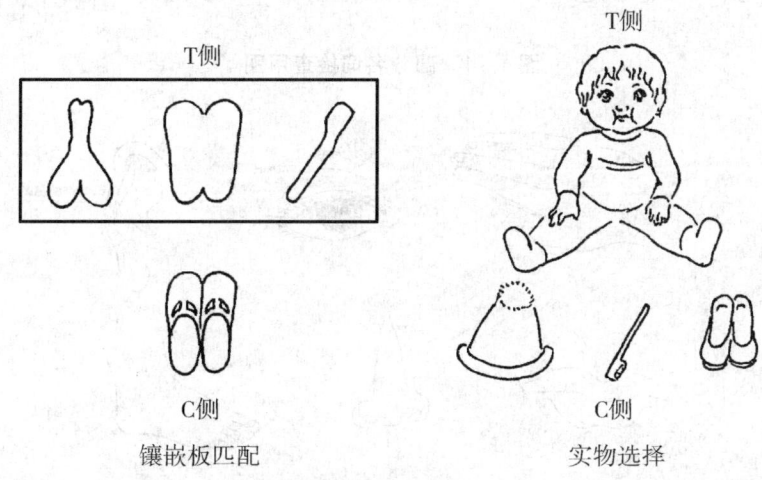

图4-3 匹配与选择
C:患儿;T:治疗师

3. 阶段3——事物的符号阶段 此阶段为符号形式与指示内容关系开始分化。语言符号大致分为两个阶段:即具有限定性的象征性符号,也就是手势语阶段;幼儿语及与事物的特征限定性少的、任意性较高的成人语阶段。

本检查法将手势语、幼儿语包括在阶段3里,具体分项目为:

阶段3-1——手势符号(象征性符号)。

阶段3-2——言语符号:幼儿语(象征性符号)、成人语(任意性符号)。

(1)阶段3-1——手势符号 此阶段开始学习用手势符号来理解与表现事物,可以通过他人的手势开始理解意思,还可以用手势向他人表示要求等。

手势语与幼儿语并不是同一层次的符号体系。手势符号为视觉→运动回路,而幼儿语用的是听力→言语回路,因为听力→言语回路比视觉→运动回路更难以掌握,所以将此两项分开为阶段3-1(手势符号)及阶段3-2(言语符号)。

(2)阶段3-2——言语符号 此阶段是将言语符号与事物相联系的阶段,但是事物的名称并不都能用手势语、幼儿语、成人语来表达。①能用三种符号表达的,例如:"剪刀",用食指与中指同时伸开做剪刀剪物状(手势语);手势语和"咔嚓、咔嚓"声同时(幼儿语);"剪刀"一词(成人语)。②无幼儿语,只能用手势语及成人语表达的,例如:"眼镜"。③只能用幼儿语及成人语表达的,例如"公鸡"。④仅能用成人语表达的。在理论上儿童是按①→②→③→④顺序来获得言语符号的。

在检查中,阶段3-2共选食物、动物、交通工具和生活用品方面名词16个(图4-4),身体部位6个(图4-5),动词5个(图4-6),表示属性的2个种类(图4-7)。阶段3-1手势符号的检查词汇中,使用的是阶段2(事物的基本概念)中用的词汇以及阶段3-2(言语符号)词汇中的手势语。

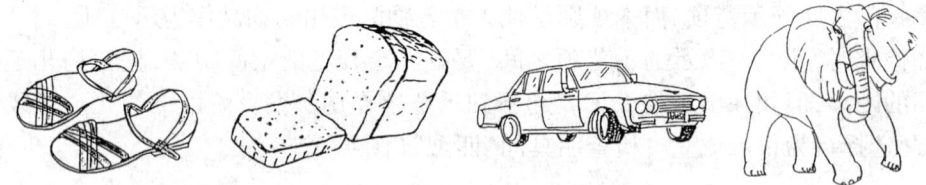

图4-4 部分名词检查用图

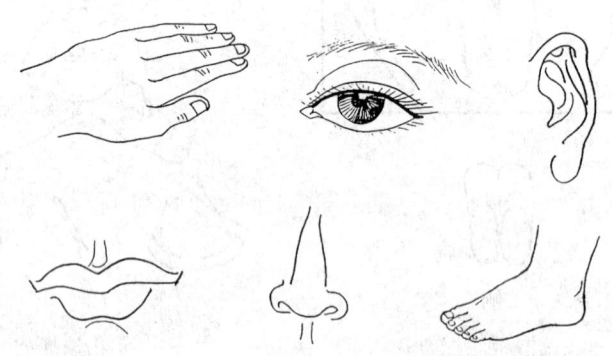

图4-5 身体部位检查用图

图4-6 动词检查用图

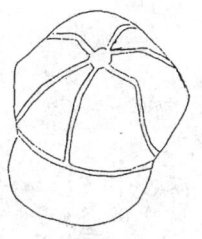

图 4-7 大小分辨用图

4. 阶段 4——词句，主要句子成分　本阶段能将某事物、事态用 2~3 个词组连成句子。此阶段中又按两词句和三词句分成两个阶段。

（1）阶段 4-1——两词句　开始学习用 2 个词组合起来表现事物、事态的阶段。儿童在此阶段能够理解或表达的两个词句各种各样，在本检查法中仅举了四种形式即：[属性（大、小）+事物]、[属性（颜色）+事物]、[主语+宾语]、[谓语+宾语]。

在日常生活中，如不设定一定的场面检查是很困难的。另外，注意选择项图片不宜太多，否则儿童进行起来很困难。

（2）阶段 4-2——三词句　此阶段与阶段 4-1 相同，但考虑到句子的多样化，在此仅限定两种形式，即[属性（大小）+属性（颜色）+事物]，例如大红帽子，小黄鞋等；[主语+谓语+宾语]，例如妈妈吃苹果，如图 4-8。

另外，在阶段 5 中也有三词句，但有所不同，阶段 4 的句型是非可逆句，主语与宾语不能颠倒，如"妈妈吃苹果"不能为"苹果吃妈妈"。

5. 阶段 5——词句，语法规则　能够理解三词句表现的事态，但是与阶段 4-2 的三词句不同的是所表现的情况为可逆的（图 4-9）。阶段 5-1 为主动语态，如"乌龟追小鸡"。阶段 5-2 为被动语态，此阶段中要求能理解事情与语法规则的关系，如"小鸡被乌龟追"等。

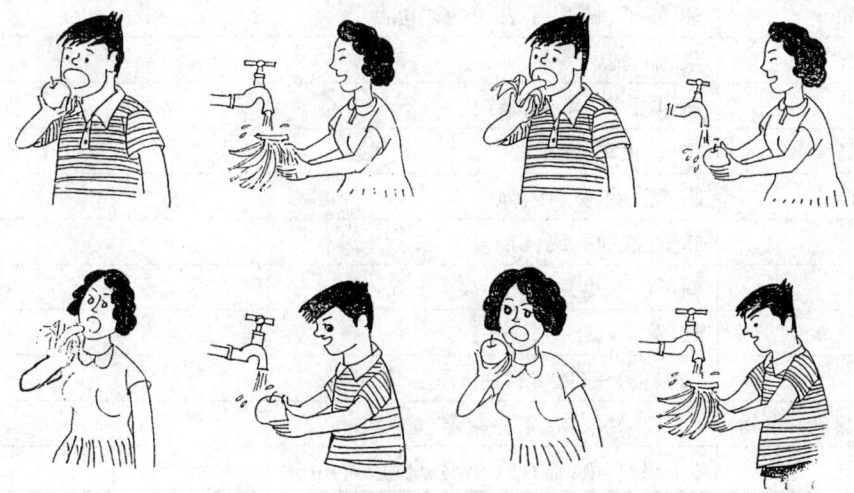

图 4-8　阶段 4 三词句用图

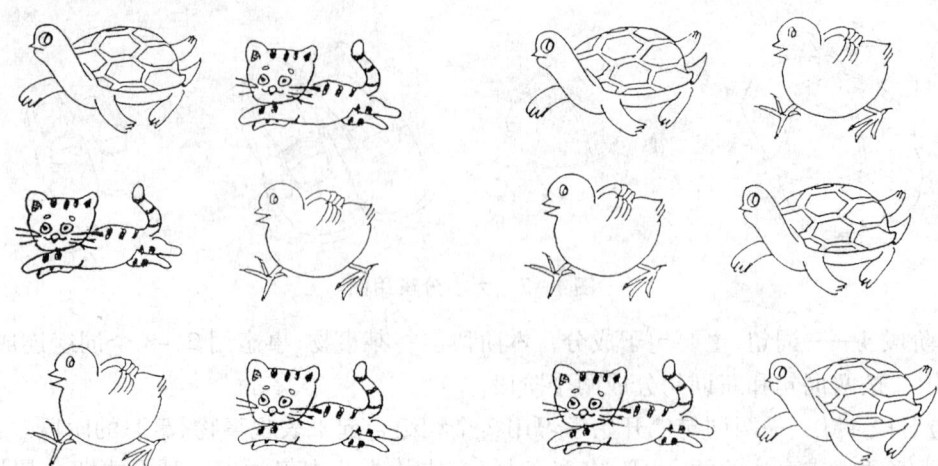

图 4-9　阶段 5 三词句用图

(四) 检查用具和检查顺序

1. 检查用具　详见表 4-5 所示。

表 4-5　检查用具及图片目录

检查用具及图片目录			数量
实物		A:帽子、鞋、牙刷、玩具娃娃	4
		B:电话-听筒、鼓-鼓槌、茶壶-茶杯	3
镶嵌板		鞋、剪刀、牙刷	3
操作性课题用品		小毛巾、小玩具、小球、积木 6 块、装小球容器 1 个、3 种图形镶嵌板、6 种图形镶嵌板、10 种拼图	
图片	日常用品	鞋、帽子、眼镜、手表、剪子、电话	6
	动物	象、猫、狗	3
	食物	面包、香蕉、苹果、米饭	4
	交通工具	飞机、火车、汽车	3
	身体部位	眼、嘴、手、鼻、耳、脚	6
	动词	睡觉、洗、吃、哭、切	5
	大小	帽子(大、小)	2
	颜色	红、黄、绿、蓝	4
	词句	(妈、弟)+(吃、洗)+(香蕉、苹果)	8
	大小+颜色+事物	(大、小)+(红、黄)+(鞋、帽)	8
	语言规则	(小鸡、乌龟、猫)+(小鸡、乌龟、猫)+追	6

2. 检查顺序　一般较差的患儿应从头开始,对年龄较大或水平较高的患儿为了节省时间,没有必要进行全部的检查,可按以下顺序:①不可用图片检查的患儿,可用实物进行阶段 1~2 检查;②可用图片检查的患儿,在阶段 3-2 以上,用图片进行单词到词句检查;③发育年龄在 3 岁以上、能进行日常会话者,进行阶段 4~5 检查,以词句检查为主。

四、评定结果分析

检查结束后,要对检查结果和问诊情况进行分析,综合各种信息如磁共振、CT 结果等进行评定、诊断。

1. 评定总结　将 S-S 法检查结果显示的阶段与实际年龄语言水平阶段进行比较,如低于相应阶段,可诊断为语言发育迟缓,各阶段与年龄的关系见表 4-6,4-7。

表 4-6　符号形式—指示内容的关系及年龄可通过的阶段

年龄	1.5 岁~2.0 岁	2.0 岁~2.5 岁	2.5 岁~3.5 岁	3.5 岁~5 岁	5~6.5 岁
阶段	3-2	4-1	4-2	5-1	5-2
	言语符号	主谓+动宾	主谓宾	语序规则	被动语态

表 4-7　基础性过程检查结果(操作性课题)与年龄阶段对照表

年龄	镶嵌图形	积木	描画	投入小球及延续性
5 岁以上			◇	
3 岁 6 个月~4 岁 11 个月			△、□	
3 岁~3 岁 5 个月	10 种图形 10/10+		十、○	
2 岁~2 岁 5 个月	10 种图形 7/10+	隧道		
1 岁 9 个月~1 岁 11 个月	6 种图形 3/6~4/6	排列	∣、一	
1 岁 6 个月~1 岁 11 个月	3 种图形 3/3+	堆积		+
1 岁~1 岁 5 个月				部分儿童+

2. 分类

(1) 按交流态度分类　分为两群:Ⅰ群,交流态度良好;Ⅱ群,交流态度不良。

(2) 按言语符号与指示内容的关系分群　原则上适用于实际年龄 3 岁以上儿童。分为 A、B、C 三个主群,见图 4-10。但是,要注意到这种分群并不是固定不变的,随着语言的发展,有的从某一症状群向其他的症状群过渡。

根据言语符号与指示内容的相关检查和操作性课题(基础性过程)的完成情况相比较,将以上的 A 群和 C 群又分为 6 个亚群。

① A 群:言语符号尚未掌握,符号与指示内容关系的检查在阶段 3-1 以下,不能理解口语中的名词。

A 群 a:操作性课题和符号形式与指示内容的相关检查均落后于实际年龄。

A 群 b:操作性课题好于符号形式与指示内容的相关检查。

② B 群:无亚群,但应具备以下条件和言语表达困难。

条件:

a. 实足年龄在 4 岁以上。

b. 词句理解在阶段 4-1 以上。

c. 一般可以用数词表达。

d. 言语模仿不可,或有波动性。
e. 上述 b～d 的状态,持续 1 年以上。
f. 无明显的运动功能障碍。

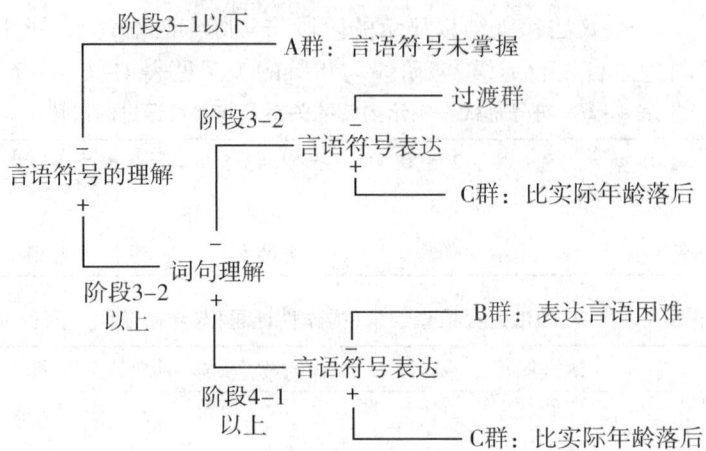

图 4-10 语言发育迟缓的症状分类

③C 群:语言发育落后于实际年龄,言语符号与指示内容相关检查在阶段 3-2 以上。亚群分类:

C 群 a:动作性课题和言语符号与指示内容相关的理解和表达全面落后。
　　　动作性课题 = 言语符号的理解 = 表达
C 群 b:动作性课题好于言语符号与指示内容的相关情况。
　　　动作性课题 > 言语符号的理解 = 表达
C 群 c:言语符号的理解好于表达,动作性课题检查基本与言语符号理解相当。
　　　动作性课题 = 言语符号的理解 > 表达
C 群 d:言语符号表达尚可,但理解不好,此亚群多见于孤独症或有孤独症倾向的儿童。

(李胜利　田鸿　卫冬洁)

第三节　语言发育迟缓训练

一、基本条件

对语言发育迟缓儿童的训练要有良好的外在环境和适宜的条件,首先是要采取持续、直接的训练促进患儿语言的发展;与此同时就是要改变或去除不利于语言发展的环境和不良因素。另外,还要与耳鼻喉科、儿科临床医生,保育、教育、PT、OT、心理等有关部门的专家互相协商,共同合作,确定最好和最适于患儿的训练方法。

二、训练原则

(一)以评定的语言阶段为训练的出发点

训练者要根据每个患儿的语言发育迟缓评定的结果、语言特征来制定训练目标、方法和内容,也就是患儿的评定结果显示其语言能力处于哪个阶段水平,训练者就把此阶段定为开始训练的出发点,设定训练内容。例:如果检查结果表明患儿处于阶段 3-1 水平,训练者就可以从单词(事物的名称)的认知开始训练。训练时要注意朝两个方向努力:①在同一阶段内横向扩展:比如,在阶段 3-1,即手势符号阶段,如果根据"再见"这一声音能做出相应的手势,则可把"吃"的手势作为新的学习内容。②向下一阶段的水平纵向上升:如果横向扩展训练患儿已经完成并达到目标,则应该以提高下一阶段的能力为目标。比如,阶段 3-1 的手势符号的学习已有成效,则可进一步到阶段 3-2,以幼儿语使之理解事物的名称,并且也要把已学会的"吃"这一手势提高到"吃香蕉"这一词组手势的水平。进而,在训练场合所能做到的事,必须要求其在实际生活中学会使用。例如,如果在训练中能使用"吃"的手势,在日常生活中应鼓励患儿多使用这一手势。

(二)改善和丰富患儿的语言环境

要求家长和其他家属改变以前患儿所处的不适当的语言环境,以便使训练效果得以持续和发展,否则训练效果只会局限在医院等的训练场合,当患儿回到家后,如果语言环境依然照旧,那么所取得的训练效果就会逐渐消失,训练目标就不可能达到。

(三)去除影响患儿语言发展的不良因素

要求训练者及患儿家长充分考虑到会影响患儿的因素,如听力障碍、智力低下、交往障碍等。如患儿有听力障碍要配戴助听器,除去听力障碍对语言学习的影响;弱智儿童要提高其智力水平,减少因智力障碍所带来的影响;交流态度不好的儿童要改变周围人对其的态度和环境,建立良好的交流气氛和适宜的方式等。

三、训练的适应

训练要以评定结果为基础,进行个别训练即一对一的训练。另外,还要考虑到以下几种情况:

1. 把握和推断患儿发育的经过 针对固定的症状进行训练是必要的。因为如果预想到患儿今后的改善情况,目前的症状只是在发育过程中的暂时的问题,患儿就有可能很好地追上应达到的水平。例如:一位 2 岁半患儿在动作性课题和言语的理解属于正常的范围,但在表达的方面看起来迟缓,因为其表达能力可以追上、达到正常范围,所以训练者可确定通过训练以达到目标。

2. 有无个人能力差异 对动作性课题比言语方面看起来有显著延迟的病例,如理解方面比表达方面有显著延迟的 B 群(音声表达困难)等的病例进行训练是有必要的。

3. 语言学习能力自立的程度 A 群(音声符号未学习)等有语言学习自立能力界限的病例,进行个别训练的适应性是很高的。

4. 语言学习困难程度 对于词汇不能顺利增加,不能进行横向扩展,两词句的学习、言语表达和文字学习等纵向上升以及在新的领域学习困难的患儿,有必要设定明确的训练目标,进行短期训练(表4-8)。

表4-8 训练的适应情况

可能的情况	评定结果	训练适应
发育经过	症状是固定的	△
	症状是可变的	×
个人能力差异	有(A群b,B群,C群b和c)	○
	无	▽
语言学习能力	低(A群)	△
	高	× ~ ▽
语言学习上的困难	有(C群a及其他)	△ ~ ▽

注:○:必须;▽:较低;△:较高;×:不能。

四、训练条件

1. 场所

(1)进行一对一训练时,最好在训练室进行,训练室要安静、宽敞、充满儿童喜爱的气氛。

(2)集体训练可在训练室内和室外进行,但要根据训练课题的要求选择最合适的地方。

(3)场景训练可在布置好的训练室内进行,也可在相应的场景中进行。

(4)在家中的训练要注意除去不利的有关因素为好。

2. 频率 训练的频率要根据患儿的语言阶段水平和训练计划、训练场所的状况、治疗师的水平来决定。一般情况下,训练次数多、时间长、项目少的训练效果大,而训练次数少、时间短、项目多的训练效果小。

3. 时间 一般儿童注意力比较集中的时间在上午,所以应尽量把训练时间定在上午,每次0.5~1小时为宜。

4. 课题组成 一般一次训练设定2~3个课题为宜。训练的课题和内容要注意集中和持续进行为好,建议可连续试行5~10次,然后根据患儿的反应调整。阶段水平较低、症状较重的患儿试行的次数可增加。在家庭训练中容易完成的课题,医院训练的次数可适当减少。

5. 母亲或家属的协助 母亲或家属可在训练室或观察室内进行训练场面的见习,以便掌握训练的内容,学习训练的方法,也可以充当介助者,起到巩固训练效果的作用。治疗师要详细讲解训练的意义,还要了解患儿在家庭、学校的情况,提供家庭训练建议。

五、记录方法

在训练时最好详细地记录下训练的经过,以便及时检测训练计划的可行性、训练内容的难易度以及改变训练的条件、试行次数等,尽快、较好地达到训练目标。记录的主要内容包括:

1. 训练的课题

2. 训练的方法

3. 反应的情况 包括反应时间的长短、反应的内容、试行次数的多少、影响因素等,反应内容又包括正反应和误反应两个方面。

六、误反应的场合处理

当患儿在训练时出现误反应,即错误的反应时,首先治疗师不要直接地表明他错了,要用婉转的口气进行适当提示,例如,问"是这么做的吗?"或者"是这个吗?"或者"你再看看对吗?"等,这样可以使孩子有时间自己进行修正,增强孩子的自尊心、自信心和成就感,训练起来会更加有兴趣。提示后患儿依然出现错误时,治疗师就要进行一次演示,然后让患儿模仿做一遍。如果患儿仍不能进行模仿,治疗师就要进行介助,即手把手地示教,然后要求患儿在治疗师部分介助的状态下,再做一遍同样的动作,最后到患儿自己能进行正确的反应为止。

七、训练程序的制定

(一)目的

对语言发育迟缓儿童训练的目的是促进患儿语言发育,促进其利用语言符号与他人进行语言交流活动。为此,必须根据评定结果制订系统、详细的训练程序。此时,不仅要保障其能进行语言交流,也要使其在将来具有能独立进行语言学习的能力。从长远的观点出发,要将儿童的语言能力最大限度地发挥出来。重要的是不仅要提高语言的传递功能,还要同时提高思考、自我控制等各方面功能的发育。

(二)注意事项

为了达到训练目标,必须设定一些小的训练阶段,在制定训练程序时应注意以下事项:

1. 根据儿童的语言发育水平、特点训练 对其语言、行动等以直接介入和直接训练为主。另外加上家庭训练、指导参加集体生活等调整语言环境(间接训练),直接训练与间接训练兼顾进行。

2. 要注意评定结果与训练程序的一贯性 训练一段时间后,要进行再评定和训练效果判定,修定训练程序。

3. 要注意语言三个侧面之间的关系 即形式性侧面(符号形式—指示内容关系)、内容性侧面(基础性过程)、功能性侧面(交流态度)。

4. 要制定全面性的训练程序 其特点有:①包括了语言行为三个侧面的训练程序;②从语言符号尚未掌握的阶段到语法规则阶段全部过程的提高。在实际训练当中,由各个方面的具体训练程序(在各论中所叙述的单词训练、文字训练等各领域的具体训练程序)组合进行训练,要时刻注意课题间的相互联系性。

(三)制定训练程序

根据儿童的年龄、训练的频率设定三个月至一年的训练目标。首先将评定的结果作为训练的起点,从而设定语言形式的内容,即项目与水平,再制定全面的训练程序,选定具体的训练顺序与训练材料。

(四)各种症状类别的训练要点

符号形式—指示内容关系是理解与表达之间的关系,根据交流态度的良好与否,训练的重点也不同。以下简单介绍各种症状类别的训练目标及重点事项:

1. 言语符号尚未掌握(A群) 以获得言语符号(理解)与建立初步的交流关系为目标,

先建立符号的理解再形成基础性概念,重点是首先导入手势语、幼儿语等象征性较高的符号。

2. 言语表达困难(B 群)　训练目标为掌握与理解水平相一致的言语表达能力。此时训练并不是始终进行表达方面的训练,而还是与理解性课题共同进行,要将语言符号的水平再进一步提高。重点是将手势语、言语作为有意义的符号实际性地应用,在表达基础形成的同时从手势符号向言语符号过渡。

3. 发育水平低于实际年龄(C 群)　训练目标是扩大理解与表达的范围。要进行提高理解方面的训练,但同时也一定要进行表达、基础性过程等各侧面的平衡性训练,还要导入符合水平的文字学习、数量词学习、提问与回答方面的训练。

4. 言语符号理解但不能说话(过渡群)　训练目标为获得词句水平的理解,全面扩大表达范围。在提高理解水平的同时也要提高表达方面的能力。与 C 群相同,不能始终进行表达方面的训练,首先可以导入用手势符号进行表达的训练。

5. 交流态度不良(Ⅱ群)　根据言语符号的发育阶段进行训练,对于交流态度不良的儿童,要以改善其交流态度为目标进行训练。

(卫冬洁)

第四节　语言发育迟缓训练方法

一、未学会言语符号儿童的训练

(一) 概要

未学会言语符号儿童的第一个训练目标是形成对语言符号的理解。首先进行事物基础概念形成的学习,实施以此为基础到形成语言符号理解的训练程序。训练要点为:①使用有关的多种教材;②进行相关的家庭训练指导。基本方法是使用对样本的方法。对样本是对应单一的示范项(刺激项),从几个选择项(反应项)中选出与示范项相同、某些特性一致或相关的东西。可有以下两种课题:①匹配:呈现两个以上示范项,儿童就手上的物品与示范项中一样的或相关的物品相匹配;②选择:选择项的物品在患儿的手上或面前,针对呈现的示范项,从选择项中做出恰当的选择。(参见图4-3)

训练的对象是按符号形式—指示内容关系的阶段[阶段1——事物、事态的理解困难、阶段2——事物的基本概念、阶段3-1——事物的符号(手势符号)]而评定的患儿,在此主要以(阶段1~2)的儿童为例。这些孩子尚不能理解言语符号,行动范围狭窄而未确定,如不注视人与物品,不去拿出示给他的物品,或仅拿着物品而不进行操作,或在中途停止,或转而去注意其他的人及物品而陷入自我刺激的行为等。因此在实施训练时要注意以下几点:

1. 使用对样本的方法时,首先要决定示范项及选择项,决定选择项多少很重要。初期从差别较大组合,选择项数目少一些较为容易,如课题为选择布娃娃相应部位时,组合为"电话"与"帽子",与示范项娃娃的"耳朵"与"头";在距离上相近(差异性小)则较难。早期可用如"电话"与"鞋"这样的组合,相应部位"耳朵"与"脚"相距较远(差异性高),较为容易,也易于学习。或者在色彩辨别学习中,不是从"蓝"与"绿"颜色相近组合开始,最好从"红"与"蓝"、"红"与"黄"这些颜色的不同组合开始学习。

2. 为形成正确反应,使用演示及帮助的手法协助儿童。为促进儿童能注视示范项及选择项,在没有反应或有误反应时用手拍拍正确反应项,或用手指出或拿着小孩的手进行操作去取得正确反应项。此时,设定小步骤,逐渐减少帮助的比例,逐步增加主动反应的比例。

3. 递给物品时,应照顾到尽可能让孩子产生自发反应来主动取。反应难以引出时,可将物品拿到孩子手边,逐渐地从距手较远位置来提示。另外,为了能做到对治疗者的注视,治疗者脸处于较近位置来递给物品,对物品的注视与对治疗者的视线一致可同时做到。

4. 明确每一项训练的开始与结束。开始时使其注视提示的物品,结束时确认反应,要予以表扬,反复进行。由此,可以掌握儿童一连串的行动类型,易于形成行动。进而应明确每一项课题的开始与结束。因为小孩的注意力不能长时间集中,故明确结束较为合适。如辨别色彩时,先放好10个色环(color ring),明确告诉小孩拿完10个环,然后再进行操作。

5. 因为训练目标是对语言符号的理解,所以即使在以形成概念为目的的课题中,经常提示手势符号与言语符号,在促进注视的基础上,也促进模仿。模仿不能完成的情况下可以拿过小孩的手给以帮助使之模仿,积极地导入语言符号。

6. 行动形成的方法有从容易到难的上升法,还有从难到容易的下降法。在对低水平小孩训练时,用上升法进行,行动形成容易的情况较多。如进行色彩辨别课题时,最初从2色辨别开始,能辨别时再上升到3色、4色辨别的上升法,比开始从4色开始,不行时再下降到3色、2色水平进行的下降法,更易于行动形成。另外,在上次训练中未能达到4色辨别时,在下次训练中也不要急于从4色开始,而是从2色、3色开始,然后向4色发展,这样会增大反应的确切性。

以上6项不仅是尚未获得言语符号、低阶段患儿训练时应该注意的,在所有的语言发育迟缓的训练中,虽然有些差异,均应充分注意。

(二)事物、事态的概念尚未分化阶段的训练

以下从低水平开始按顺序说明具体训练方法,最后将涉及到对尚未获得言语符号儿童的家庭指导及交流指导。

1. 对象　事物的功能性操作不能进行,事物基础概念尚未形成的儿童。符号形成—指示内容关系为阶段1(事物、事态理解困难),这阶段的儿童包括的面很广,从不能抓握物品到可抓握物品但不能按其用途使用和进行操作,不能理解外界给予的刺激,多进行蹦跳、击掌、唾液游戏等自己刺激的行动,或者将东西放入口中,用手敲打、旋转等与本来功能无关的行为。

2. 目标　以注意到并注视外界事物及人的存在,并能进行主动交往为目标,再逐渐以能进行事物的功能性操作为目的。

3. 内容

(1)注视及追视的训练　采用声音及物理等听觉性刺激,并用手触摸等触觉性刺激来促进对事物的注视及随着活动的事物持续进行追视的训练。患儿常对能活动同时又有声音的玩具有兴趣,如前后、上下、左右可活动的球及微型玩具车,球落入孔后不断旋转下降的玩具等。

(2) 对事物的持续记忆训练　让儿童注视到眼前存在的事物后,把事物用布遮住或藏在箱中。虽然事物从视野中消失了,但只要除去布或箱子,则布的下面或箱子中仍存在物品,使儿童理解这一点,即理解事物永远持续存在的性质。最初仅藏事物的一部分来进行,用小儿对其兴趣大的物品(如食物等)来进行较为容易。

(3) 伴有运动的游戏　对于不太注视人及物的儿童和物品操作未成熟的儿童,可导入使其因触觉及身体性感觉变化而感到快乐的游戏,如哄抱、背背、搔痒、举高高、转圈、追赶等,不需器具的、大人与小孩仅身体接触的游戏;荡秋千、治疗球等使用大型游戏用具的游戏等。通过这些游戏,增加儿童对人的注视,促进意识传递方法的学习。此时,不仅要持续游戏,稍微玩一会儿后还可以停止,等待儿童"还想玩"的要求行动出现。

(4) 事物的操作　学习对外界的事物进行某种操作而引起变化的过程。在此充分进行视觉刺激与听觉刺激的活用。从触摸、抓握、晃动、敲击、拉等单一的事物操作,发展到用一物敲打另一物(如敲鼓),再发展到物品的拿出、放入等复杂操作。婴幼儿的玩具中,可利用的东西很多。由于许多患儿难以引出所希望的反应,最初可使用帮助的手法,以逐渐能做到适合事物用途的操作为目的,即不断帮助使之能达到理解在头上戴帽子、在脚上穿鞋等事物的功能性操作,以及搭积木、投环、滚球、击鼓等各种玩具的功能性使用。

(三) 从事物的功能性操作到示范项(分配、选择)的学习训练

1. 对象　适用于能做将水杯放到口边、将帽子放到头上等符合事物用途的功能性操作,但对手势语及言语符号尚不能理解的儿童。符号形式—指示内容关系是从阶段2-1(事物的功能性操作)到阶段2-2(分配)的阶段。

2. 目标　不断扩大能进行的功能性操作事物的范围,使儿童能做到多数事物的辨别性操作。

3. 内容

(1) 事物功能性操作的扩大　与家庭指导并行进行,从儿童对身边日常用品(鞋、帽子、牙刷、杯子、电话、衣服、书包、笔、匙等)及玩具(喇叭、电话、鼓等)扩大功能性操作的数目开始,然后再考虑场面的扩大(如在家庭、训练室、幼儿园等场面也能做到)。

(2) 多种事物的辨别学习(分配到选择)　对单一功能性操作可能的事物进行分配、选择的学习。根据事物特性分为以下两类:

①以形式特性为基础的操作课题(图4-11)　所谓形式特性指形状、材料、色彩、类型等。教材常使用投环、球与容器、色环、形状的拼图等。最初应对单一品种的操作牢牢掌握,然后再进行辨别学习,先从容易辨别的物品开始到同一范畴的抽象度高的物品的辨别。不同范畴相似点少的容易辨别,反之,同一范畴相似点多的则不易辨别。

②以功能特性为基础的操作课题(图4-12)　功能特性是指事物用途的不同。如铅笔与牙刷两者形状上均是细长,但用途上不同,一个是写字,一个是刷牙。不是根据其形状辨别,而是根据其用途来进行辨别学习。

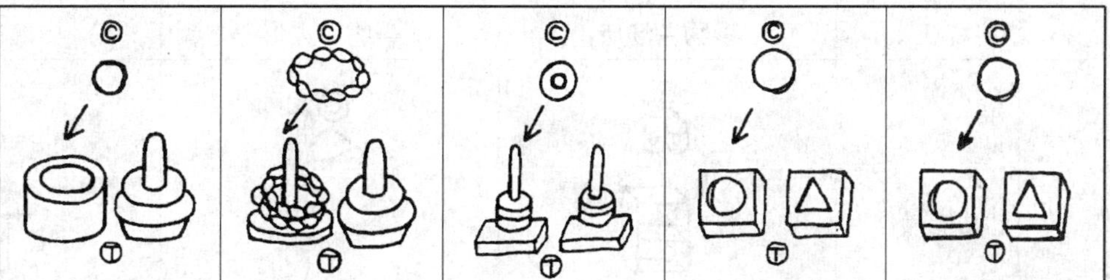

组合的例子 (1/2选择)	球-环	绳制环 塑料环	多色环 红-蓝	镶嵌版 ○～△ (红)(蓝)	镶嵌版 ○～△ (红)(红)
形式特征 操作方法	不同	相同	相同	相同	相同
大小	不同	不同	相同	相同	相同
材料	不同	不同	相同	相同	相同
颜色	不同	不同	不同	不同	相同
形状	不同	相同	相同	不同	不同

图4-11 以形式特点为基础进行辨别学习举例和难易程度比较

选择课题中示范项为事物，在进行下一阶段的语言符号的理解训练课题中，示范项则为手势或言语等语言符号。另外在训练表达的课题当中与理解的课题同样。所以，语言符号接受前阶段的选择行为的形成非常重要。（表4-9）

表4-9 功能性操作、分配、选择的训练课题

相应阶段	具 体 课 题
功能性操作	生活自理（例：穿鞋、使勺、穿短裤）
	玩具操作
分配	收拾整理（例：餐具拿到厨房，鞋放进鞋柜）
选择	准备（例：出去前准备帽子、鞋）
	根据情况进行帮助（例：如看到需要或听到"把杯子拿来"时会把杯子拿来）

（四）其他重要事项

1. 家庭指导 适合儿童阶段进行日常生活中的语言帮助，对处于尚不能理解语言、行动差的儿童尤为重要。对行动差的儿童，家庭往往不知怎么办才好而放任自流或进行不适当帮助。因此，对双亲应尽可能提供包括有关语言发育、基本养育等方面的具体指导。许多孩子仅靠指导还不理想，必须向双亲教授介助的方法。

2. 交流的指导 此阶段的小孩缺乏交流手段，不注视人，很少主动与人交往，尚未建立初步的交流态度。因此以形成交流为目的的课题设定很重要（详见本节八、交流训练）。在实施以概念形成及符号理解为目的的课题时，不是机械地实施各课题，应考虑到交流行为的圆满进行，故应通过目光接触、奖励（抚摩、鼓掌等）来促进患儿交流的主动性。

（李胜利 贾革红）

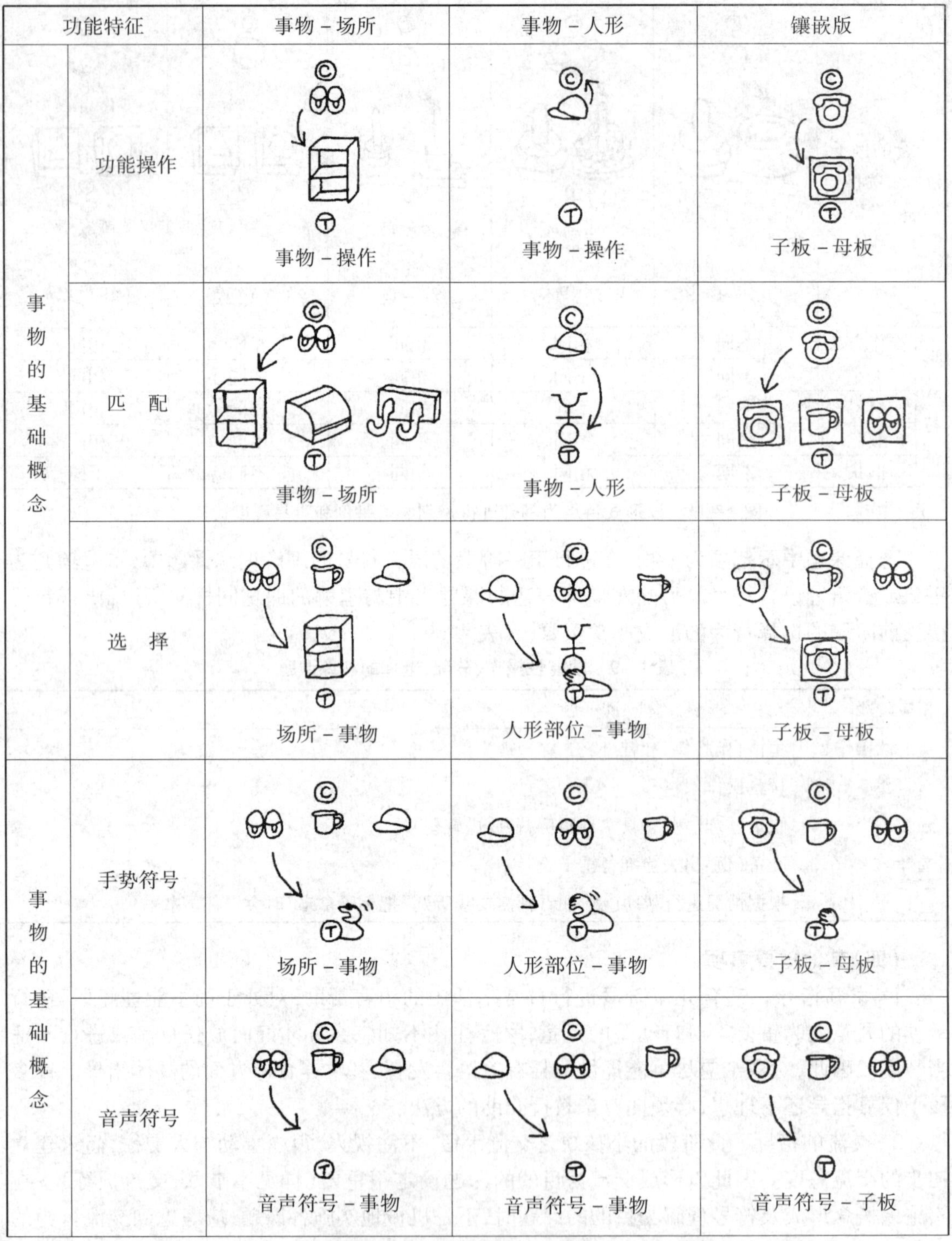

功能特征		事物 – 场所	事物 – 人形	镶嵌版
事物的基础概念	功能操作	事物 – 操作	事物 – 操作	子板 – 母板
	匹配	事物 – 场所	事物 – 人形	子板 – 母板
	选择	场所 – 事物	人形部位 – 事物	子板 – 母板
事物的基础概念	手势符号	场所 – 事物	人形部位 – 事物	子板 – 母板
	音声符号	音声符号 – 事物	音声符号 – 事物	音声符号 – 子板

图 4 – 12 以功能特性为基础的事物符号对应关系举例
C:孩子；T:治疗师

二、手势符号训练

手势符号是利用本人的手势作为一定意义的示意符号,可以通过手势符号表示自己的意愿,也可以用来与他人进行非语言的交流。手势符号中具有代表性的为手语,但手语已形成体系,在此除外。

(一)手势符号的特点

手势符号与言语符号相比其不同点在于:①手势符号与指示对象的关系更直接、更鲜明、更容易理解。②手势符号用的是视觉→运动回路,而言语符号用的是听觉→言语回路,前者反应较后者简单。③在产生言语符号时,必须进行口腔器官的精细运动,而手势符号则为较粗大的运动,因此运动本身的产生较容易。④手势符号与言语符号相比,语言范围受限。

(二)手势符号训练的目的

对于儿童来说手势符号比言语符号更容易理解、掌握和操作,也容易引起兴趣。另外还可以将手势符号作为信号,引出相应的反应。掌握手势符号也是掌握言语符号及文字符号的基础,因此在训练手势符号的同时也要给予言语符号作为刺激。当儿童通过手势符号获得某种程度语言能力时,再逐渐向获得言语符号方面过渡,手势符号又可以说是获得言语符号及文字符号的媒介,在此之前,手势符号将代替言语符号及文字符号与他人进行交流,但是在训练手势符号的同时一定要同时给予音声符号的刺激,为下一步言语训练做准备。

(三)手势符号的种类

手势符号大致可以分为以下几种:

1. 状况依存的手势符号　此种手势符号是在特定环境下使用的,例如:伸出手来表示"要",把手重叠一起拍一拍表示"给我",在分别的情况下伸出手来挥一挥表示"再见",将两手合在一起放在胸前表示"谢谢",张开两手要求"抱抱"等。

2. 表示事物的手势符号　此种手势符号比状况依存的手势符号的抽象度高。表示事物的手势符号,例如:用手拍头表示"帽子",用手指在口腔外面做刷牙状表示"牙刷",拍拍脚表示"鞋",做开车状,再加上拟声词表示"汽车",伸出两手做飞行状,再加上拟声词表示"飞机",用两手的食指和中指放在头上表示"小兔",用手指指或拍拍身体的某一部位表示相应的身体部位等。

3. 表示动作的手势符号　例如:把手合在一起放在脸的一侧做睡觉状表示"睡觉",将两手握在一起做洗手状表示"洗东西",将手腕并在一起手掌向两边张开表示"开花",以及小鸟在"飞",小鱼在"游"等。

4. 表示相对关系的手势符号　这是用手势表示"上、下","大、小";用表情加手势表示"高兴、生气","笑、哭","热、冷"等。实际上,人的表情是人与人之间交流的很重要的窗口,在教会孩子如何运用手势的同时,也要教会他运用自己的表情。

(四)手势符号训练适应证

适于训练中度到重度语言发育迟缓,言语符号的理解与表达尚未掌握的儿童,或言语符号理解尚可,但表达不能的儿童。另外,也适于与动作性课题相比,言语方面理解与表达均迟缓的儿童(如 B 群儿童)。

(五) 手势符号训练方法及顺序

1. 状况依存手势符号的训练　在训练手势符号时,首先应训练状况依存的手势符号(如问候、"给我"等),以此先建立人与人之间的交流关系。此训练方法主要在日常的生活场面及训练时的游戏场面中进行促进,例如:儿童要喜欢的东西(如玩具或食物)时,必须让其看着"给我"的手势(两手放在一起拍打),然后令其模仿,或老师间或老师和家长间进行"我要"、"给予"的示范,让儿童看着并进行模仿,逐渐从手势语模仿阶段过渡到手势语自发产生阶段,如果在手势模仿不可的情况下,可以进行适当的介助,此阶段的训练重点在于培养儿童能够注意手势符号的存在并能够运用手势符号与他人建立交流关系,进一步能在日常生活中与他人达到简单的交流,训练时要手势符号和音声符号同时刺激儿童,为音声符号训练做准备。

2. 表示事物的手势符号训练　此训练方法适合于言语符号尚未掌握的儿童,进行选择性课题的同时进行手势符号的训练,力求手势符号与指示内容相结合。开始时要利用一定的道具(如玩具娃娃、镶嵌板母板、图片等)进行选择,渐渐地过渡到单纯用手势符号进行选择,从而促进对手势符号的理解。

教材一般先采用选择性课题最容易完成的教材,一般来说按实物→镶嵌板→图片的顺序,由抽象水平低到抽象水平高的教材进行扩展,但有的儿童对镶嵌板比实物更先掌握,因此教材及课题的选择还必须根据儿童的具体情况而定。

为了促使儿童对手势符号的注意,在进行理解课题的时候,一定要让儿童进行手势符号的模仿(图4-13)。例如:

图4-13　手势符号的模仿和理解

课题1. 利用玩具娃娃训练事物的对应关系:在儿童面前放着作为选择项能穿戴在玩具娃娃身上的三种事物,如帽子、鞋、手套等。训练者拍打玩具娃娃相应的部位给予提示,也即是相应的手势符号(拍打事物穿戴在身上的部位,并同时给予相应的音声符号等),促使儿童进行选择。如拍打玩具娃娃的头部后再拍打训练者自己的头部,然后说"帽帽",促使儿童选择帽子,此时,必须让儿童充分注意手势符号的存在。要利用已经建立的道具与事物的选择关系,并以此作为启示,逐渐让儿童对训练者单纯用手势符号和音声符号进行注意。

让儿童单纯依据训练者的手势符号进行选择,即从手势符号加示范项选择向单纯手势符号选择过渡。这时如果马上将示范项玩具娃娃拿开选择困难时,可以将玩具娃娃用块板遮住,即使促使儿童对遮板注意,训练也是有效的。在训练时,有的儿童对利用示范项选择容易些,有的儿童则只注意玩具娃娃而忽略了手势符号的存在,因此必须观察儿童的反应,决定课题的内容,随时调整训练计划。

另外,最初选择项的事物组合,以身体部位远距离组合为好(例如:帽子→鞋),逐渐再向近距离组合过渡,在选择项的组合上也要想办法。

儿童如果选择正确,要给予玩具娃娃相应部位的实际操作(穿鞋、戴帽等)进行正反馈予以强化,再进一步促进手势模仿。误反应时,要拍打玩具娃娃的相应部位,促使儿童进行修正。

课题2. 事物X－事物Y的对应关系:把事物X的三种事物作为选择项放在儿童的面前,训练者把事物Y向儿童呈示,同时表示相应的体态符号,促使其选择。例如:选择项中有鼓槌(事物X),训练者将鼓(事物Y)向儿童呈示,并做敲鼓的手势符号,儿童选择鼓槌并将其对应。逐渐不呈示事物Y只给予手势符号进行选择。如果马上去掉事物Y选择困难时,可以先用一块板将事物Y部分遮住,渐渐地完全遮住,这种逐步的训练效果也很好。为了促使儿童对手势符号和选择项的注意,在表示手势符号之后,拿着儿童的手促使其模仿手势符号→让其触摸选择项→再次做手势符号,然后选择。这样才能培养对符号与指示物两方面的注意态度。

课题3. 利用事物镶嵌板训练事物的对应关系:把三种事物镶嵌板子板作为选择项摆放在儿童面前,训练者将事物镶嵌板母板作为刺激物向儿童呈示,先敲镶嵌板母板引起儿童注意之后,做刷牙的手势符号,说:"牙刷,把牙刷给我。"促使儿童进行选择对应。继而,将镶嵌板母板翻过去,单纯给予手势符号及言语符号进行选择,儿童选择后再将镶嵌板母板翻过来向儿童呈示,给予正、误反应的反馈。三种选择项选择困难时,可以用两种,根据儿童的具体情况可以进行数量的增减,另外用延迟反应选择训练效果也很好。

在训练以上课题时,一定要注意儿童手势符号的模仿,为儿童能利用手势符号作准备。

3. 利用手势符号进行动词及短句训练

(1)在日常生活场景中,要根据儿童的行为及要求,训练者在给予言语刺激的同时给予一定的手势符号,并让儿童也模仿手势符号,渐渐将此动作固定下来作为此行为及要求的手势符号。例如:儿童困了要睡觉,训练者将儿童领到床边说"睡觉觉",边将儿童的双手合起来放在训练者的两手之间共同放到儿童一侧头部,做睡觉的体态符号,反复训练,直至此手势符号作为以后儿童日常生活中的示意符号,并可用此手势符号引起儿童的相应反应。要想方设法将儿童日常生活中的一些要求和行动等用手势符号来表达,例如上厕所、穿脱衣服、吃饭等。手势符号要选用简单易行的动作及表情为好,将学会的手势符号运用在每天的日常生活当中予以强化。

(2)训练儿童用手势符号表示事物及实际情况的对应关系。根据事物的特性用手势符号为媒介将其进行分类,将具有各种颜色、形状的物品归类到同一范畴,让儿童自己体会,这样做效果很好。例如:将帽子、鞋进行归类,给予拍拍头、拍拍脚的手势符号,令其将各种颜色及不同式样的帽子、鞋进行归类,由于反复归类可以促使大部分儿童形成其概念。

在认识相对空间关系时也用手势符号训练,效果很好。例如在学习左、右的相对位置时,以儿童本人的身体为中心,对放在左边位置的物品举左手示意,对放在右边位置的物品举右手示意,在位置及手势符号的变换过程中掌握左、右概念。

用此方法训练儿童的记忆与事物及状况的对应关系也是很重要的,将这些关系用手势符号来体现,能促进儿童的记忆。例如:在数个小盒子的外面贴上事物的图片作为记号,然后将玻璃弹子球放进其中一个小盒子里藏起来,数秒或数分钟后,让患儿猜放进了玻璃弹子球的盒子是哪一个,儿童在用手势示意的延迟时间内,从反复比较当中促进记忆。

(3)在进一步训练言语及文字语言表达前,在组句训练时可以用手势符号为媒介将句子的语序予以固定化。例如:训练儿童掌握"吃苹果"语句时,训练者拿着吃苹果的图片,先做吃的手势符号,然后再做"苹果"的手势符号,并让儿童模仿。顺序固定下来,持之以恒,以后在学习言语符号及文字符号时,儿童会很自然地正确组句。

由于特殊情况,言语符号掌握困难时,可以让儿童掌握与言语符号及文字符号相对应的手语、手指语,或者根据儿童的运动条件掌握某种程度的手势符号等,例如对盲聋儿、重度脑性瘫痪儿等。

(六)手势符号训练注意事项

1. 要注意儿童对训练者的手势符号是否真正注意、关心(注视、模仿手势符号)。
2. 儿童对手势符号的模仿是否仅仅只是模仿,与指示事物(选择项)是否能联系起来。

(田鸿)

三、扩大词汇量训练

这个阶段的训练对语言发育迟缓非常重要。言语符号的表达(言语表达)是以这一阶段言语理解为前提的,此阶段与前阶段最大的区别是前阶段通过动作来帮助理解事物的名称,而这一阶段是训练者只用口语就可以使患儿能做出反应。此阶段能力的获得,可通过体态语符号→幼儿语(言语符号)→成人语(言语符号)逐步上升的步骤来进行。

(一)总体方法

以形成概念的形式→理解→表达的顺序进行。单词水平的总体训练计划:①单词的指示内容、概念的形成;②单词的概念建立,指示内容与符号形式的整体理解(学习理解词汇);③体态语符号和言语符号的表达。

1. 词汇的导入　可以从日常生活中的、身边的和有兴趣的日常事物、动物、食物、交通用具等开始。为了初期的事物名称的词汇数目增加,要扩大属于同一范畴的词汇,例如动物和食物等,以促进范畴的内部分化。以后导入体态语,然后是形容词(事物的属性:大小、颜色)的学习,在各种类的名词和动词扩大后,可以继续逐步导入形容词、副词、方位词、介词、连词、助词等等。

2. 训练材料的种类　首先采用的是在实物、镶嵌板、图片等中进行适当选择,在采用符号形式时,要考虑到体态语、幼儿语和成人语符号,然后从中选择出适当的符号来应用。

单词学习以概念学习为基础,没有一定的概念形成,就不可能学习单词的理解和表达。

3. 初期名词的导入

(1)适用对象　适合于理解方面及言语符号未获得,正在学习事物名称及建立概念,形成体态语符号的患儿。

(2)方法

①初期导入词汇的选择条件:以日常的、接触机会多的、身边的物品(鞋、帽子、袜子)和食物、食物器皿、动物与交通用具等患儿十分感兴趣的事物的词汇为主。

②顺序:从早期导入已学会的体态语符号的词汇开始,以后向言语符号方面过渡。使用常用的2~3类单词,每一种出示3~4张图片让患儿选择,进行理解的训练。

4. 词汇量的扩大

(1)适用对象　适合于可以理解初期导入名词的患儿。

(2)方法　词汇数目在增加时,为了促进常用词汇(食物和动物等)的同一范畴的内部分化,有必要首先进行概念水平的分化。如果把狗、象、猫混在一起,进行动物范畴的分化学习是不可能的,可用各种各样的狗、猫和象的玩具和照片、图片进行分类学习,在此之上形成逐个动物概念的分化,然后进行单词的声音、外形和相似词的分化。

5. 动词

(1)适用对象　此阶段适于名词的词汇已扩大,且可以理解范畴词语的患儿。

(2)方法　可与事物的符号(单词)并行进行,从有体态语符号的幼儿词(喀嚓喀嚓、哗拉哗拉)和"洗手"等动词句的形式导入动词的训练。不能只用图片来学习,实际的简单动作游戏方法也要一起使用。例如:

言语形式:(成人语)吃、切。

材料:两组模型。

方法:操作。

课题实行状况:食物模型、面包和刀子放在患儿的面前(图4-14)。

图4-14　动词训练举例

(3)训练程序

①操作的模仿:实际做吃食物和切食物的动作。对应训练者的操作,患儿做吃面包和切面包的动作。

②体态语符号的理解:"吃"的表示,对照训练者用手拿并且放入口中的体态语符号,患儿进行拿面包放入口中的动作;同样,患儿对照"切"的体态语符号,完成用刀切面包的动作。做完动作后促进体态语符号的模仿。

③言语符号的理解:对应训练者的成人语"吃"、"切"进行操作。此时,要训练患儿能用体态语符号诱导自发的言语表达。

④表达:训练者进行操作,然后询问:"我在做什么呀?"患儿能运用体态语符号和言语符号来回答。

⑤自发的表达(执行命令课题):训练者和患儿互相交换各自的位置,如果患儿能自发地发出命令,训练者要按照发出的命令做出相对应的动作。

6. 形容词

(1)适用对象　适合于可理解事物的名称和多数动词,但两词句少的患儿。

(2) 方法 例如:

学习词汇:大、小。

言语形式:表示大小的体态语符号、言语符号。

材料:表示大小的镶嵌图片和图片两组(用 B4 的纸分别画出大、小两个圆),如图 4-15。

(3) 训练程序

① 大小的分类(分配):在患儿的面前并列呈现大小的指示,让患儿拿镶嵌图片(大的车、小的车)。患儿对照大小的指示选择大、小,并把镶嵌的图片与范例(B4 纸)重合起来,即匹配。在患儿做时,可伴随用"大"或"小"的言语符号和"双手横向展开或缩小"的体态语符号,其次还要促进体态语符号的模仿。

② 选择:在患儿的面前并列摆放好大、小的镶嵌图片雨伞,训练者向患儿呈示大、小的指示,让患儿对应来选择镶嵌图片。此时,伴随体态语符号或言语符号,然后根据原本的选择项的显示,促进患儿体态语符号的表达。

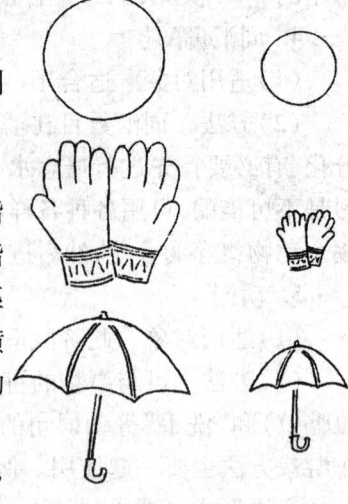

图 4-15 大小训练图举例

③ 声音的理解:与②同样的状态下,训练者做出体态语符号,让患儿对应来选择镶嵌图片,以此来促进体态语符号的形成。下一步,在言语符号理解成立的状态下,对照训练者的"大"、"小"的体态语符号或言语符号,促使患儿也对应地做出体态语符号的模仿和表达。

④ 表达:训练者出示图卡,询问:"这是什么样的伞?"要求患儿用"大"、"小"的体态语符号或言语符号来回答。

⑤ 自发表达(执行命令课题):训练者和患儿互相交换各自的位置,当患儿发出命令时,训练者出示大、小伞的图片;患儿做出体态语符号或言语符号的表达时,训练者做出对应的镶嵌图片的选择。

(卫冬洁)

四、词句训练

针对训练单词来说,由数个单词所组合的符号形式称为词句。词句阶段的学习有几个水平,这里以最初期的两词句和其所对应的内容为中心进行介绍。

(一) 适用对象

可以理解作为词句组成要素的事物名称、动词及形容词的患儿。

(二) 训练计划

词句的学习从符号形式与指示内容开始,从阶段 4 向阶段 5 一步步地进行学习。在阶段 4 的学习中,从两词句向三词句进行过渡,以及句子的组成要素等逐步增加;然后在阶段 5 的学习中,从语法开始,从理解句子顺序开始向理解副词等其他词类逐步进行。

最初导入的句子是"属性+事物名称"的名词句和"动作主+动作"句型等。以什么句型进行学习的顺序,因所教对象的不同而不同,主要从句子组成要素的获得情况来考虑。例如:对于人名获得比较容易的孩子,可以从"所有者+事物"和"动作主+动作"等两词句形式逐步进行。另一方面,对交流态度不好,人称名词理解困难的孩子,可以从不含人名的"动作+对象"和"颜色名+事物"等两词句形式开始。句子水平的学习建立后,应该进行以促进询问与应答和文章水平的理解与表达为目标的训练课题。

(三)训练方法

从实物、模型、镶嵌板、镶嵌图片、图片等中,选用可构成句子训练的和儿童感兴趣的用具;语言的形式使用体态语、有声语言和文字等;训练内容从对应的两词句、三词句等各种语言形式进行。完成后选用与句子水平的语言形式相应的图片进行理解训练,最后,促进言语符号和文字符号等的表达。

(四)动词句

1. 适用对象 可以理解构成动词句要素(事物的名称和动词)的语言发育迟缓儿童。

2. 方法 两词句:动作+对象(即谓语+宾语),见图4-16。

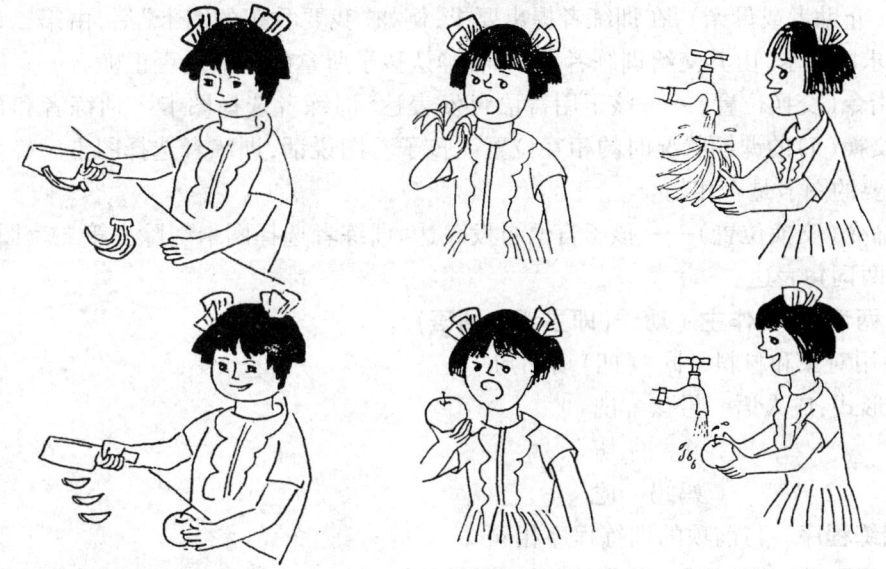

图4-16 动词句举例

词汇:对象(苹果、香蕉)

动作:动词(吃、洗、切)

语言形式:成人语 吃 苹果

　　　　　　　　洗

　　　　　　　　切 香蕉

训练材料:动作图卡

训练程序:选择图卡

(1)确认哪种构成句子的单词可以理解——语音(动作/对象):图卡 把香蕉和苹果的图卡并排放在孩子面前,问"哪个是苹果?""哪个是香蕉?"让其选择。

(2)抽出词汇的项目——言语(动作+<u>对象</u>/<u>动作</u>+对象):图卡 与前相同的情况下,用两词句的言语提问,让其看并选择划线的部分。

(3)图卡的仿照——图卡:图卡 能够理解、读懂表示两词句的图,确认自己选择的图卡与范例卡是否相同。

(4)理解——言语(动作+对象):图卡　有四张选择项图卡,在不能正确选择图卡和不能取出动作和对象的时候,出示范例卡。

(5)延迟状态下的理解——言语(动作+对象):图卡　掩盖住图卡,让患儿在选择项延迟状态下进行选择。

(6)表达——图卡:言语　呈现图卡并问:"这是在干什么?"孩子说出"动作+对象"的两词句。在只有一个词正确表达的情况下,诱导问"干什么(什么东西)",如还不能正确表达,训练者示范,教孩子说两词句,促使其复述。

(7)传达课题——延迟事态的理解(图卡:言语—延迟表达)　是为促进使用功能而进行的传达课题训练。

首先,训练者出示图卡,让孩子进行相应的言语表达;在离孩子2~3米远的距离处有第二训练者(介助者或母亲),在训练者提出要求,例如"我要香蕉的图卡"后,由第二训练者给孩子所要求的图卡,由其交给训练者,训练者确认孩子所拿的图卡是否正确。

(8)指令(交换位置)——孩子用言语自发表达:训练者选择图卡　训练者和孩子在完成(3)后交换(5)的课题状况时的相互位置。孩子看图说话,训练者选择图卡。确认选择的图卡与所要的图卡是否相吻合。

(9)命令(交换位置)——孩子言语自发表达:训练者选择图卡　除去第二套图卡,只进行自发的两词句表达。

(五)两词句:动作主+动作(即主语+谓语)

1. 适用对象和材料　同"(四)动词句"

语言形式:成人语　男孩　洗
　　　　　　　　　　　切
　　　　　　　　妈妈　吃

2. 训练程序　与前项的训练程序相同。

3. 注意事项　"什么"、"谁"、"做什么"等的询问与应答关系的学习要同时进行。

(六)名词句

1. 适用对象　人名、大小、颜色名称、事物名称等构成句子的要素逐一可以理解,组合多词句项目中的一个指示内容和对应关系掌握困难的语言发育迟缓儿童。

2. 材料　大小、颜色等的事物的特征、属性对比明显的事物、模型、镶嵌图卡、图卡等。

3. 方法　例如:

两词句:大、小+事物名称

语言形式:大的　鞋
　　　　　小的　帽子

训练材料:不同大小的鞋、帽子的镶嵌图卡和图卡

训练程序:选择图卡

(1)确定构成名词句的单词是否可以理解

①同一事物不同大小的两张镶嵌图卡并列出示,确认患儿是否可以理解词的属性。治疗师问"哪个是大的"、"哪个是小的",让患儿选择相应的镶嵌图卡。孩子选择错时进行提

示并确认正误。

②大或小的两种事物的镶嵌图卡并列摆放,下一步确定是否可以理解事物的名称。

(2)与(1)同一场景下做两词句的言语刺激

(3)图卡:镶嵌图卡的仿照　从图卡中抽出两个组成成分,不同大小的鞋和帽子的镶嵌图卡并列摆放,看示范图然后选择相同的镶嵌图卡。

(4)促进两词句的理解　不同大小的帽子和鞋的镶嵌图卡4张并列摆放,用"大的帽子"、"小的鞋"的言语刺激促使孩子选择应选的镶嵌图卡。选择后,看图卡进行反馈。大小理解错误时,在说口语同时增加体态语或在说大小时进行语气的强调。

此项训练要注意两点:①在进行两词句的理解训练(前4项)时,要确定患儿能选择出两个构成要素。②患儿不存在明显的听觉记忆能力的问题。(治疗师要求患儿按口语指令在数张图卡中同时取出两张图卡,患儿不能完成的情况下,不能做此训练。)

(七)三词句:动作主 + 动作 + 对象(主语 + 谓语 + 宾语)

1. 适用对象　可以理解两语句"动作主 + 动作"以及"动作 + 对象"的患儿。

2. 方法　例如:

词汇:动作主(男孩、妈妈)
　　　动作(吃、切)
　　　对象(苹果、面包)

语言形式:成人语　　妈妈　吃　苹果
　　　　　　　　　男孩　切　面包

训练材料:图卡

训练程序:选择图卡

(1)两词句的理解——言语(动作主 + 动作/动作 + 对象):图卡　要确定构成三词句的两词句[(动作主 + 动作)和(动作 + 对象)]两方面的理解是否已建立。

(2)抽出两词句——言语(动作主 + 动作 + 对象/动作主 + 动作 + 对象/动作主 + 动作 + 对象):图卡　在与(1)相同的场景下,给予三词句的言语刺激,让其看划线的两词句的部分,在语言的刺激下从中抽出所要求的词汇。

(3)图卡的仿照——图卡:图卡　出示8张图卡,选择与治疗师出示相同的图卡。进行理解三词句的图卡表达及8张图卡的选择能力的训练。

(4)理解言语——(动作主 + 动作 + 对象):图卡　有8张选择图卡,在听到要求后不能取出或不能正确选择图卡时再出示正确的图卡。图卡的动作主(妈妈和男孩)要左右分开,动词(吃和切)要上下分开放,按以上的规则进行摆放。

(5)理解言语——(动作主 + 动作 + 对象):图卡(1/4选择)　在(4)中的要求(1/8选择)达不到时,减少选择项,正反应项和一个要素错3张要增加3张,以1/4选择进行。

正反应项(妈妈　吃　苹果)
错动作主(男孩　吃　苹果)
错 动 作(妈妈　切　苹果)
错 对 象(妈妈　吃　面包)

(卫冬洁)

五、语法训练

语法训练是组词成句的规则。儿童要掌握语言，进行语言交流，必须掌握语法体系。否则，很难正确理解别人的言语，也不能很好地表达自己的思想。前面已经介绍了简单句（双词句、三词句）中不可逆句的训练方法，下面介绍在能理解、表达简单句基础上的复杂句（可逆句、被动句）的训练方法。

（一）可逆句

1. 适用对象　可以理解不可逆句的句型，如"妈妈吃苹果"等，但对于理解不同的词序所对应的不同指示内容困难的，希望建立文字符号、词语和图卡相结合的关系的患儿。

2. 材料　图卡（动物、事物卡、句卡）。

3. 方法

词汇：动作主、对象（猫、熊猫、刷子的小图）。

动作句卡：猫洗熊猫、熊猫洗猫（大图）。

语言形式：成人语。

训练程序：

（1）明确显示学习内容

①对照"猫洗熊猫"的图卡，从小图卡中选择按"猫＋刷子＋熊猫"的顺序从左到右排列好，这时动作主的位置被注意到。在小图的排列中，让其学会把动作主排在第一个位置（例如：最初把动作主的图卡放到最左边让其看左图；然后把动作主的图卡放在最右边让其看右图。困难时让其注意看拿刷子的动物）。

②动作主的位置、不同状态的图卡进行对应选择（看图中动物的位置后无反应，让其注意看拿刷子的动物是谁）。

③让其把动作主的图卡与动作、对象的图卡进行分类。

（2）语言符号的对应关系的学习　与（1）相同的状态下对照图卡进行小图卡的选择、匹配，模仿、自发说出言语，并且在利用文字单词图卡的场合下也要求进行选择、配置图卡，进行朗读，这个训练应在事态符号化的产生之前，可以进行阅读理解的课题的阶段再施行。

4. 注意事项

（1）因为有最初的不可逆句的学习，不单只是事物状态的构成成分的有无和它的作用、特征，这种事物状态的特定作用和语言形式被放在特定的位置（这里指是动作主在句头）的状况被予以注意是十分重要的。

（2）已存在的特定的语言形式和不同的词序所指示的内容在变化时，其他的词的项目、结构可以被扩大。

（3）这个水平的学习确立后，其他如介词、副词、连词等词的语法、句子的学习，从两个词以上的句型向高难度内容的方向逐步进行。

（4）在日常生活场景使用、应用已学习的句子，看容易理解的图书以及多听、多读具有词句注解的故事书等，也是很重要的。

（二）被动句

五六岁的儿童在经常使用主动语态句的过程中，已经形成了一种把句子中出现的名词→动词→名词的词序当做施事→动作→受事来进行句子加工的策略,因此常将被动语态句"女孩被男孩推倒"理解为"女孩推倒男孩"。所以,促进孩子理解、使用被动句,进行一定的训练是必要的。

1. 适用对象　可以理解可逆句词句形式的患儿。
2. 材料　图卡(人名称、动作单卡、句卡)。
3. 方法

词汇:动作主、对象(男孩、女孩)——小图。

句卡:"男孩被女孩打","女孩被男孩打"——大图。

语言形式:成人语。

训练程序:基本同前。

4. 注意事项　当儿童出现利用词序与前可逆句一致的方法去理解、配置图时,要及时给予提示(正确反应的刺激),如当对照"男孩被女孩打"的图卡,儿童排出"男孩→打→女孩"的图序时,要改正错误的图序(应为"女孩→打→男孩")。对照句子所表达内容,可在训练者和儿童间做相应的模仿动作来促进儿童对被动句的理解,直至其能自己排列、理解、说出被动句式。

(卫冬洁)

六、表达训练

(一) 基本事项

1. 适用对象　训练的适用对象为能理解语言符号,口语困难或很少的儿童,大多数语言发育迟缓儿童均适合。根据语言理解阶段不同,口语表达的训练课题也不同,重要的是口语表达要与理解水平相适应。基本上语言理解先于口语表达,言语符号理解的建立是口语表达训练的前提。

2. 注意事项

(1) 从早期导入有意义符号的表达,即用有意义的单词表达。

(2) 基本顺序是从模仿到主动表达,再进一步到生活使用。

(3) 以手势符号及文字符号为辅助形式,发展到单纯用言语符号表达。

(4) 用可能达到的手段先形成表达的结构。

(5) 言语符号获得困难时可考虑使用代用性交流手段。

3. 语言理解方面的各阶段训练目标

(1) 言语符号尚未学会水平　训练的中心即是语言符号的理解课题。表达方面,手势符号,尤其是依赖于情景状态的手势符号(要、再见等)要从早期开始。然后,伴随对事物名称的理解的建立,转移到表示事物的手势符号、言语符号的训练。

(2) 言语符号(名称)水平　扩展理解事物名称的范围,再发展到动词、形容词等其他词汇理解的学习。表达方面,对表示事物的手势符号、言语符号,从能理解的词汇中选择进行训练。有些患儿的父母诉说其孩子什么都明白,就是不会说,但对于仅仅能理解日常常见事物的名称,还未达到二词句阶段的患儿,最好首先进行语言理解课题的训练。

(3) 词句水平　首先使语言理解阶段按二词句、三词句、词序的理解顺序来使之提高,再加上以获得与信号接受水平相适应的用言语发出信号为目标,在词汇(名词、动词、形容词等)水平增加发出信号的范围,导入词句的表达训练。

(4)词句水平以上　由言语符号词句发出信号为目标,进而作为导入的提高综合语言能力的课题还有:提高问答关系(日常提问"你叫什么名"、"今天怎么来的",谜语"又红又圆的水果是什么",用途说明"铅笔是做什么用的",假定"如果水杯的水洒了怎么办啊",理由说明"为什么出门时要上锁啊"),文章说明,系列画的说明,图书的主要说明等以及文章的听理解。

(5)用言语发出信号困难的 B 群　与言语符号的接受信号相比,对发出信号明显落后的 B 群,应集中对发出信号方面进行训练,强化言语模式,以手势符号及文字符号等作为媒介,从被动借助口唇或吹等相关运动的练习到与发出信号相连结的构音操作运动形成的措施等,按患儿情况进行训练。另外,此时也应注意进行相应水平的提高接受信号方面的训练。

(二)手势符号表达

不能接受或发出言语符号的患儿从手势符号的发出训练开始。即使能模仿言语符号而不能发出有意义言语符号,或无意义言语符号发出较多时,常会很难从言语符号的发出训练开始。在这样的情况下,训练目标必须从最初的手势符号的发出进展到形成发出信号的结构。导入的顺序从依赖手势发展到表示事物名称的手势符号。(详见本章"二、手势符号训练"。)

基本程序为:在相应状况中,一边给儿童看鞋、帽子等实物或图片一边做相应的手势符号,促进儿童对手势符号的模仿。此时,治疗者一定要加上言语符号。不能模仿时,拿着儿童的手帮助模仿。然后,促进患儿对实物及图主动发出信号。在不能主动发出信号时,做一下鞋或帽子的样子,同时给予言语符号,稍后按着患儿的手,帮助患儿将实物或卡片拿到相应部位,逐渐达到能主动发出信号。

(三)口语表达(事物名称)

对能模仿言语的患儿,应促进其主动口语表达。在训练早期,仅能模仿词头或词尾等单词的一部分,或有构音的错误,只要在患儿水平能模仿(如仅能模仿词尾,或仅能模仿语调等),即可容许其做。应促进有意义符号的主动发出,这样发出信号行为才能固定。早期引入词汇,以患儿可接受的信号,即患儿可理解词汇为大前提,以下词较适合:

1. 易于构音的词　例:含双唇音(pa、ba、ma)的词。
2. 单音节词及叠音词　例:马(ma)、妈妈(mama)、爸爸(baba)。
3. 虽多音节词,但词头或词尾等词的一部分音能够发出　例:西瓜(gua)。

最初从事物名称开始引入,动词、形容词要按照接受信号的情况引入。

在由手势符号向言语符号过渡期,用手势符号可发出信号的词、伴有手势符号可由言语符号发出信号的词、仅由言语符号发出信号的词三者不断混合存在,逐渐使仅由言语符号发出信号的词不断增加。

(四)口语表达(词句)

早期,多可见患儿仅用句中一个句子单位发出信号。对不足的句子单位可由提问(例如对"吃苹果"的图,小儿回答"苹果"时,再提问"做什么呢")来促进词句的模仿。

另外,有患儿使用图符号或文字,由视觉来表达句子的构成成分,由此能够用词句来发出信号。对于图片,应使患儿构成图符号和文字符号,然后用手指一边指着图符号或文字符号,一边发出言语符号,逐渐除去视觉性符号,令其对图片主动地用词句来表达。

早期对句子成分不能全部用成人语表达的患儿,可用手势符号+成人语[例:"吃"的手势符号+苹果(成人语)]、幼儿语+成人语[例:吧嗒吧嗒(幼儿语)+苹果(成人语)]等的组合训练。早期可允许存在,以后以多个句子成分发出信号为第一目标。

(五)文字符号的辅助作用

已形成文字学习的患儿有时使用文字符号作为发出信号的媒介。尤其是文字符号有助于想起音节,对多音节用的音节分解及系列化困难的病例尤为有效。

对照图卡,让患儿写出文字,以后一边用手势一边指着文字一边促进用言语发出信号,逐渐做到不看文字也能发出信号。(详见本章"七、文字训练"。)

(六)语言符号的功能性使用(传递、命令)

手势符号和言语符号,无论在哪个水平发出的信号的学习、模仿后,及看实物和图主动发出信号后,均应与功能性使用相联系。在促进患儿看图片主动发出信号后,再将图片移到别处,令其不见图片,发出指令,让其将指令的图片从别处再移过来。其他还有如"睡"、"坐"等命令的训练课题。

另外,在训练中的各种场面,要促进能发出信号的使用。如想要东西时做出想要的手势,使用"喊妈妈来",或进行"今天吃什么了"等简单提问促进其问答。另外,要求父母使其在家庭中也使用符号。

(七)代用语言的交流手段

有明显运动障碍时,最初就要考虑除言语符号外的代用性交流手段,否则,应以用言语符号发出信号为第一目标进行训练。尤其言语符号发出信号困难的 B 群可尝试几种措施,但如果最后所有措施均用了,仍不能形成用言语符号发出信号时,有必要使用代用性交流手段。如文字板、打字机等文字符号,手势符号及手语等视觉运动的符号,板上记有图符号及文字符号的交流板(communicationboard)。在这种情况下,一直作为言语符号发出信号的训练手段,即手势符号、图符号、文字符号等在用言语符号表达不可能时,即可利用代用性交流手段。

(李胜利)

七、文字训练

正常儿童的文字学习是在全面掌握了口语的基础上再进行文字学习的。但语言发育迟缓患儿言语学习困难时,将文字符号作为语言行动形成的媒介是一种很有效的学习方法,另外还可以作为口语的代用手段。因此文字训练的导入必须根据具体情况、具体病例在语言学习过程中进行,必须明确文字导入的目的以后再进行文字学习。

(一)适应情况

根据患儿的具体情况,文字训练的目的、方法也各不相同,大致分如下几个方面:

1. 音声语言尚未掌握或正在掌握之中的患儿,应以文字作为媒介来学习语言符号或音声语言符号。

(1)与动作性课题相比,音声语言的理解与表达发育迟缓的病例,应以文字作为媒介来促进言语符号的理解与表达。

(2) 音声语言的表达方面比动作性课题及音声语言的理解方面发育迟缓的病例(B群)，应让其先获得文字语言，以文字作为表达的媒介，从而促进音声语言的表达。另外，文字还可以作为辅助的手段或用作说话困难时的代偿交流手段。

2. 音声语言已经掌握了的患儿，在此基础之上进行文字学习(与正常儿童的文字学习过程大致相同，见表4-10)。

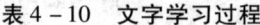
表4-10 文字学习过程

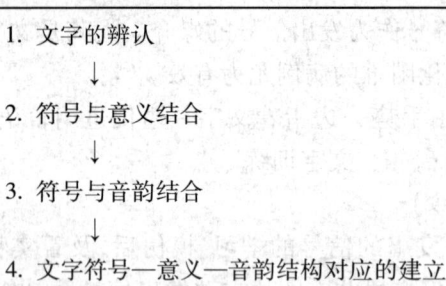

1. 文字的辨认
   ↓
2. 符号与意义结合
   ↓
3. 符号与音韵结合
   ↓
4. 文字符号—意义—音韵结构对应的建立

(1) 轻度或临界全面发育迟缓，学龄前到低年级的病例，考虑到在学校的适应问题，所以有必要进行文字学习指导，在文字符号获得的同时进行音节分解、词汇、句子等语言学习。

(2) 既有上述原因又伴有构音障碍，说话清晰度全面低下的患儿，在文字学习的同时，应利用文字进行音节构造的分解与合成训练。

(二) 文字训练程序

1. 从字形的辨别开始学习。为了掌握文字符号，必须能够辨别字形。作为基础学习，必须先能够辨别各种几何图形(10种以上)。另外，作为写字的基础学习，预先必须进行位置辨别、方向构成及图形构成等课题的训练。

2. 从文字符号与意义的结合开始进行学习，使文字符号与音韵结合，最终达到文字符号—意义—音韵的构造对应成立。也就是，并不单纯要求会写、会念，在训练早期重要的是必须将文字符号与意义相对应。

3. 语言学中有许多音比较相似，单纯靠口形无法辨别，很多字的发音动作是在口腔内部完成。另外，同是一个字，不同人说也可能会有不同的口形，因此，用文字作为提示，达到音、形、义的统一是比较合适的。

4. 在儿童学习词汇的过程中，使用文字有助于加强对概念的理解和记忆。

5. 在学习句子时，利用文字帮助儿童掌握简单的句式，补足句子成分，调整词句中字词的顺序。

(三) 训练方法

1. 字形的辨别　学习用单字进行字形的辨别。最初要选择相似性低的字，让儿童先学习单个文字，然后从3个文字当中将这单个文字选出来，以后逐渐向相似性高的字过渡。例如：

月—海—花
　　花

海—湖—河
　　海

然后进行单词水平的辨别,最初选择字形及字数相似性低的单词,让其先看字长,然后从2个单词的字长中将看到的文字选择出来。渐渐地再进行相似性高的文字辨别训练。此时,所进行的为选择性课题,但是有时也要进行匹配。例如:

门——羊

小羊

在文字单词的辨别中如果1~2个音节词辨别能完成的话,再向下一个阶段(图片与文字单词相结合的课题)进展。

2. 文字单词与图片相结合的学习　以文字符号与图片意义相结合为目的。训练顺序:

(1)将文字单词图片即文字单词所表示的图片进行匹配。

(2)用文字单词卡片与图片下面的文字词卡片(示范项)进行选择。

(3)将示范项字卡拿掉,单纯进行文字卡片匹配图片。

(4)以图片匹配文字卡片。

另外,有时也将文字单词卡片作为示范项呈示,进行图片选择。

如果音声语言的掌握达到了一定程度的话,再进一步指着每一个文字与训练者一同朗读,为下一步言语与文字相结合的训练做准备。

3. 选择词汇

(1)如果患儿有用言语能够理解的词汇,那么训练就先从言语能够理解的词汇开始。

(2)选择项的组合,要注意先从较容易辨别的词汇开始进行组合(音形、文字、文字数、意义范围等)。

(3)如果使用文字作为媒介能够促进患儿说话,应尽量从构音正确的词汇开始训练。另外,如在家庭中能够进行课题学习时,要将文字作为作业,以巩固学习。图片与相应文字单词用线连接也是有效的。

4. 文字单词与言语符号的结合　用音声语言(单词的发音)进行文字单词的选择。如果用音声语言能够选择单词时,看着文字单词卡片,进而促进音声语言或手势语的表达。

5. 用文字的部分(偏旁部首)进行单词的构成　根据训练者呈示的图片、音声语言,用文字的偏旁部首等构成文字单词。

(田鸿)

八、交流训练

语言训练包括符号形式—指示内容关系、基础性过程和交流态度三个侧面。交流是与其他两个侧面相互交叉的焦点。所有训练场合都以促进交流关系为目的。

1. 训练的适用对象　交流训练适用于全部的患儿,特别是发育水平低和交流态度有障碍的语言未学习的患儿,及有理解行为和表达行为发育不平衡的患儿。

2. 训练的方针

(1)交流的对象　在考虑交流训练的计划时,为了形成学习语言符号和使用语言符号好的交流态度,获得理解和表达的能力等,要扩大交流的对象(从大人到孩子),以及在生活场面使用已学得的语言。对象可以是训练者或双亲等。

和大人的交流,是在训练室和家庭里诱导、强化适当的反应,吸引孩子能发挥出对事态的交流能力。如果有计划地支持孩子之间交流的话,可使交流对象扩大。要多促使孩子参加集体活动及给予适当的帮助,扩大孩子们的语言生活和语言学习。孩子们之间的交流以游戏为主。

(2)日常生活的交流　在各种各样的现实场面训练的基础上,在训练室进行现实场面的训练项目是很重要的。而且,现实场面中存在与语言结构有关的方面、状况、流程和会话的类型等等复合的场面,要了解实际中什么样的条件与什么样的介助是相关的。可能的话,还要让其他临床等方面的专家参与训练。

3. 方法

(1)从初期的抚爱行为到要求行动的形成,促进视线的接触　抚爱行为即孩子对母亲或训练者能够认知,有互相接触、亲近的行为。例如:当母亲或训练者走近孩子并发出笑、哭或其他声音时,孩子会对母亲或训练者所处的方向做出寻找、追视、紧紧抱住的反应。

训练者可以利用快乐反应进行抚爱行为形成的训练。可利用孩子喜欢的大运动的玩法,例如举高和团团转;小运动的玩法,例如胳肢逗笑、吹气、扇风等,只要是孩子表现快乐反应的游戏法和玩法都行。在这样的游戏中,训练者要努力和孩子的视线对视。还有,当做举高的游戏时,训练者要做出向上举的夸大动作,然后当孩子要求做举高的游戏时,让其做出举手或向上的姿势再做。在做胳肢逗笑的游戏时,先要孩子大笑,反复做几次,这时孩子就会用目光追视、注意训练者在哪个地方,随时提防再一次的胳肢使他发笑,反复进行这样的游戏,孩子就可以学到用目光注视人,用姿势来作为传达意思的手段、方法。

以上的交流训练适于语言前阶段水平的语言发育迟缓患儿。

(2)从事物的操作到交换游戏　利用事物进行操作训练时,最好是容易引起孩子兴趣的用具,并且是一击就能发声或振动等,这样使孩子很快能理解其操作和结果。例如用鼓槌敲鼓,将小球放入小孔内等。

进行交换游戏,即当两个孩子或与训练者一起做游戏的时候,改变双方的条件,例如互相交换原来所拥有的物品,或交换原来所处的位置,这样做也就改变了发出信号者和接受信号者的地位,从而在进行事物交换的操作训练中,让孩子学会"请给我"的动作和将事物传递给训练者或对方的传递行为。要注意训练孩子能够保持持续的交流态度,不管是长距离的状态下或长时间的状态下都能完成所要求完成的动作。

以上的交流训练适于只有单词水平的语言发育迟缓患儿。

(3)交换使用语言符号　当做交换游戏时,发出信号者可以利用身体动作或声音符号来传达自己的意志,例如要求他人传递玩具狗时,可发出"汪汪汪"的声音,来表明自己所要的物品是什么。组成成对对象的孩子在训练之前,要先以大人为对象进行同样课题的预习,然后再在孩子之间进行互相交流。

在制定交流领域的训练计划时,要比语言结构的以符号形式与指示内容为中心的计划略迟,进行交流训练一般要从五个方面考虑:①交流的对象;②发出信号者、接受信号者的作用;③功能的分化:请求、汇报、提问—应答等;④各种的符号体系:声音符号、文字符号、手势符号等;⑤所处的状况。另外,还要考虑其他构成交流的重要因素。

(卫冬洁)

九、家庭环境调整

（一）家庭环境调整对儿童语言发育的重要性

儿童语言的发育与发展是与环境和家庭密不可分的。儿童最初对声音的反应是听到自然的声音后（包括人声在内）的一种最原始的神经反射（又称惊吓反射），通过这些声响的不断刺激儿童学会了听辨声音。除了声音以外还有视觉、味觉、嗅觉、触觉等的刺激，这些都与儿童的家庭养育环境密切相关，也是儿童语言发育过程中不可缺少的基础。儿童从出生开始，妈妈在养育他的同时不停地调整并丰富自然声响，将这些自然声响变成有意义的刺激。妈妈与他不断地用言语交流，用视觉、味觉、嗅觉、触觉等去刺激他，此时尽管他并不懂，但是母亲和养育者却在不厌其烦地刺激他。对于儿童的冷热需求，妈妈会用各种方式去理解，儿童也在用自己的各种各样的方式来向妈妈传达信息（如哭、闹、哼哼等），妈妈和养育者会在这些信息中猜到儿童的需求。因此，儿童在言语尚未发育之前，很多语言运用的基础已经在家庭养育的环境中得以实现和发展。

如果儿童脱离了后天的语言环境，儿童的语言发育就会受到很大的影响。这种影响可能会影响其一生，甚至终生无法像正常人一样获得语言。典型的例子如印度的狼孩和美国的珍妮。当人们发现印度的狼孩时，他已经过了语言发育年龄，后来心理语言学家想尽了办法训练他，直到他死去之前也只能说几个简单的单词，语法关系几乎无法掌握。而美国的珍妮，她的母亲为了报复她的父亲把她放在别墅的阁楼里不让任何人接近她，只给她必要的生存条件，当人们发现并解救她时，她也已过了语言发育年龄，当时此事件引起了社会上各界人士的关注，当然也引起了心理语言学家的注意。经过心理语言学家的不懈努力，她的语言仍然只停留在单词水平上而且词汇量很局限，直到死去，语法关系仍无法获得。由以上的例子可以看出家庭养育环境的重要性。

（二）语言发育迟缓儿童家庭养育环境的特殊要求

对语言发育迟缓的儿童进行语言训练是必要的，语言训练的目的是促进其语言发育水平接近和达到同龄儿童的语言发育水平。前面已经谈到，儿童语言发育是由几个方面组成的，如语言交流态度，语言的理解，语言的表达，还有儿童的抽象思维、逻辑思维以及学习能力密切相关的基础性操作过程等，这几个方面缺一不可。儿童的家庭养育环境与语言发育的这几个方面有着密不可分的联系，因此单纯依靠语言训练是达不到预期效果的，而语言训练的内容又必须在养育他的家庭环境当中得以体现与实践，这当然更离不开养育者的参与，因为训练要贯穿全天生活的每一个环节。

语言训练的专业人员能将语言发育迟缓儿童的语言状况比较客观地评定出来，较科学地制定出详细的训练计划，根据训练计划指导儿童在家庭中应该注意的以及配合训练的具体事项。另外，训练的最直接的实践场所也是家庭的养育环境。因此，调整家庭的养育环境是非常重要的。例如：某儿童在与人交往方面有一定的偏差，与人、与物都没有目光接触。那么，在语言训练当中首先要建立相互关系，经过介助把儿童的目光吸引到某件他感兴趣的物品上，逐步延长其目光接触的时间，再将目光转移到对方的面部。通过目光的接触、面部表情的刺激，逐步让儿童对人感兴趣，延长对人的注视时间，从人的面部表情和言语中理解更多的东西。从而进一步改善其交流态度，利用已经掌握的言语、幼儿语、手势语与他人进行沟通。这些都要求调整养育他的家庭环境来配合训练。在家庭中儿童喜欢的玩具、喜欢吃的零食、喜欢的一切感兴趣的物品及人物都可以用以配合训练,比如:用手势语或言语表示"我要"、"我吃/喝"、"抱我"等。因为每个儿童的智力水平、性格、爱好、兴趣等各不相同,所以家庭养育环境的调整和配合是至关重要的。另外,作为训练场所的延伸和实践的场地,家庭养育的环境也是很重要的。比如训练儿童授受关系的建立,要求儿童在训练过程中学会将物品如何给予他人,如何向他人表示要求、寻求帮助或索要某种物品等。此阶段的训练要求在儿童家庭环境当中,要充分利用所有时间所有人来强化这种关系。在调整儿童家庭养育环境的过程中,注意家庭成员的全面参与,与此同时也不要忽略了儿童的社会性,要尽最大的可能让儿童参与到社会中(如集体生活),多和同龄的儿童在一起交流。

(三)如何改善和调整儿童的家庭养育环境

1. 改善家庭内外的人际关系　让儿童生活在和谐、温暖、健康的家庭生活环境当中。良好的家庭养育环境、融融的亲情,不但对儿童的语言发展至关重要,对儿童智力、情感、性格以及社会适应性的发展也有着不可估量的重要意义。在暴力家庭,或双亲长期感情不合以及单亲或重组家庭中的儿童,常常会出现语言智力发育迟缓以及性格孤僻、与人交往障碍,重者甚至会出现自闭或心理障碍等情况。

2. 培养儿童健康的性格、良好的兴趣和良好的交流态度　培养孩子健康性格的首要条件是大人必须站在孩子的角度考虑问题。良好健康的性格是从小开始一点一点培养出来的,要把孩子当成朋友对待,无论孩子有什么事情、有什么要求,大人都要和孩子商量。要养成孩子有事一定要商量的良好习惯,而不是用哭闹等不好的手段来达到一定的目的,否则久而久之就会养成不好的性格,占有欲强,达不到自己的目的誓不罢休,甚至用自伤或他伤的手段达到目的。这样的性格一旦形成,改起来很困难。健康的性格、良好的兴趣和良好的交流态度是儿童语言发展和学习的先决条件。如果儿童不具备这些条件,就很难学习、掌握和运用语言。

3. 改善对儿童的教育方法　有很多家长认为只要对儿童进行教育就会对儿童有所帮助,而不去考虑儿童的年龄特点、学习特点以及儿童的个人爱好兴趣。这样结果往往适得其反,使儿童对学习和交往产生厌烦的心理,严重时儿童会完全拒绝接受外界的一切教育而变成有"自闭症倾向"的患儿。所以家长在儿童语言有偏差时,一定要带小孩到有经验的语言治疗单位,找有经验的语言治疗师检查,诊断偏差的程度以及偏差的类型,制定出训练计划,在家中也要遵循训练计划进行训练,使儿童的语言训练和家庭的养育环境真正做到从儿童的语言发育年龄和特点出发,要适合儿童,而不是让儿童去适应家庭的养育环境。例如,有这样一个病例,由于孩子的母亲有轻度的智障问题和轻度与人交往障碍的问题,所以当这个孩子出生以后,孩子的父母、祖父母及外祖父母都对这孩子寄予了无限的期望,为他制定了一系列的教育计划。直到孩子三岁时就诊,发现其语言发育才刚达到一岁孩子的水平,孩子的母亲整天以泪洗面,对孩子有一种负罪感,怕孩子是受自己的影响。经过详细地语言检查后发现,孩子患有儿童语言发育迟缓。经过系统地语言训练和家庭环境的调整,最主要的是将孩子的教育视点从三岁甚至还高的水平降到他语言发育的实际水平一岁左右开始,进行横向扩展,然后纵向提高,现在孩子已四岁半,经检查孩子的语言发育和正常同龄孩子基本上同步发展。由此可见,适当的教育方法对儿童的语言发展是有帮助的。

4. **帮助儿童改善周围的生活环境也是改善语言环境的关键** 孩子生活的环境不只有养育他的家庭,长大一点他就会进入社会环境,比如幼儿园、学校以及与邻里之间的小伙伴玩耍等。良好的交流态度和良好的人际关系是语言发展的又一个很重要的条件。语言发育落后儿童因为其在语言上存在问题,在与其他儿童交往时,往往会受到其他儿童的嘲笑和轻视,别人不愿意和他一起玩等。而这些现象的结果会逐渐导致儿童对交流的厌恶和恐惧,失去交流的兴趣和动力,严重者会导致心理障碍,甚至用自伤和他伤等攻击行为来拒绝这种与正常儿童的交往活动。另外,孩子们在一起玩时,不但是在进行已经习得的语言的运用和实践,还在语言上有互相促进、互相学习的功能。所以在家庭和学校中,家长和老师都要参考语言治疗师的意见,给这些孩子以更多的注意和关心,帮助他们去改善人际关系和交流态度,也要教育别的小朋友、小同学要用自己的爱心去帮助这些孩子,让他们在团结、和谐、友好的氛围里尽快地更好地发展语言和其他各方面的能力,让他们的童年和正常儿童一样充满阳光。

总之,语言环境调整的根本目标在于帮助语言发育迟缓儿童更好地发展语言能力,所以调整环境要从调整教育方法、改善环境使之适合于儿童和改善儿童自身的素质两方面出发,结合训练、教育来共同进行。

(田鸿)

[附]病例训练举例

病例1:

患儿×××,男,1岁7个月,以不能说话就诊。患儿第一胎第一产,35周早产,生后哭声响亮,无窒息,无黄疸及惊厥史。其母孕期曾有"贫血"。出生1个月时,发现头部有包块,约2.2cm,头部CT检查未见异常。患儿运动发育落后,约10个月抬头,13个月能翻身并能独坐,现只能喊"爸爸"、"妈妈"及单字的词语,大小分辨不完全。半年前,曾到外院进行康复训练,当时诊为"脑性瘫痪"。头颅MRI示:双侧苍白球后信号延长,印象为苍白球损伤。患儿于2003年3月17日入本院进行康复治疗。入院临床诊断:脑性瘫痪,痉挛型,双瘫。语言诊断:语言发育迟缓。初次S-S语言发育迟缓检查法评定:患儿好动,注意力集中时间短,交流态度较好,注视、追视时间长,对别人的指示问候有明显的反应,能用手势表达自己的愿望。理解在3-1手势符号阶段,低于正常儿童,认识部分实物及人体五官。表达方面主动语言少,可以发"妈妈"的音。功能操作可完成积木堆积、并列和三种图形镶嵌板,六种图形镶嵌板不能完成。构音器官运动功能:舌外伸不能过唇,左右、上下运动均不能完成,唇力度差,可以做吹的动作。训练过程:①实物识认。②识认常用名词图片,开始1/2选择加手势识认图片,改用言语1/4~1/5~1/6选择都能较好完成。③诱导发音,患儿配合能力较好,喜欢复述,先复述"a"、"u"、"i",清晰度较好,然后复述重叠音,a、u、i组合音,唇音复述,例如bu、ba、ma、mu等音。④构音器官运动功能训练。训练一个月后,S-S语言发育迟缓检查法再次评定,患儿注意力集中时间较前延长,交流态度好,主动性强。听理解由3-1手势符号阶断提高到3-2言语符号阶段。表达方面复述、主动表达的单词量均增多,但还存在清晰度欠佳。

(贾革红)

病例2：

患儿×××,男,3岁,以至今说话少、声音小,于2002年9月14日就诊。患儿系第一胎第一产,孕7个月早产。出生时体重1400克,出生后曾出现呼吸暂停,时间不详。7个月会抬头,1岁翻身,1岁半能在帮助下行走几步,至今坐不稳,不能独站独行,2岁开始说话,现能说20余个单字,平时不喜欢说话,可手握固体食物进食,进食时狼籍明显。患儿6个月时因身体发软,上肢无法后伸,曾在外院诊为"脑瘫"。MRI检查:脑发育不良。听力检查为正常阈值。经S-S语言发育迟缓检查:患儿交流态度欠佳,偶有哭闹,注意力不集中,训练配合程度差,理解处于阶段4-1,可识认五官及部分动词,可识认大小,但仍需巩固,颜色匹配、颜色识认均不能完成,可用部分单词进行表达,多为叠音。患儿的主动表达意识差,且声音小。动作性课题操作因患儿手功能较差,完成多需帮助,可完成小球的投入、三块镶嵌板摆放、六块镶嵌板的摆放不能完成。患儿在训练中流涎明显,唇的运动完成差,嚼嘴不能完成,咧嘴范围小,唇力度低,不能完成鼓腮,不会吹,伸舌居中,可过唇,左右摆舌不能完成,舌上卷下伸可完成,范围小。语言障碍诊断:语言发育迟缓,运动障碍性构音障碍。语言训练主要以进行词汇扩大训练、扩大知识面训练、交流训练、构音器官运动训练、构音训练、纠正发音训练为主。经过4个月的训练,患儿进步明显。出院时,患儿能配合训练,在训练中注意力集中时间明显延长,可回答简单的问题。再次行S-S语言发育迟缓检查:理解处于阶段4-2,可完成三词句的理解,大小、颜色的识认完成较好;表达处于阶段4-1,可用两词句进行表达,患儿的主动语言较多,主动表达意识较强;动作性课题的操作可完成六块镶嵌板的摆放,十种图形的匹配可完成三角形、正方形、五角形。患儿的最长发音时间2秒,音量较前明显增大,噘嘴范围略小,咧嘴范围可,唇力度增强,流涎明显减少,可完成鼓腮动作,但范围略小,时间略短,可完成"吹"的动作,但力量弱,伸舌、缩舌完成尚可,左右摆舌仍不能完成。患儿发音:唇音、舌尖音完成尚可,唇齿音、舌根音清晰度欠佳,多以替代、省略音为主。

(何怡)

思考题

1. 产生语言发育迟缓的语言原因和语言特点有哪些？
2. 语言发育迟缓的检查(S-S法)由几方面构成,如何操作？
3. 语言发育迟缓的其他检查包括哪些？
4. 语言发育迟缓的训练原则有哪些？

第五章 耳 聋

教学目标
1. 掌握耳聋的分类和鉴别诊断。
2. 熟悉常用的听力检查方法。
3. 了解聋儿的助听器选配和听力语言的训练方法。

第一节 概 述

一、耳聋的分类及病因

耳聋有几种分类方法,这里介绍传导性耳聋、感觉神经性耳聋、混合性耳聋、中枢性耳聋和功能性耳聋。

1. 传导性耳聋　传导性耳聋是声压波不能通过正常的气体传导途径传至耳蜗所致的耳聋。其特点是有较好的言语辨别力,在噪声背景中听觉相对较好,听力图表现为气导异常,但骨传导正常。造成传导性耳聋的原因有:

(1)耵聍　最常见的原因是耵聍阻塞了外耳道,治疗方法是由医生取出耵聍。

(2)先天性闭锁及耳郭发育不全　可以采取适当的手术治疗。

(3)中耳炎　中耳炎是传导性耳聋最常见的病因,发病率最高的是学龄前儿童,6岁以后逐渐降低,部分病人转为慢性,反复发作可以引起听觉损失。一般听力损失为 20~40dB(分贝),部分可达 60~70dB。

(4)过敏　严重的花粉过敏可以引起外耳道阻塞及诱发中耳炎。

(5)外耳或中耳外伤　外伤可引起鼓膜破裂或穿孔。

(6)胆脂瘤。

(7)耳硬化症　这是一种遗传性骨疾病,气传导听力损失大约 60dB,骨传导听力损失大约 15dB。

2. 感觉神经性耳聋　由于内耳的病变或者从内耳到脑干神经通路病变所致的听力损失称为感觉神经性耳聋。病因可为先天性或后天性,药物治疗效果不好。听觉特点为对不同程度的言语识别困难,无气-骨传导间隙,在噪声背景中听觉困难。此类病人特别是儿童,

如果听力不是太差,可以通过配助听器和听力言语训练取得较好效果。造成感觉神经性耳聋的原因有:

(1) 耳毒性药物 药物使用过量可能引起耳聋,如奎尼丁、阿司匹林、链霉素、卡那霉素、庆大霉素等,表现为听力损失、眩晕、耳间胀感、步态不稳。目前耳毒性药物中毒引起儿童听力障碍所占的比例最大,约为 30% ~ 40% 。

(2) 先天性听觉障碍 先天的感觉性耳聋可能由于遗传、基因缺损或者怀孕期间胎儿受损伤所致。母亲在怀孕的头三个月内患风疹对孩子听觉影响最大;腮腺炎及新生儿感染性疾病可能造成内耳损害;产伤、缺氧或败血症可以致聋。

(3) 细菌性脑膜炎所致后天性耳聋 如在 1~2 岁间发病,可以引起严重的耳聋。上世纪 20 年代,这在美国是最常见的后天性重度耳聋的病因。

(4) 梅尼埃病(Menier's disease) 此病可以引起低频听力障碍,随着病情恶化,可以涉及所有频率,甚至可以引起完全性耳聋,通常为单侧。

(5) 听神经瘤 由于肿瘤压迫耳蜗与脑干之间第八对脑神经干而引起耳聋,通常为单侧发病。

(6) 噪声性听觉障碍及声意外 这类耳聋很少见于儿童,从略。

3. 混合性耳聋 患者既有传导性又有感觉神经性耳聋的症状,通常是气传导的听力损失大于骨传导的损失。

4. 中枢性耳聋 脑干到大脑皮质颞叶神经通路的病变可以引起中枢性耳聋。

(1) 器质性听力障碍 可由感染,如脑炎、脑膜炎、梅毒、多发性硬化、脑血管意外、枪伤、颅骨骨折、产伤、脑瘤等造成。

(2) 词听觉障碍(感觉性失语) 表现为不能理解词的意思、不能说词、不能用词表达思想,常见于顶颞叶的损伤。

(3) 先天性失语 一些儿童在学习语言上有很大困难,不能发展口语表达,已经发现这些儿童中的一部分有很明显的中频听觉障碍。

5. 功能性耳聋
(1) 伪聋 见于成人。
(2) 精神性聋 常见于癔病病人。

二、耳聋的预防

1. 及早发现 首先应了解正常儿童的听觉语言发育过程(表 5-1 及 5-2)。

表 5-1 婴幼儿听觉反应发育参考表

年 龄	听 觉 反 应
<1月	对突发的声音会产生一次惊吓(即 moro 反射);对突发的声音会紧闭双眼睑(即眼睑反射);睡眠时若突然听到大声,会睁开双眼(即觉醒反射)
1~3月	睡觉时突然听到一声,会睁眼哭叫起来或手足摇动
<4月	只会睁开双眼,不会辨别方向
4~7月	能向左右转头(即水平方向寻找声音)

续表

年龄	听觉反应
7~9月	先向左右找声源,然后向下找,不会向上找
12月	可以一开始就低头找声源
13~16月	可以抬头找声源
21~26月	可以迅速地寻找出任何声源

表5-2 婴幼儿语言发育过程

年龄	正常语言发育
1月	哭叫、咯咯声
2月	模仿母亲的声音
2~4月	能发元音
5月	能发元音和辅音结合的声音
6月	喉能发出声音
9~10月	齿背音、爆破音
6~12月	可以模仿声音,是区别是否为先天性耳聋的标志
12月	可以讲第一个词,具体哪一个词不一定
18月	大约可以说6个词
2岁	可以讲两词句
2.5岁	可以讲身体的部位
3岁	可以讲三词句

如果发现小儿听力及语言的发育水平落后于同龄儿的水平,则应提高警惕,及早发现,已确认听力语言障碍的儿童,及时诊治、训练或采取其他措施,以防残疾的加重。

2. 常见致聋原因的预防　预防的主要内容有:①避免应用耳毒性药物(可以引起听力下降的药物);②尽早发现耳聋;③尽早治疗中耳炎;④尽早配用助听器,尽早进行听力训练;⑤语言训练。

(李胜利)

第二节　常用的听力障碍检查法

一、概述

1. 基本概念

(1)赫兹(Hz)　是音振频率单位,即每秒钟的音振次数。赫兹多用来测量音调的高低。

(2)分贝(dB)　说明声音的音量大小时,用分贝表示。0dB是大多数人刚刚能听到的声音,40~50dB 的声音相当于一辆悄悄行使的小汽车,或者一间不太安静的办公室,在 5m 远处普通说话声音大约在 50~60dB。70~80dB 的声音相当于非常响的收音机或电视机的声音,最小的说话声是耳语声,大约只有 10~15dB,而极大的声音如喷气式飞机声音远远大于 100dB(甚至 120dB)。

(3) 可听声、次声和超声 小于 16 或 20Hz 的声音为次声,16 或 20Hz~20KHz 的声音为可听声,大于 20KHz 的声音为超声。虽然人的耳朵最高能听到 2000Hz 的声音,但就能听懂的人谈话的最重要的频率范围是 300~3000Hz,这被称为言语频率。

(4) 人说话声的各种高度和强度 一般辅音较高,元音较低。另外,远处的声音听起来较小,近处的声音听起来较大。图 5-1 显示了人的声音的域带,它是由相距 120cm 的普通声,相距 60cm 的普通声,相距 60cm 的大声,相距的 30cm 的大声域带组成的,这个声音言语范围呈一个香蕉状,所以也称为"言语香蕉"。它代表了人们平时谈话时的频率和强度,主要意义之一在于聋儿戴助听器以后,其听力一定要在言语香蕉之内或范围之上,才会达到满意的效果。

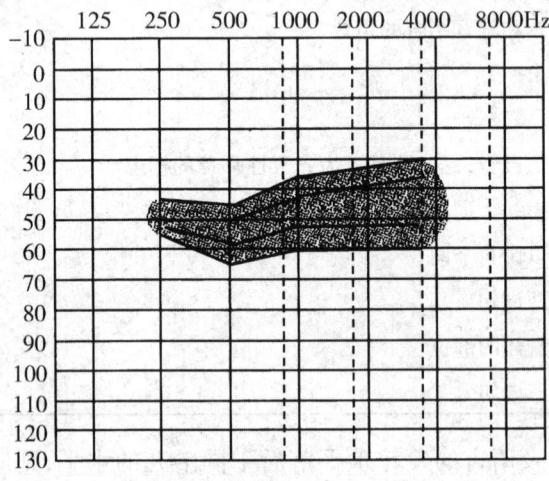

图 5-1 言语区域(言语香蕉)

2. 耳聋的分级 耳聋的分级见表 5-3。

表 5-3 耳聋的分级

听力水平(分贝)	耳聋程度
<26	正常
26~40	轻度
41~55	中度
56~70	中等重度
71~90	重度
>91	深重度

3. 听力检查中的注意事项
(1) 检查者要站在婴儿背后或看不见的地方。

(2) 不让婴儿看到发音器（笛、哨、铃、小喇叭等），以免分散其精力，妨碍检查。

(3) 不能用敲桌子、拍掌、叩门等声音进行听力测验，因为有振动感，可影响检查结果。

二、行为测听法

又称听觉行为反应检查。1 岁以下儿童可以做此检查，最好在孩子睡眠时做。要求声音 3000Hz、>90dB，可以用一个小型的振荡器，如大铃铛或哨子。当发声的时候，孩子会突然睁开眼睛寻找声源（依照正常婴幼儿听力发育情况判定）。虽然这种方法是一种粗的听力筛选方法，但在条件较差的地方可以早期发现听力异常。

三、条件探索听力反应检查

条件探索听力反应检查（COR）在 5 个月以上儿童头部可以向左右转动寻找声音时就可以应用，当扬声器发出声音时，孩子头转向声音，检查者使灯闪烁并使箱内的小动物活动，来吸引孩子的注意力，反复数次建立条件反应，采用下降法测出听力值，测出的结果是好耳的结果。此方法不适合注意力很差孩子的听力检测，但可用于加强孩子注意力的训练。

四、听力计检查法

听力计又称电测听器，现代化的医院均有此设备。3 岁半以上的儿童才能做此项检查，而且智力要正常。

一般的听力计可以测出 125~8000Hz 7 个音频的最小听阈值，在听力图上以刻度表示，纵刻度表示 dB，横刻度表示 Hz，气传导记录方法右耳用"○"表示，左耳用"×"表示，骨传导右耳用"["，左耳用"]"，气传导描计在线上，骨传导描计在纵线两旁，将所测到的结果按频率不同在听力图上标出，再连成一条线，就是听力曲线，见图 5-2。扬声系统用"△"表示。通常所说"残余听力××分贝"，指的是语言频率范围内的平均值。常用的是三分法和四分法，三分法是 500Hz、1000Hz、2000Hz 三个频率分贝数的平均值。四分法是 500Hz+1000Hz×2+2000Hz 频率分贝数的平均值。

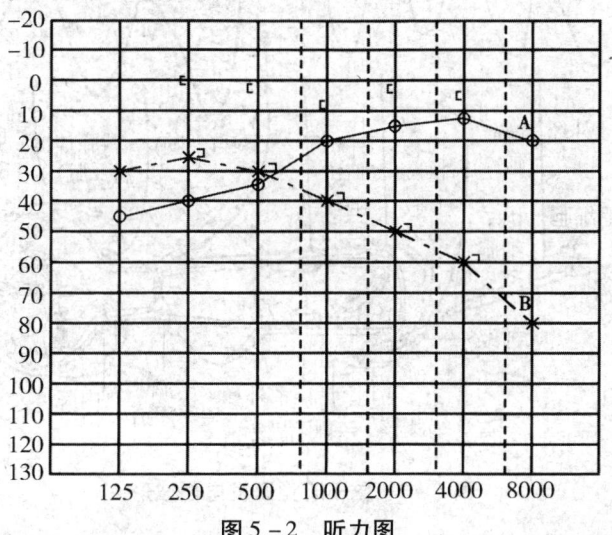

图 5-2 听力图

五、听诱发脑干反应

听诱发脑干反应(ABR)是一种远场记录的早期听诱发反应,通常使用短声重复刺激听觉系统,在头颅表面记录电位变化,可据此估算客观听阈及诊断听觉系统病变。听诱发脑干反应(ABR)异常表现首先在1974年由Sohmer等,1975年由Robinson等以及Starr等报告。ABR又可简写成BAEP。ABR的波形、潜伏期、波间期是诊断和鉴别耳蜗性病变及蜗后病变的主要依据。目前已是临床应用最广、实用价值最大的电生理检查方法。

1. 听诱发脑干反应的解剖基础 听神经由内听道入颅,在脑桥和延髓交界处分成两部分,一部分到达脑桥的耳蜗腹核,另一部分到耳蜗背核。起自耳蜗腹核的纤维进入斜方体,越过中线上行,形成外侧丘系,到达下丘,并经下丘臂至内侧膝状体。起自耳蜗背核的纤维在第四脑室底部交叉到对侧,加入外侧丘系,也终止于下丘和内侧膝状体。从内侧膝状体发出的纤维经内囊,终止于颞上回Heschl颞横回前份的皮质听觉中枢。耳蜗腹核和背核,主要是背核,有少量的纤维经同侧外侧丘系上行传导至皮层听觉中枢。

2. 脑干诱发电位波形 听性脑干反应是在1~10ms潜伏期内出现的一系列反应波,依次用罗马数字来表示即波Ⅰ、Ⅱ、Ⅲ、Ⅳ、Ⅴ、Ⅵ及Ⅶ。其中以波Ⅰ、Ⅲ及Ⅴ最明显。正常人的脑干听觉诱发电位示于图5-3。

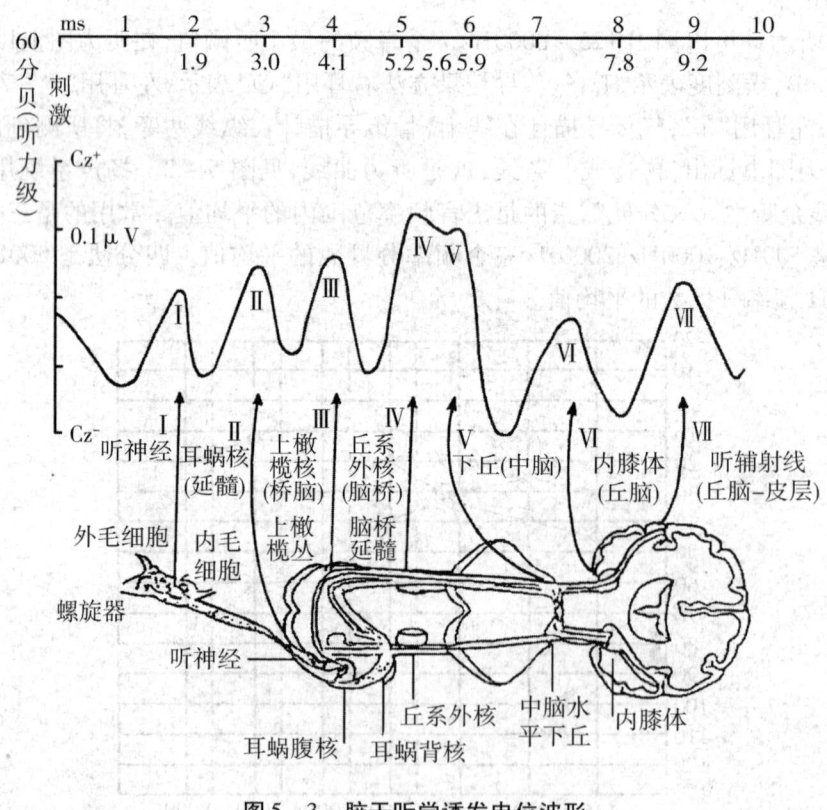

图5-3 脑干听觉诱发电位波形

动物实验研究和临床观察资料证明,这些波分别代表了听觉系统内一定解剖部位的电活动。波Ⅰ为听神经动作电位,来源于刺激同侧听神经靠近耳蜗的神经段,代表听神经的周围部分;波Ⅱ为来源于刺激同侧颅内的近脑干端听神经段;波Ⅲ为来自脑桥下1/3上部的上橄榄核;波Ⅳ为来自脑桥中或上部的外侧丘系及核团;波Ⅴ有学者认为来自刺激对侧脑桥上部或中脑,而另有学者认为来自刺激对侧的中脑下丘核;波Ⅵ、Ⅶ不稳定,多认为是上丘以上的高位听觉中枢。

3. 临床脑干诱发电位测试法　记录ABR常用标准化的EEG电极,可分为一次性电极和盘状银汞电极。受试者卧于检查床上,放松,儿童及检查不配合者可给镇静剂待其熟睡,房间采用隔声屏蔽装置或利用常规的听力测听室。一般记录电极置于受试者的头顶或前额发际下;参考电极置于测试耳耳垂或乳突;接地电极置于对侧耳垂或乳突,如同时做双侧时,则置于鼻根上方。电极放置部位需先用酒精或乙醚擦洗、脱脂。然后涂以电极膏,固定电极。要求电极间电阻小于5千欧姆(kΩ)。目前先进的测试仪均能提供电阻测试。

4. 临床测试参量　在临床上Ⅰ～Ⅴ波较为重要,听力正常者Ⅰ、Ⅲ、Ⅴ三个波较为稳定,而波Ⅴ最稳定,出波率最高。同时Ⅴ波的反应阈与主观听阈较接近,一般为主观听阈上0～20dB。所以临床上常以Ⅴ波作为主要检测波。

临床上常用测试参量主要有波间潜伏期、双耳潜伏期差(interaural latency difference, ILD)和波间期(interwaveinterval, IWI)或峰间潜伏期(interpeak latency, IPL)。

各测试参量因为不同仪器、实验环境以及测试条件等的差异,所以各个实验室应该有自己的正常值。

年龄性别不同,测试参量会有差别。一般来讲,60岁以下同一性别正常人各参量数值差别不大,60岁以上和60岁以下成人正常值差别较明显,婴幼儿与成人差别更大,男女之间正常值亦有差别。所以,应该分别制定婴幼儿、成人和老人的ABR正常值供临床使用(表5-4,5-5)。

表5-4　新生儿和成人脑干诱发电位波正常值(成人年龄范围18～59岁)

	新生儿	成人
Ⅰ	1.90 ± 0.13	1.48 ± 0.12
Ⅱ		2.50 ± 0.19
Ⅲ	4.63 ± 0.20	3.80 ± 0.17
Ⅳ		5.00 ± 0.20
Ⅴ	6.90 ± 0.19	5.60 ± 0.20
Ⅰ～Ⅲ	2.73 ± 0.19	2.30 ± 0.15
Ⅲ～Ⅴ	2.27 ± 0.24	1.80 ± 0.15
Ⅰ～Ⅴ	5.00 ± 0.15	4.10 ± 0.20
Ⅲ～Ⅴ/Ⅰ～Ⅲ	<1	0.80 ± 0.09

表 5-5 婴幼儿不同年龄脑干诱发电位波的正常值

	新生儿	生后 6 周	生后 3 月	生后 6 月	生后 3 年
Ⅰ	2.12±0.36	1.63±0.18	1.71±0.38	1.69±0.20	1.68±0.20
Ⅴ	7.11±0.28	6.55±0.21	6.44±0.33	6.24±0.25	5.99±0.64
Ⅰ~Ⅴ IPL	4.99±0.30	4.92±0.28	4.73±0.12	4.55±0.15	4.18±0.43

(Salamy 等资料)

5. 临床应用　正常人 BAEPs 各波出现率：Ⅰ、Ⅲ、Ⅴ 的出现率为 100%，缺失、延迟出现应视为异常，尤其单侧缺失更有意义。临床中常常进行双侧波形对比，通过波间距测量值来进行诊断。大量的临床资料证实 BAEPs 定位的误差与实际病灶仅相差 1cm 左右，完全能满足临床需要。所以，BEAPs 目前在耳鼻喉科和神经科得到了广泛的应用。

(1) 客观听阈估计　正常耳短声诱发 ABR 听阈值为 0~20dBnHL，依据 ABR 的潜伏期—强度函数曲线可有助于判断不同类型听力损失。在传导性耳聋者，其 V 波潜伏期—强度函数曲线与正常者平行，向右移位。感觉神经性耳聋者曲线较正常者陡。这些信息不仅可用来估计听觉损失的程度，也可用以判断其类型。在临床上，ABR 主要用于新生儿和婴儿的听力筛查，客观测定儿童听阈，对成人进行伪聋鉴别以及为配戴助听器的候选人进行客观听力评估。

(2) 诊断听觉传导通路病变　脑干诱发电位应用于听觉传导通路病变的诊断时，主要是鉴别蜗性和蜗后性病变。波 V 潜伏期和波 Ⅰ-Ⅴ 间期的延长以及双耳（患耳和健耳）波 V 潜伏期相差 0.4ms，都作为诊断蜗后性病变的依据，特别对听神经瘤诊断非常敏感。另外，在耳蜗性听力减退患者中，ABR 波 Ⅰ 潜伏期变化一般延长，而波 Ⅲ 或波 Ⅴ 变化不大，因此波 Ⅰ 潜伏期延长使 Ⅰ-Ⅲ、Ⅰ-Ⅴ 波间潜伏期缩短。在蜗后性病变时，波 Ⅰ-Ⅲ 间期大于 2.5ms，波 Ⅰ-Ⅴ 间期大于 4.5ms 均有诊断价值。

(3) 用于颅脑及听神经瘤手术的术中监测　由于 ABR 对于脑干听觉通路即便是很少的损伤也相当敏感，更重要的是其不受全身麻醉的影响，因此在各种对听结构有损伤危险性的手术中，ABR 是非常有用的监测工具。

(4) 神经科定位诊断参考　用于脑干内病变（肿瘤、血管病变、炎症以及变性病等）、后颅窝占位病变、桥脑小脑角占位病变、幕上病变以及昏迷和脑死亡的检查。

综上所述，对儿童听力语言的发育要注意尽早进行观察，并与同龄正常儿进行比较。要根据婴幼儿听觉发育及语言发育的规律观察其对声音有无反应，可以利用铃、哨子、小喇叭等予以刺激（大铃的响度约为 120 分贝，哨子的响度约为 100 分贝），对此正常小婴儿可出现眨眼及全身颤动的现象。此外还要观察婴幼儿的发音情况和语音发育情况。一旦对儿童的听力语言发育是否正常发生怀疑时，应及时进行必要的检查，以便早诊、早治、早训练。

（李胜利　张庆苏）

第三节　助听器的类别及选配

现代听觉语言科学已经证明，若耳聋发生在胚胎时期或 7 岁以前，耳聋程度越重，对语言能力发育的影响也越重。在我国,绝大多数聋(哑)儿童保留有残余听力,如果在他们3岁前配用各种助听放大设备,并长期坚持听觉语言训练,几乎可以使半数以上的儿童摆脱聋哑状态,甚至可戴上助听器参加普通学校的学习,成为健听者中的一员,有的还能接受高等教育。由此可见助听器对每个聋儿来说,为其个人、家庭以及社会所创造的社会经济效益是非常可观的。

近几年来我国的助听器工业发展较快,现在可以提供三四种类型、十几种规格的助听器,多个发达国家的公司到国内兴办合资企业,助听器性能大大改进,为我国聋儿听觉康复奠定了很好的基础。

一、助听器的类别

1. **集体助听器** 这一类助听器有放大设备,主要用于教育目的,多设在学校和康复中心机构内,适用于集体语言听力训练。

2. **便携式或台式助听器** 这类体积较大的助听器也叫作听觉语言训练器。由电传声器、放大器、电源(交、直流两用)和个人使用的耳机构成,组装在一个盒内或小提箱内,聋儿用它可以与健听儿童同时上课,也可在家中由父母教话时使用,还可外接录音机、电唱机、收音机输出的信号。此种助听器适合于深重度的聋儿(90~100dB)使用(图5-4)。

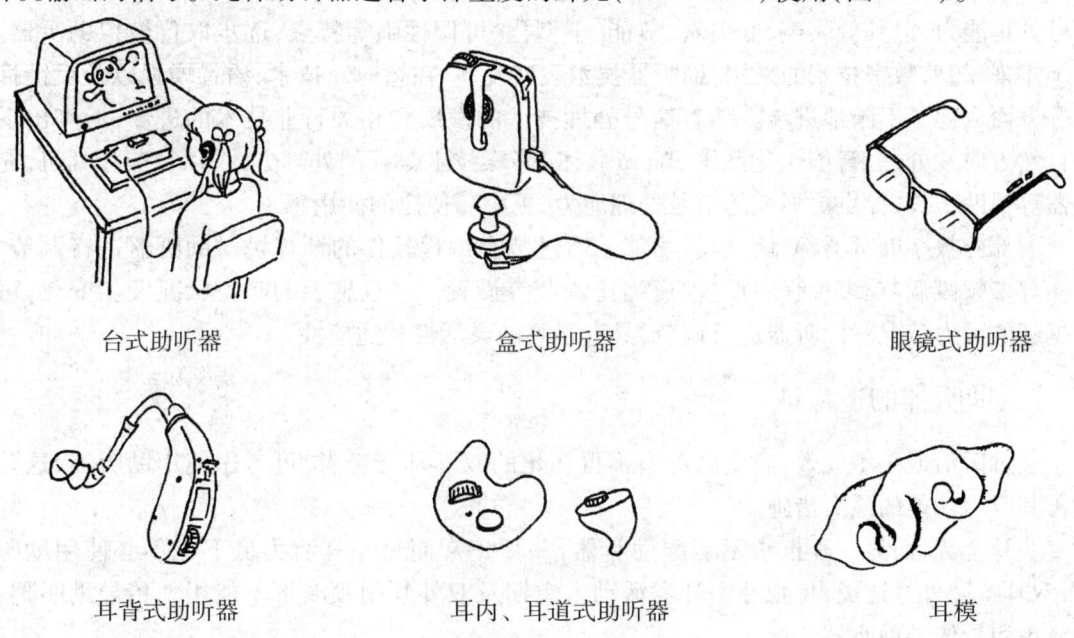

图 5-4　各种类型助听器及耳模

3. **常规个人使用的配戴式助听器** 通常人们谈论的助听器就是这一类,其特点是体积较小、外形美观、隐蔽。

按照助听器外型分,共有四种类型,体积最大的是盒式助听器,其他三类是眼镜式、耳背式及耳内式助听器(图5-4)。

(1)**盒式助听器** 这种助听器的放大器、传声器及电池被组装在一只小盒内,大小与普通的香烟盒相似,多配在胸前的口袋内,儿童可用背袋戴在胸前或背后(可防止向前摔倒时压伤胸壁),有气传导、骨传导两种。此种助听器因为体积不大,可制成大功率,宽频响,多功能调节的设备,并且维修方便,价格低廉。

(2)眼镜式助听器　此型助听器适用于成人或伴有屈光不正的病人,但价格昂贵。在国外,目前的销售量仅占助听器使用者的1%~5%,我国目前无此型产品。

(3)耳背式助听器　属耳后型传声器。放大器、电池以及音调调节、压缩限幅装置和受话器统统装在一个香蕉型的小弯盒内。这类型的助听器在欧美销售量一般超过60%,占四型中的首位。近年来也已成为我国应用的主要类型,适合各种程度听力损失患者使用。

(4)耳内式助听器　是近十余年以来的新产品,因体积小,可完全放置在耳甲及耳道内,十分隐蔽稳固,机壳可按肤色制成不同颜色,能适应聋人的心理要求。近年来有更超微型者,叫耳道式助听器,适合听力损失30~50dB者使用。

按照信号处理方式的不同,助听器可分为模拟助听器和数字助听器。

(1)模拟助听器　其声音信号为连续改变的电信号。该处理方式具有高保真、低失真的特点,但信号处理速度慢,应对复杂环境的能力差。

(2)数字助听器　近年来迅速发展,它将麦克风采集的连续电信号转变成数字信号,再经数字信号处理器对数字信号处理、放大,再转变成声音信号输出。数字助听器具有高效的信号处理能力,以其低噪声、低失真、节能、小型化、可调性强等特点,逐步取代模拟助听器。近十年来,随着数字技术的采用,助听器技术飞速发展,在指向性技术、语音增强以及反馈抑制等方面取得了不断地进步。随着信号处理技术的发展和相关行业技术的进步,近年出现了自然方向性处理、智能优化系统、Warp技术、降噪技术等新的处理方式,以及蓝牙耳机、充电器等辅助工具,提供更强大的信号处理能力,更小巧便捷的使用感。

大部分数字助听器都具有编程功能。通过装有编程软件的计算机对助听器进行调节,可实现多频段调节、多种程序设置、压缩比调节等设置。一旦患者的听力状况发生变化,可根据新的听力状况对助听器进行调节,具有很高的灵活性和适应性。

二、助听器的适应证

经过医治或手术无效,病变已定型不再恶化的双耳耳聋患者,可考虑使用助听器,这是改善其听力功能的最后措施。

一耳全聋,而另一耳正常不能配助听器;一耳正常而另一耳听力低下也不必使用助听器;双耳重度外耳道炎,化脓性中耳炎活动未愈期及双外耳闭锁畸形不能用气传导助听器,可考虑用骨传导助听器。

三、助听器的选配

1. 在选配前应做听力测验,包括纯音测听。言语测听后,根据听力损失的程度选配,这样可选配比较合适的助听器。

2. 听力损失80dB以上的儿童,可使用盒式大功率助听器,近年来耳背式助听器也多能实现大功率型,儿童及青年人可使用此型。听力损失35~65dB者可使用耳内式及耳背式助听器。助听器的选配过程可参考图5-5。

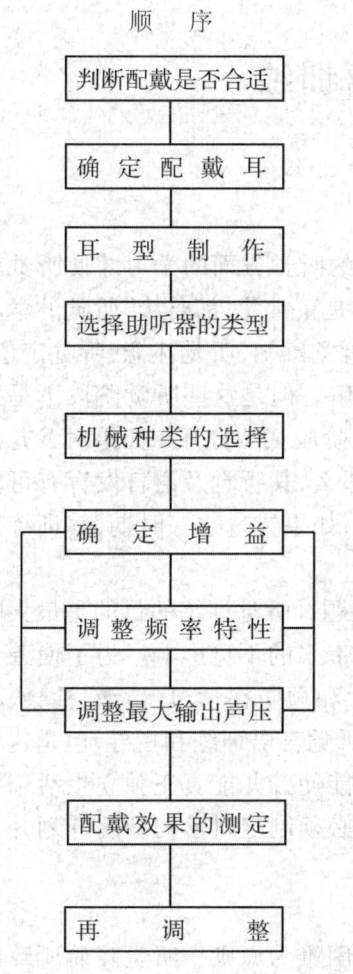

图 5-5 助听器的选择与调试

3. 通常可配单耳助听器,近年来各国比较提倡双耳使用助听器,特别是婴幼儿(3 岁以下)的严重耳聋,应尽早(可在生后 40 天)使用双耳助听器。这对其发展语言能力,实现听觉语言康复非常重要。

4. 目前听力学家普遍认为助听器只有配上耳模才是一个完整的助听器。耳模是用硅胶或聚甲基丙酸树脂依照个人外耳道形状制成的,配戴助听器时把耳塞穿入耳模的孔内再戴上,既增加了稳定性也改善了声学效果(图 5-4)。选配助听器时,如果听力损失 70dB 以上,而且年龄超过 6 岁的儿童,由于他们的大脑听觉中枢和言语中枢发育逐渐定型,这时再开始配戴助听器,往往效果不佳。

5. 双耳全聋且配助听器无效时,可考虑施行电子耳蜗植入手术,但是术后仍需语言训练。

(李胜利)

第四节 聋儿的听觉言语训练

一、概述

人类的听力是先天具有的,但是在生后数年间不断进行的听觉方面的学习才使听觉功能不断提高和完善的。由此可见,听觉的发育无论是聋儿,还是正常儿,都要从"听觉的学习过程"开始。听觉对声音的认识过程可以分为几个阶段,即听觉感知,听觉注意,听觉定位,听觉辨别,听觉记忆,听觉选择,听觉反馈,听觉概念,听觉理解。但是这些听觉阶段不是孤立存在的,因此,对聋儿进行言语训练时要注意不可将这几个阶段截然分开。如果对聋儿能做到早期发现,早期选配合适的助听器并进行系统的训练,那么,其听觉及语言发育有可能与正常儿同样发育,但是语言发育的最佳时期是在2岁左右,如果错过这一时期,其训练效果就会受到影响。

听觉语言的发育,除了交流手段问题,还包括语言能力问题。听觉训练的目的是最大限度地开发和利用聋儿的残余听力,尽量减少听觉障碍给聋儿带来的不良影响。为了使聋儿的听觉学习获得能力达到正常或接近正常,尽最大可能减少和预防在学习、情绪、社会、心理、人格、性格等方面出现的一系列问题,就必须在早期开始听觉言语训练和指导,但是这样的训练和指导都是在听力得到补偿的前提下进行的,这样才能使聋儿能真正独立生活于社会之中。为了最大程度提高聋儿的综合交流能力,训练之前必须制定科学的训练计划并认真实施,这个计划要以获得语言能力及实用性口语为目标。

(一)训练途径

1. 以直接改善听觉障碍的原发性问题即语言能力获得困难为原则 听觉障碍所致的问题是多方面的,根据其性质大致可分为原发性及继发性。原发性问题是听觉功能降低及由此所致的语言发育迟缓。感音性耳聋并不是单纯的听力低下,而是听觉系统对声音的频率、声压、时间性等变化的情报进行分析的功能障碍,其结果是对声音的感知,在量方面衰减,在质上歪曲。用助听器单纯增幅并不能解决问题,尤其是不能解决后者的问题。因而听觉障碍发现得晚就很难获得语言,即使是早期发现,配上了合适的助听器,如果没有经过系统训练,也不易掌握语言。

作为听觉障碍所致的问题,包括情绪、社会性不成熟等人格方面的问题和学习能力低下、思考固执等问题,大部分是由于原发性问题解决得不彻底所致的继发性问题。因此,在对聋儿的训练中,以对原发性问题直接介入为主。对继发性问题仅仅对症是解决不了本质性问题的,只有在系统的训练计划的基础上进行对原发性问题的介入,才能预防或改善继发性问题。

2. 以获得音声言语体系为训练目标 儿童语言训练符号体系的选择方面,我国近20年以来一直强调以口语训练为主。近年来,在欧洲有人主张让听觉障碍儿获得手语为主的符号体系。因此,聋儿最终是以获得音声言语符号体系为目标还是以获得手语符号体系为目标也是重要问题。

所有的音声言语均是由多个音素组成，是实用性非常高的符号体系，而且，言语符号与意义之间的关系具有任意性，能够将无限复杂的事物状态以及心理状态充分表达出来；而手语中一个词汇基本需要一个动作（手语），作为符号体系任意性较低，另外，语法的结构也单纯。对于听觉障碍儿选择获得什么样的言语作为符号体系，必须充分考虑其实用性和复杂性，符号体系不仅是交流手段，也支撑着思考体系。符号的获得，会对认识、思考的发育带来很大影响。

如果选择手语训练，不仅从一开始就限制了交流手段及语言能力，同时也限制了思考等认知功能的发育。因此，必须让聋儿彻底获得音声言语符号，但是，为了促进获得音声言语用手语作为媒介则另当别论。

3. 言语、手语等各种交流媒介都可成为促进口语的手段　这些都是为了获得符号体系所用的介助手段。对于聋儿来说，听觉性媒介是音声，视觉性媒介是手势语、手语、读唇、文字等，对重度听力障碍也可采用振动觉方式。训练时，无论采用什么媒介，都是促进获得音声言语符号体系的手段。选择媒介时重要的是将其整理并体系化，也就是制定综合性的训练计划。

例如：在获得音声言语时，初期的媒介主要用言语和手势语；在下一阶段中主要用言语；在语法的理解与使用阶段，主要用言语和文字。因此，将音声言语获得为止的各阶段在最初予以设定，选择最有效的媒介进行实施是训练的根本。

（二）训练原则

为了最大限度地提高训练效果，必须满足以下的原则：

1. 早期开始训练　反复强调早期发现及从早期开始训练的必要性。实际上，从 0 岁开始就必须进行系统地训练，并要全面实施，综合性训练计划对于 0 岁也实用。尽早开始训练，是提高训练效果的首要条件。

2. 确立最佳助听状态　不仅仅是在训练场所，在日常生活的所有场景中，都必须保持最佳的助听状态。为此，言语治疗师不仅要熟知训练内容及其进展的状态，还要熟知听力程度及助听器的适合状态，特别要注意听力的变化及恶化的情况，以进行及时治疗及重新调节助听器等适当的处理。

3. 设定个别训练计划　听力及语音听辨别能力有个体差异，语言学习的速度及语言方面以外的发育情况也因人而异。因此，重要的是根据基本训练程序的具体内容，制订适合个人及发育阶段的训练计划，根据训练计划进行训练。

4. 调整语言环境　要将在训练场景中获得的语言能力运用到日常生活场景中，经历各种各样的经验。为了形成更丰富的语言能力，必须将围绕孩子的语言环境调整为能适应其年龄及发育阶段的环境。初期是以双亲指导为主的家庭环境的调整。另外，要根据其语言发育的状态，保证适当地集体生活的场所，重要的是要取得周围人的理解与配合以共同调整语言环境。

（三）训练注意事项

1. 交谈中应与聋儿保持适当的高度　一般说来，应首先训练聋儿"看口型"的能力，也就是"看话"的能力。让聋儿通过看说话的口型变化理解说话的意义，这对听力损失的儿童是一种补偿。为了使聋儿能看清说话人口型的变化，交谈人之间就要采取一种合理的高度，正确的高度是说话人的面孔要和聋儿视线在一个水平上，头要正，可能的话，要离孩子半米远，室内的光线要好。

2. 利用多种途径训练聋儿学习言语　利用所有感觉途径的训练方法，叫作"多感觉方法"，简单地说，就是"看、听、摸"，这是三个最主要的也是最有效的学习语言的感觉途径。比如，利用触觉可以感觉说话声的振动，当说"啊"的时候，把手放在脖子正中感到声带的振动；当说"姆"的时候，手指放在鼻翼上会觉得鼻腔在振动；当说"不"的时候，手指放在嘴唇前边，可以感到有一股气流冲出来。这些触觉信息都可以用来教孩子发音。对聋儿进行语训时，可以将聋儿的手放在语训人的脸颊上或脖子上，同时也让他把自己的另外一只手放在自己的同样部位，利用触觉给聋儿带来额外的信息，有助于对发音的理解，这些对严重耳聋的孩子尤其重要。所以，要训练聋儿养成"摸话"的习惯。

3. 让聋儿理解言语　发展言语的第一步是理解言语，因为没有好的言语理解力，不论用何种方法都无法进行交流，孩子能听懂的话开始都是单个词，事实上许多字确实可以单独作为词使用，例如停、跑、跳、走、去、烫等。从孩子能够看话理解第一个词起，他就开始获得言语能力了。生活中还有许多别的方法有助于聋儿理解言语，如面部表情、手势等，被称为非言语表达。这在正常人的交往中占很大的比重，对于聋儿利用非言语表达可以使聋儿加深对言语的理解。

4. 聋儿的言语训练要具有趣味性　聋儿的语训与成人的语训不同，应有趣味性，如通过培训人员和聋儿在一起做游戏的方法进行语训，语训以前，要准备好与聋儿发育特点有关的玩具或用具。例如，要训练孩子发"b"和"m"音，则可事先准备好各种颜色的彩笔和漂亮的小猫画片，和聋儿们边画小猫边练习发"笔"、"猫"、"猫妈妈"，以及和孩子们一起做小猫找妈妈的游戏。这样容易赢得孩子对语训的配合，同时也可提高聋儿的认识水平。训练结束后，可以发给每人一样小奖品，如把一张漂亮的贴画贴在在孩子的手背上，孩子会很高兴。总之，每个孩子的听力和言语情况不尽相同，要尽量根据每个孩子的情况来计划训练内容，使之既有科学性又有趣味性。

除此之外，说话的时间、地点，以及丰富的日常生活经验，都能提供可利用的消息。比如，每天晚上铺好床让孩子躺下，对他说"睡觉"，他就很容易理解，因为特定的时间和情景都提供了有用的信息。在准备好了碗、筷子后告诉聋儿"吃饭"，他也能很容易理解。有时一个词要用言语和非言语表达结合起来应用很多次，聋儿才能真正理解这个词的含义。

二、聋儿的听觉训练

人类的听觉对声音的认识具有一定的规律，专家们将此分为多个阶段（见本节概述），这些阶段是不可分割的，各个阶段是相辅相承的。因此，听觉训练时，这几个阶段也是训练的主要内容，要将其全面系统地制定在训练程序当中。

1. 让聋儿觉察到声音的存在并培养聆听态度

（1）训练目的　让聋儿觉察到自己生活的世界当中有声音存在。

（2）训练用具　鼓、鼓槌、积木等。

（3）训练方法

①调好助听器的音量大小及最大输出限制装置。

②充分利用聋儿的视觉。训练者要用表情及动作充分引起其兴趣,用手放在耳郭的外缘以令其认真听,训练者自身也要做出聆听的样子。在聋儿认真注意的时候,敲一下鼓,然后继声音之后摆好一块积木。反复数次后,直到聋儿一看到敲完鼓,马上主动地摆积木,然后等待下一次敲鼓为止。

此阶段训练是整个训练程序的关键,要让聋儿学会认真地听,逐渐养成聆听的好习惯,这不但是听力言语训练的重要内容,更是贯穿整个训练过程的主题,如不充分重视的话,会影响训练的效果。

2. 声音有无的辨别训练

(1)训练目的　正确区别有声音及无声音的状态,使聋儿充分意识到声音并不持续存在,而是时有时无,引导其注意声音有无的变化并开始养成聆听的好习惯。

(2)训练用具

①能发出强音响的乐器,如鼓、锣、钗、喇叭等。

②儿童较感兴趣的玩具,如镶嵌玩具、积木,以及游戏,如插木环、往杯子里放小球、用线穿钮扣等。

(3)训练方法　在聋儿的后面,左后方或右后方,以聋儿视线达不到的位置为佳,训练者用鼓或其他乐器发出声音,听到声音后,让聋儿马上操作自己喜欢的玩具,让声音的有无与一定的行动(游戏)相对应,训练者可以从聋儿的行动反馈到聋儿听觉辨认的情况。

此阶段的训练,要注意聋儿的聆听态度如何,如注意力不集中可以让双亲与聋儿一起共同注意聆听,看谁反应快,从而培养其聆听态度。另外,还要注意视觉的干扰,一定要在聋儿视线达不到的地方制造声音,否则,就是视觉反应而不是真正的听觉反应。训练者给予声音时,间隔时间不能等同,以防机械性操作,要让聋儿有充分的等待及反应的时间,这样才有利于观察。

3. 音色的辨别训练

(1)训练目的　让聋儿意识到不同的声音有不同的意义,引导其学会对不同的声音判断声音的来源,即是什么发出的声音,从而提高聋儿对音色辨别的能力。在此阶段中要将乐器等各种社会音分别辨认、记忆,开始时先从容易区分的音开始,如鼓和笛子,以后逐渐将类似的音组合起来且增加种类。

(2)训练用具　成对的乐器,要求声音、形状、大小等均一样。

(3)训练方法　先选两种成对乐器,其发出的声音高低大小有一定的差异,分辨较容易,从这两种乐器训练开始。训练步骤:将同样的乐器放在聋儿面前的桌子上,训练者手里拿着同样的一套训练用乐器,然后在聋儿的面前挑选其中的一种声音,让聋儿用视觉帮助分辨发出声音的乐器与面前摆的玩具哪一个相对应。条件形成之后,训练者再移到聋儿的背后,训练条件同辨别声音有无训练相同,聋儿根据声音进行判断是哪种乐器发出的声音。然后,根据具体情况,在乐器的组合上想办法,先从容易辨别的声音开始组合,逐渐过渡到相似音的组合,且种类逐渐增多,信息量逐渐加大,从而提高聋儿对音色的辨别能力。

音色辨别训练是为进一步训练音声言语打下基础,因此在此阶段的训练一定要循序渐进。另外,还要进行感受声音出现次数、声音大小、声音高低、声音长短的训练。

(田鸿)

三、聋儿的言语训练

儿童的听觉障碍给语言学习带来了很大的障碍,因此必须制订详细的训练计划,按计划对聋儿进行言语训练,在此仅以先天性重度感音性耳聋为例予以介绍。

(一)训练计划概要

对于重度耳聋儿童来说,从发现时开始,就存在着语言符号的认知困难,他们不能理解和表达语言,处于前语言符号阶段水平。为了补偿重度耳聋儿童语言迟缓的问题,就要对其进行以形成综合性交流能力为目的的训练。

训练是从前语言符号阶段开始,到完成基本的语言能力阶段结束。原则上从0岁开始到入学之前,对于先天性重度耳聋儿童尤为适用。对发现延迟的情况,如何采用各阶段的训练,需进行相应的、必要的选择。

下面介绍的训练计划及实施顺序是从言语前阶段到基本的言语能力完成阶段的训练程序(图5-6,5-7),原则上适合0岁到入学前的先天性重度感音性聋儿。

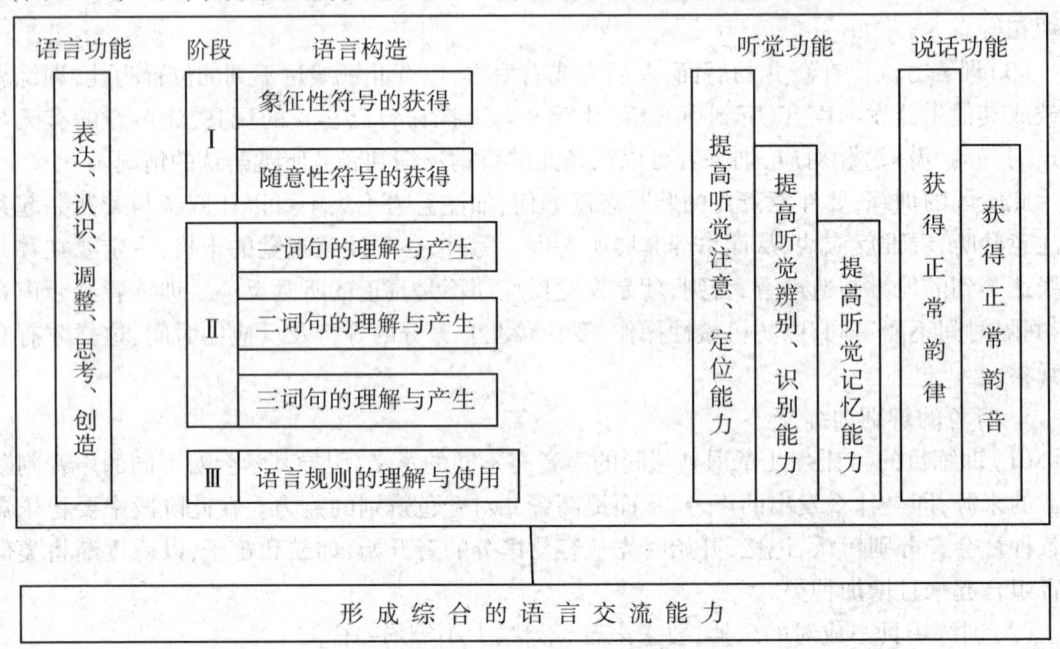

图5-6 训练计划的总体构成(仓内,1992)

使聋儿获得言语的工作十分艰巨,不可能在一两天发生突变,有的需要几个月才能见效。近二十几年来,全国陆续建立了一些聋儿听觉语言康复中心,开办了不同形式的言语训练班。部分城市还成立了聋儿家长联谊会,在那里家长们可以接受聋儿语训的知识,反映训练的效果和尚存的问题。经过医务人员、语训人员和家长的共同努力,不少孩子经过听觉言语训练,不仅进入了普通小学学习,有些孩子还取得了优异的成绩。因此,只要听力言语康复工作者和聋儿家长坚持"尽早查明听力、尽早配助听器、尽早进行科学的听力言语训练的原则",就会使更多的聋儿得到最佳的康复效果。

(二)训练计划的特点

听觉障碍儿童的训练计划有以下几个特点:

1. 根据总体的交流能力的形成来设定实施时与之相关的4个单元,交流能力是多方面能力的组合。

(1)以语言构造获得的单元为中心,进行语言符号的阶段性、系统性的学习。

(2)不只以语言的构造方面为着重点,也以功能方面为着重点,因为两方面是有机地相互关联的,所以要共同进行。

(3)最大限度地活用残余听力,因为听觉系统包含有形成信息处理能力的部分。

(4)初期阶段进行发声说话训练,进而促进实际运用的构音训练。

2. 各个单元的具体计划要充分考虑适用于从0岁开始的儿童的训练内容。

3. 对父母具体指导以促使其积极地参加到计划中来。

(三)训练计划的全体构成

训练计划由以下几个单元构成:

1. 语言构造的获得　在语言构造获得的单元里,要实行以下三个阶段的训练。

(1)阶段Ⅰ——符号的认知和获得阶段(在0岁内被发现或对应年龄为0~1岁)

①象征性符号的获得:语言符号的认知对于重度耳聋儿童来说是十分困难的,要以和母亲的基本交流关系的建立为基础,再进行象征性符号存在的认知及象征性符号和意义间关系的获得。在这里,使用的是比言语符号更常用的(任意性符号)、较低水平的体态语。

②常用符号(任意性符号)的获得:在随意性较高的言语符号中,以拟声语为主到幼儿语的使用,进行随意性符号存在的认知和随意性符号与意义间关系的获得训练。

(2)阶段Ⅱ——句子构造的获得阶段　以阶段Ⅰ符号和意义间关系的确立为基础,促进各种句子构造的理解和产生,及单词句、双词句、三词句及系统的句子构造的获得。

(3)阶段Ⅲ——语法规则的理解和使用阶段　动词、副词、连词、介词等意义的掌握,对于句子的理解要在理解语法规则之上才能使用。这些加在一起,基本的造句才能算完成。

2. 语言功能的促进　在语言功能促进的单元,传达、认识、调整、思考、创造等要为促进语言功能方面的发育来工作。具体的计划在语言获得的方面设定。

3. 听觉功能的提高　在听觉功能提高的单元,要从听觉的注意力、听觉的检出能力、听觉的定位能力、听觉的辨别能力、听觉的识别能力、听觉的记忆能力等方面,进行听觉各个功能的提高训练。

4. 说话功能的提高　在说话功能提高单元中,以自然韵律和实用构音的获得为目的进行训练。

通过以上单元构成的训练计划到形成总体交流能力的最终目标,对于各个单元的训练不是单独进行的,每个单元是互相密切关连的。

(四)训练实施中的注意点

训练在实施时要考虑对听力障碍的种种影响,如训练目的比较适当,但以下几点对应不充分时,课题的进行和目的达成也有困难。

1. 训练场面的设定　训练者和孩子原则上是处于面对面的位置。对于孩子,视觉刺激(表情、口形、手的动作、教材等)和听觉刺激(言语)两方面比较容易接受。对这两个刺激的接受能力相应的课题场景的设定,与训练目的的达成有关。

例如:设定玩的场景的课题时,如设定在桌子上进行课题,由于过多的刺激不容易控制,因而不利于有效地促进获得词和句子,不适合导入新的语言构造。

训练顺序：

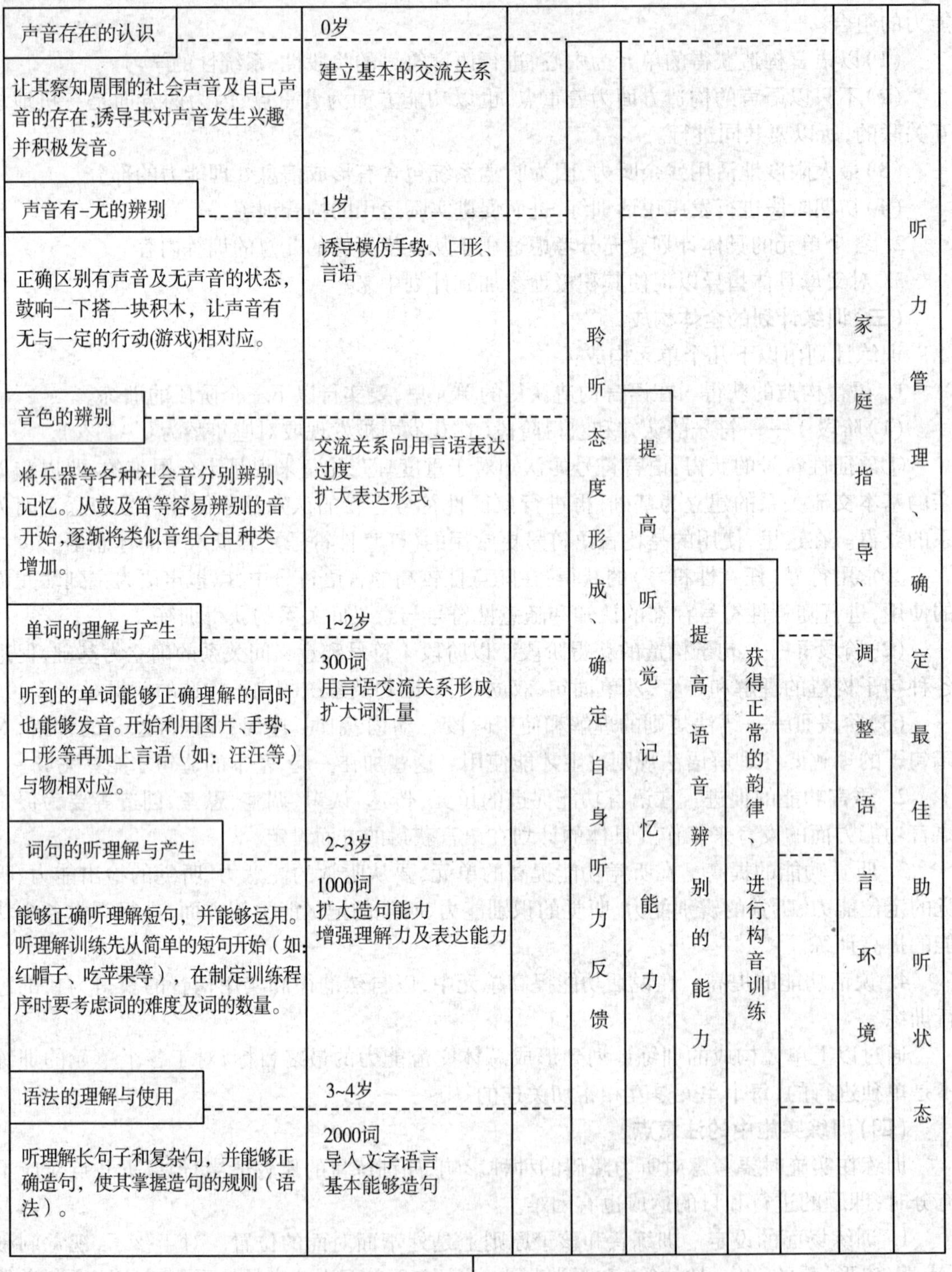

阶段	年龄	目标					
声音存在的认识 让其察知周围的社会声音及自己声音的存在，诱导其对声音发生兴趣并积极发音。	0岁	建立基本的交流关系	聆听态度形成、确定自身听力反馈	提高听觉记忆能力	提高语音辨别的能力	获得正常的韵律、进行构音训练	家庭指导、调整语言环境	听力管理、确定最佳助听状态
声音有-无的辨别 正确区别有声音及无声音的状态，鼓响一下搭一块积木，让声音有无与一定的行动(游戏)相对应。	1岁	诱导模仿手势、口形、言语					
音色的辨别 将乐器等各种社会音分别辨别、记忆。从鼓及笛等容易辨别的音开始，逐渐将类似音组合且种类增加。		交流关系向用言语表达过度 扩大表达形式					
单词的理解与产生 听到的单词能够正确理解的同时也能够发音。开始利用图片、手势、口形等再加上言语（如：汪汪等）与物相对应。	1~2岁	300词 用言语交流关系形成 扩大词汇量					
词句的听理解与产生 能够正确听理解短句，并能够运用。听理解训练先从简单的短句开始（如：红帽子、吃苹果等），在制定训练程序时要考虑词的难度及词的数量。	2~3岁	1000词 扩大造句能力 增强理解力及表达能力					
语法的理解与使用 听理解长句子和复杂句，并能够正确造句，使其掌握造句的规则（语法）。	3~4岁	2000词 导入文字语言 基本能够造句					

形成语言交流能力

图 5-7 0 岁发现的重度聋儿的训练计划（仓内,1992）

2. 刺激的提示　对重度耳聋儿童进行各种刺激提示时,最好是视觉刺激和听觉刺激综合在一起进行。特别在初期的阶段,儿童比较容易对用视觉刺激表达的事物和手的动作发生反应,而不能做到对表情、口形和动作的注视。根据这一点,利用体态语、玩具和图片等教材时,有必要放在训练者脸前的位置进行提示,脸(口形)、手、事物(教材)这三者是不能分离的。

在吸引孩子注意力、进行对视时,要捕捉进行动作的合适机会;听觉刺激(言语)可用大的声音,不能用不自然的间断方式提示;还要考虑对应孩子的语言发育阶段,说话的内容和长短是否合适;在训练过程中,要确认给予的刺激条件是否真正传达给孩子了,这些都很重要。

3. 课题的实施　首先,要确定什么是所希望达到的课题内容,这个课题内容能否被理解。在孩子产生正、误反应时,要给予什么样的反馈(即产生正反应时要强化,产生误反应时要及时修正),所以必须注意事先要确定其反应条件。同时,也要充分考虑到听觉刺激的传达方式、课题进行的顺序,可以先进行预备练习。另外,在教材、奖励及时间等问题上也要充分注意,要组织孩子能积极地参与课题。

4. 训练的形式　言语治疗师的训练,包括对孩子的训练以及对孩子父母的指导两部分。原则上是以一周一次一小时的进度进行,另外,也可以由言语治疗师设定训练计划,父母以此为基础每天一小时在家中指导孩子训练,而且,为了使在家中的训练取得积极、突出的效果,对父母亲进行较为详细的指导也必不可少的。

5. 训练的记录　言语治疗师要把课题的顺序和孩子的反应客观地记录下来。而且,对父母也要根据训练的目的和方法、孩子的反应情况等进行具体的指导,使其能记录下家庭指导的情况。

家庭记录可以明显地反映孩子在家中的情况,对父母应以孩子的变化为视点进行教育。如此地累积起来,双亲自身的水平也会随之提高。

6. 训练目标的设定　制定训练目标时重要的是根据掌握的孩子的实际情况,以及所能达到的最终目标进行具体地设定。训练目标要通过训练的实施结果进行分析和适当的验证,经过一段时间以后还要重新进行相应的修改。

在训练重度聋儿时,训练目标制定得是否适当对于语言学习的速度有很大影响,这也是其左右语言能力发育的重要原因。

(五)聋儿的言语训练方法

在言语符号的认知和获得阶段,听觉障碍造成了聋儿掌握有声语言的困难。没有有声语言,他们很难与健全人进行正常的交往;他们的思维大多也只停留在形象思维的阶段,很难发展成为抽象思维;他们的个性、性格、感情等方面的发展也都受到一定的影响,进而对全面发展产生了极大的阻碍。因此,必须对他们进行语言训练,以语言的发展带动身心的全面发展。

对于有正常听力的儿童来说,在生后 6 个月内,通过与母亲的相互接触,学习了与社会接触必要的基本的诸多信号,学习了母亲的表情和发声,产生了与之相伴随的视线和头的转动等动作,对产生信号的目的性和意义内容,以及调整接触社会的方法等也逐步掌握。而且,在这期间,母亲与婴儿开始进行相互发声的"交流练习"。

而另一方面,对于有重度听觉障碍的儿童来说,在发现其障碍之前,他们与正常听觉的儿童一样,接受的是普通的教育。但是,母亲的活动对于重度耳聋儿童来说,却缺少了言语这个重要的信号刺激。重度聋儿直接面对的最初问题,即在听觉信号缺少的形式下如何进行与母亲初期的相互接触。此种情况造成与社会交往不可缺少的各个信号的学习成为新的障碍,符号的认知和获得学习也十分困难。所以,必然会导致以后的语言发育产生重度的迟缓现象。为了促进重度聋儿的语言学习,这时期母子之间的互相接触要进行质的转换,形成与母亲间的基本交流关系,注意互相接触中必要的各个信号的存在及其意义的学习。在以下具体的训练内容方法中,将以语言构造的获得为中心进行论述。

下述计划适合于在0岁之内发现的聋儿。对于发现较晚的儿童来说,训练的基本流程也是同样的,但训练计划初期的阶段应在短期内结束,主要从其能做的开始到其年龄水平应达到的阶段训练进行。

1. 词汇　词义的理解是儿童使用语言和理解语言的基础,是语言发展中重要的方面。儿童获得词义的过程比获得语言、句法的过程缓慢,严格地说,词义的发展将贯穿人的终身。

儿童在1岁半左右只能说出少量的词,但在2岁以后词汇量急剧增长。

对于聋儿来说,训练时虽然已具有了象征性符号和任意性符号的认知和获得能力,但这种能力如在此之后不进行适当的训练,那么有限的单词阶段的扩展、词汇的扩大和词句的获得将有困难。其结果是不仅语言结构的获得会产生障碍,而且在传达和思考等语言功能的发育,情绪和社会成熟性等方面继发问题将会增多。

对于重度聋儿来说,学习符号和意义间的关系是各种词类以及词句阶段系统导入,促进理解和产生各种句型的基础。这样从0岁起到3岁大致可形成与正常儿童相同的语言理解力,而且在稳定情绪方面,继发的问题也可得到预防和改善。

(1)词汇水平的训练　首先,要了解儿童学习词汇的规律是名词→动词→形容词→时间词→空间方位词→数、量词→人称代词→指示代词→副词→介词→连词→助词→感叹词,词汇是按照这一大致的顺序逐步获得的,所以训练聋儿也要遵循这一规律有计划地进行。

为使聋儿容易理解,词汇的选择是非常重要的。首先要仔细分析孩子的性格、个性、爱好、喜恶和周围事物、环境等,还要从语音学的角度来考虑怎样容易为孩子所接受。选择的条件大致如下:

①孩子喜欢的人和物。

②每天能够看见的、日常生活中有的。

③孩子熟悉的、有趣的。

④孩子容易看清口形的,从语音学角度看比较容易发音的。

⑤有训练条件和训练环境的。

为了理解词汇,可采用图片进行训练,图片和事物尽可能多选,要反复强化。要注意孩子的兴趣,采用多种灵活生动的方法,帮助孩子真正理解词汇。

教示方法基本与阶段Ⅰ相同。

(2)训练举例　学习名词"车"。

训练目的:让孩子认识车,能发"车"的音。

训练材料:车的图片和模型。

训练方法：
①给孩子看车的图片，教其"车"的发音及体态语、拟声语。
②让孩子看图并能做出相应的体态语和拟声语。
③让孩子看训练者的口形及发音，从三张以上图片中找出"车"的图片。
④只让孩子听训练者说"车"的音，从三张图中找出"车"的图片。
⑤让孩子看"车"的图片，自己说出"车"的发音，并让其在生活中有意说出含有"车"的发音的句子。

在各种词类掌握的过程中，要清楚语言的学习是一个潜移默化、循序渐进的过程，切不可急于求成、过早地给孩子灌输大量的词汇。在刚开始掌握词汇时，可多教孩子一些名词，要强调对词的理解和使用。

2. 句子　正常儿童在1岁半到2岁开始出现由两个词或三个词组合在一起的语句。而且，在短时期内能出现大量的词的组合。当孩子的词汇逐渐增多，这时已有了用句子表达思想的条件，语言学习可以进入单句阶段。

(1) 两词句的理解和使用　从两词句的学习开始，把含有名词、动词、形容词等各类词的两词句作为学习的重点。例如："妈妈的帽子"等含有名词的两词句，"大的苹果"等含有属性词的两词句，"妈妈吃"、"吃苹果"等含有动词的两词句。训练者用言语作为刺激条件，适当选择相应的图片进行教示。

选择的教示内容，可以按进行两词句中一个成分的辨别来选择合适的词句（例："红帽子、红鞋"1/2的选择等）；也可以进行两个成分的辨别选择（例："红帽子、红鞋、黄帽子、黄鞋"中1/4选择等）。随阶段递增难度加大，从而促进对两词句的理解，然后再进行对照图片的言语模仿和主动表达。

(2) 三词句的理解和使用　在学习两词句的基础上，可以进行含有名词、动词、形容词等词类的三词句的学习。以"小明的红书包"、"小的黑的球"、"爸爸吃苹果"等词句为主进行教示。方法同前，训练者用言语给予刺激，让孩子选择相应的图片。

与两词句一样，随着选择项数目的增加，教示内容的阶段、难度也在增高和增加；然后，对照图片促进言语的模仿和主动表达，从而使言语符号的使用能力逐步提高。基本上，到3岁时达到能进行三词句的理解和运用的阶段目标。

聋儿与语言发育迟缓的儿童相比，因为语言发育迟缓的儿童存在对图片理解、认知的困难，所以一般首先采用实物来进行训练比较多；而对于不存在智能问题的聋儿来说，采用图片或实物进行训练无太大差异。但是，训练所使用的教材，当然对听觉障碍也存在种种影响，所以在选择上要仔细考虑。例如：当单独使用图片训练比较困难时，可适当配合使用手势、实物以及玩具等等，这样训练起来比较容易。

在进行两词句的理解和使用的学习时，要以促进下一步的句法规则的理解和使用为目的，同时也要进行文字符号的基础学习。对于听觉障碍程度较重的儿童来说，利用听觉能力有困难时，要借助文字符号和手语等视觉的反馈，所以有必要早期进行训练。

在学习词句时，要注意有意识地促进语言功能的提高。从利用体态语来传达行动到利用言语符号来传达行动是传达功能的扩大。在此阶段要有意识地设定一些游戏场景来巩固训练内容。而且，患儿能按照口头指令去行动，或能按照口头指令抑制自己的行动，这是言语功能侧面中促进行动调整功能的目标。

3. **语法** 正常儿童从1岁到3岁所表达的句子是按不完整句→大部分是完整句→基本上都是完整句的顺序发展的,句法的发展过程是按无修饰语的简单句→有修饰语的简单句→复杂句的顺序。1岁半到2岁的儿童在说出电报句的同时,开始能说出结构完整而无修饰语的简单句。随年龄增长,儿童无修饰语的简单句逐渐减少。2岁半时已开始出现一定数量的简单修饰语,例:"两个娃娃玩积木"等。3岁左右已开始使用较复杂的修饰语,如句词性结构的"的"字句:"我的积木",介词结构的"把"字句:"小朋友把钢笔交给阿姨",以及其他较复杂的时空状语句:"我家住在很远很远的地方"。3岁半儿童使用复杂修饰句的数量增长很快,约为3岁儿童的两倍,这说明使用复杂修饰句的能力从此开始显著增强。中国儿童在2岁时开始说出为数极少的简单复句,4～5岁时发展较快,复句中连词使用的发展,表现在出现频率和所用词汇的丰富性和复杂性上。3～4岁的儿童使用"还、也、又、只好"等,到5～6岁时出现了"因为、为了、结果、要不然、如果"等说明因果转折、条件假设等关系的连词,也出现了"没有……只有……"等成对连词。到6岁才能较好理解被动语态句,两重否定句的理解则要到7岁。从以上语句发展的规律来看,正常儿童的语言能力从词汇扩大的量的侧面,到词句和语法规则学习的质的侧面的发育都有了质的飞跃。

对于重度聋儿来说,语言能力低下表现在语法方面十分显著,出现说不完整句子、前后次序弄错、倒装、用词错误等问题,如不进行适当的训练,即使到了成人年龄的阶段也不能改善。为了使重度聋儿能形成确确实实的语言能力,在训练中必须要给予系统的、有阶段性的语法规则的教示。

语法规则的学习可算作是学前聋儿训练的最终阶段。进行语法规则的理解和使用阶段的训练就要在句子结构的理解和运用阶段中,以三词句阶段的形成为前提条件。此阶段的中心目标是使患儿能在语言的构造侧面中以能理解使用语法规则为主,要按以下几个步骤分别进行训练。在训练的实际过程中,可以用文字卡片作为提示,要积极利用言语和相应的文字符号以促进语法规则的获得。

(1) **词汇的扩大** 在进行语法规则的学习时,以词汇的学习为前提条件,这里指的是词汇量的扩大之时,也要促进质的扩大,即通过范畴词(概念)的形成,同义词、近义词、反义词等的学习,来充实词汇的意义内容,理解复数词汇间的相互关系。例如:说"鞋"一词是指脚上穿的东西,它包括"皮鞋、凉鞋、拖鞋"等各种各样的鞋,虽然各种鞋的形状、质地、用途不尽相同,但都是在脚上穿的。而且,同样是身上穿的东西,也有"穿"的"衣服","戴"的"帽子"等。如何导入一种词汇与其周围有关连的词汇,是促进词汇范畴化形成的方法。要充分利用直观形象的方法,引导聋儿对获得的感性材料能够对比、分析、综合、归类,概括出事物的共同属性,形成正确的概念。

在教示聋儿积累词汇和认识周围事物的基础上,要用对比和联系的方法,教其把不同的东西进行归类,形成不同的概念系统。如:

家具:床、桌子、椅子、柜子、沙发等。
衣服:衬衣、毛衣、外衣、背心、裤子等。
动物:牛、马、羊、兔、鸡、熊猫、老虎等。
水果:香蕉、苹果、梨、桃、西瓜、葡萄等。

与此同时,还要进行助词、副词、指示名词、代词等等其他词类的学习,进一步充实扩大量的侧面;还要学习主动词、助动词使用的不同方法和抽象程度较高的词汇的意义等,使其充分确实地掌握这些内容。

(2)句式的学习　动词、形容词等有一定使用方法的变化,肯定句、否定句、完成句、疑问句、祈使句、感叹句等在叙述时,需加入、改变一定的词和句子成分,如连词、助动词、介词、副词等,以及定语、状语、补语等,在教示过程中要使聋儿能理解各种词、句式所表示的不同句义,使其能学会这些变化词、句式的使用规则,理解、使用基本的组句方法。

例如:有两张图片——"喝汽水"、"喝完了汽水",要区别这两张图片,利用图片和文字卡来学习,也可进行实际情况的操作、演习,促使聋儿理解正在做的动作和做完的动作应该如何区别、表示。在学习了肯定句后,用对比的方法来教示否定句,如"吃"与"不吃",利用图片来理解否定句的含义。在前两个句式的基础上,进一步系统地学习其他的句式,如在"吃"、"不吃"的基础上,学习"吃吧"、"吃过了"、"真好吃"等句式。这样就完成了学习"吃"这一词的造句的目标。

(3)语法中的有关词的学习　为了确实形成语法能力,在训练中要使聋儿充分正确地理解助词、接续词、介词、副词等词的使用方法,最好能做到正确使用。为了达到这一目标,言语治疗师可以采取选择、填空、组合、排列图片或字卡等形式来促进这一内容的学习、获得。例如:利用连续的三张图片——"小明起床"、"吃饭"、"去上学",让孩子按照事情的前后顺序排列图片,从中掌握随时间的推移,动作、事情的发展过程中的每一含义。

(4)复合句的学习　当孩子学会了简单句,语言得到了一定的发展,他所表达的内容也越来越丰富,他能逐步表达一些人和事物的相互关系,能对人、事有所评价,能表达一些时间概念,还能用语言来支配、组织一些简单的活动。这时,言语治疗师要教示孩子一些复合句,帮助他表达更复杂的内容。例如:教示孩子学习并列复合句句型,"又……又……",如"蛋糕又香又甜";"有……还有……",如"花有红的,还有白的"。在训练室可利用图书、图片来教示,在日常生活中要有意识地反复使用此句型,在买冰棍吃冰棍时,让孩子说"又热又渴",在睡觉时说"又累又困"等。学习因果复合句要建立在正确认识因果现象的基础之上。首先,要通过各种方法让孩子了解因果现象,同时教他因果连词"因为……所以……",让孩子逐渐体会并学着使用。例如:用孩子可看到的来教示,"因为有风吹,所以树叶在摆"。注意在教示复合句时要根据孩子的年龄状况和语言发展水平进行训练。

复合句的学习也可以利用提问—回答的方法来学习。根据一个事物"裙子",训练者提出各种各样的问题让孩子回答,这样在孩子回答问题时就逐渐把"裙子"一词扩展成一个句子、两个句子、三个句子、互相有联系的复合句——长句,甚至一段话,从而锻炼了孩子理解语言、表达自我见解的口语表达能力,以及造句的能力。

语言训练是一个漫长的过程,单字、单词、概念、句、文章的形成、出现,需详细制订计划、目标,还要根据训练中的实际情况,逐步改进、修订训练计划和训练方法,使聋儿更有效地掌握、运用有声语言,让其真正回归到有声世界中来。

四、构音训练

聋儿由于存在着听觉障碍,所以不能像正常的孩子一样获得正常的语音,一般都有构音方面的问题。因此,训练者要根据构音检查的结果来制订训练计划,进行构音训练。

多数聋儿由于有听觉障碍,不能听见别人的说话声和自己的声音,没有声音反馈,所以长期不会发声,一般不会用嗓子发声,即便会用嗓子发声,发出的声音往往是尖而怪。在没有接受听觉语言训练之前,聋儿一般不注意发音时声带的振动,而如果没有声带的振动,就无法说话,所以在训练的初期,要使他们能够注意到自己本身的声音,有目的地发出安定的、平稳的声音,学习元音的发音方法。

(一) 构音器官的运动训练

1. 舌操　舌头是发音器官的一个重要部分。舌头的运动很灵敏,它的每一段(尖端、中央、根部、边缘)都有助于发不同的音,舌可以前伸、后缩,也可以上升、下降。聋儿由于听力障碍,语言发展受到影响,在日常生活中舌头运动幅度不大,舌肌得不到应有的锻炼,舌肌变得僵硬,转动不灵活,如果舌头动作跟不上语言节拍的速度,有的字音就发不出来或者发得不准。因此,聋儿的舌头锻炼十分必要,舌操分四小节:

第一节:舌头抵住上齿龈,舔着上腭往后钩,钩得越深越好,但不要把舌系带伸疼,然后舌尖舔着上腭,慢慢放在下齿背。

第二节:舌头放在下齿背,舌头向嘴外慢慢伸,伸得越长越好,然后快速收回来。

第三节:舌头用力顶左腮,顶得腮越鼓越好,然后用同样的方法顶右腮,一下左一下右,反复多次。

第四节:舌头平放,用牙齿轻轻咬舌面,边咬边往外伸,然后再慢慢地边咬边缩回来。

通过以上四节舌操的锻炼,使舌头上下左右都得到运动。做舌操时,可以用鼓点或音乐指挥孩子训练,同时让聋儿加上拍手、摇头的动作。

在舌操的基础上,进一步锻炼舌头的动作,连续发音:"嗒、嗒、嗒、嗒;咖、咖、咖、咖;家、家、家、家;扎、扎、扎、扎;啦、啦、啦、啦;嘎、嘎、嘎、嘎。"发音时舌头要用力,口腔要有一定张开度,并且保证每个音阶读得响亮有力,咬字清楚,使舌尖、舌面、舌根、舌边都得到锻炼。锻炼时要先慢后快,舌头动作要灵活、利索、弹力要大。

2. 口唇操　说话时嘴唇可圆可扁,可撮伸可开启,这些不同的动作产生不同的声音。发音正确与否,与双唇动作有极大的关系。聋儿在说话时,嘴唇不用力、不活动,或嘴唇位置不对,所以说出的话含糊不清。针对这一特点,要加强口唇操训练。口唇操分三节:

第一节:张口练习。上下腭打开,直到可以放进两个重叠的手指,上下唇放松,开口肌动作要重合,舌头平放,不能后缩或隆起,舌头自然而然地放在下门齿背。经常做这个练习,可帮助聋儿克服说话嘴紧、嘴打不开的毛病。

第二节:上唇练习。将上唇咧到上齿处,使全部门齿都能看见,下唇听其自然,口部和面部肌肉保持平静。这节训练的目的是帮助聋儿克服妨碍发音清楚响亮的"死唇",促进上唇的灵活性。

第三节:双唇练习。双唇闭拢,向前突出,然后自然地恢复原状,唇形的圆展对某些字,如"拨、泼、摸、咿、乌、吁"的发音正确与否,是个重要因素。双唇练习能帮助聋儿锻炼双唇的力量,使双唇灵活,发好双唇音。

在练习口唇操的基础上,进一步锻炼双唇的动作,使之灵活。连续发音:"爸、爸、爸、爸,波、波、波、波";注意突唇的口型,发:"啊、渥、鹅、啊、渥、鹅、嗌、乌、吁、嗌、乌、吁"。

发音时要双唇用力,读音响亮,口型正确,嘴伸得圆扁,就能得到应有的锻炼。练习时,由慢到快,双唇要活动开。

(二)发声训练

声音的形成是构音的基础,如何有目的地发出安定、平稳的声音呢?首先要使聋儿能够注意到自己声音的存在。在开始时,孩子可能只会看训练者的口形机械地模仿口形的变化,而不能发出声音。只利用听觉反馈是不充分的,还要使用能把声音转换成光或振动的装置、玩具,使孩子能通过视觉的反馈理解、注意到自己声音的存在。当孩子发出声音时,装置或玩具就发光或振动;当孩子只是模仿口形而未发出声音时,玩具或装置就不发光或无振动,这样孩子就能懂得如何做才能发出声音使玩具或装置发光或振动。这种训练的方法是把训练融于游戏之中,使孩子能有兴趣进行训练,尽早得到好的效果。

当孩子发出紧张的高音时,要及时给予纠正,使其明白发出自然的声音是好的,方法同前。孩子无意识地发出自然的声音后要给予强化,进而进行持续发声的训练。这是学习元音的一个基础。

如果聋儿的年龄较小,不要一味地进行单调的发声训练,可以选择一些拟声词让他练习,这样既能引起孩子的兴趣,又为他的下一步训练打下基础。

例:打枪的声音:ba - ba - ba;马蹄的声音:da - da - da;鼓声:dong - dong - dong;火车声:wu - wu - wu;汽车声:di - di - di。

音节是语音的单位,一个汉字就是一个单节。音素是语音中分析出来的最小的单位,一个音节可能只有一个音素,如"啊",也可能包括两个、三个或四个音素,如"八"就有"b"和"a"两个音素。音素按发音的情况和声音的特点可以分为两大类:元音和辅音。

(三)元音的训练

元音有 a、o、e、i、u、ü 6个。

元音发音时气流通过口腔不受任何阻碍,声带振动。区分元音主要是看舌头的位置和嘴唇的形状。

在教元音时要结合汉语拼音进行。例如训练者拿出一张拼音卡片,发出正确而响亮的音,让孩子看清舌头的位置和嘴唇的形状,然后模仿发音。为了做到发音准确,可用压舌板、筷子、勺子等帮助孩子纠正舌位。当孩子能发出元音后,要求孩子能持续、大声地发音,并且能进行元音的高低、强弱变化的发音练习,使孩子能把元音发音的方法固定下来。另外发元音时,也可让孩子配合看与元音相关的图片,增加孩子的兴趣和训练的趣味性。

(四)辅音的训练

聋儿发音的难点在辅音,要掌握好发音部位和发音方法。在聋儿学习辅音的过程中,要充分利用聋儿的视觉、触觉等辅助手段,让聋儿体会、模仿发音,直至能发出正确的辅音。

学习辅音要根据孩子发音的客观发展规律来安排训练的顺序和提出要求。当孩子小,有的音发不出来时,不要强求。小儿辅音的发展进程见表5-6。要根据孩子年龄的大小,判断其发音的能力。

在学习辅音的过程中,要根据发辅音时气流在口腔中受阻的部位和情况,根据送气、不送气和声带的振动、不振动,清音和浊音,充分让孩子利用手、眼等辅助手段(让孩子用眼看发音时的口形和口腔内唇、齿、舌的准确位置,用手感受声带振动和气流的强弱),区别每个音的舌位和口形,体会模仿发音。

送气音和不送气音、摩擦音、舌根音是辅音学习的重点。可利用视觉反馈,例如发送气音时在嘴前放一张纸条,当能够正确发出送气音时纸条会被吹起。这样孩子就能自己判断发的音是否正确,如不正确将会自我修正。另外,在训练中,有时会出现单独发一个音时发不出来,但却能发出含有这个音的词,如发不出"l"却能说"拉"这个词,这时可以用词来引导孩子发好音,并与语言训练结合起来,既提高了孩子的兴趣,也学会了发音,理解了词汇。

表 5-6 小儿辅音的发展进程

年龄(岁)	能发的辅音
3.5	b、p、m、w、h
4.5	d、t、n、g、h、ng、j
5.5	f
6.5	zh、ch、l
7.5	z、s、r、ch

(五)拼音训练

当孩子能正确发出元音和辅音时要进行拼音的训练。训练拼音的目的是让孩子掌握汉语拼音,学会说普通话,为将来的文字学习打下基础。

拼音训练的方法应根据孩子的不同情况来选择,下面介绍两种方法:

1. 声韵两拼法 教孩子学会声母的本音读法,也可以把声母读得轻些、短些,把韵母读得重些、长些,拼合时速度要快些,中间不要停顿有空隙,做到"前音轻短后音重,两音相连猛一碰"。

2. 支架法 它的拼音要领是拼音时声母不出声,只是做好发音的准备(支好架),在准备发音时,一张嘴韵母就紧接着冲出来,一口气拼成一个音节。即做到"声母支好架,韵母紧跟它,声韵一口气,拼出不会差"。

拼音教学比较枯燥,孩子开始时不易认真主动去学,要利用图片、玩具、示范等生动、具体的方法来引导孩子学习,发展他们的抽象思维能力,使他们正确地掌握拼音的知识。

(六)四声训练

在元音、辅音练习的同时,要加入四声的训练,也就是说不能只单纯教会聋儿说话,还要教他们说话时有声有调。在四声的训练中,存在一个由易到难的过程。可先教一声、四声,然后再教二声、三声。四声训练和拼音要结合起来,由浅入深、循序渐进地进行,先教单韵和声调,接着教拼音。可根据声调符号的特点,用手势动作变化来表示四声,这样孩子训练起来情绪较高,兴趣较浓。

构音训练是一个长期的工作,要持之以恒地训练,这样聋儿才会形成良好的语音习惯,学会用清晰的言语来表达自己的思想。

(卫冬洁)

五、语言环境的调整

为了使训练获得的语言能力在日常生活中有效地应用,并通过各种活动形成更为丰富的语言能力,有必要根据儿童的年龄及发育阶段对其所处的语言环境进行调整。早期以指导父母为中心,同时,保证适宜的集体生活的语言环境,另外,得到周围人们的理解与协作来调整语言环境也是很重要的。

(一)父母指导

为了使聋儿的综合性交流能力与社会生活相适应,聋儿能够自立,让父母及周围人们接受聋儿听力障碍这一事实,和对许多具体问题进行具体处理显得尤为重要。尤其是孩子刚被诊断为耳聋后,父母处于绝望、惊恐不安的心情中,为了使父母及家属能摆脱这种心情,对听觉障碍所带来的问题能积极处理,就需要给予他们帮助。下面叙述父母指导的内容。

1. 听觉障碍及其问题　应向患儿父母介绍有关耳的构造、听功能等有关听觉生理与耳聋种类、性质、听力障碍的程度及听力型等有关听觉病理的内容,按照聋儿的具体障碍状态,提供基础知识。另外,有关听觉障碍直接产生的语言发育迟缓问题及听力障碍所带来的继发性问题(情绪、社会性和思维发展等问题),应简单明了地予以说明。重要的不仅仅是指出问题,更要使其充分理解,只要用适当的方法,就能使周围人形成积极的态度。

2. 听力管理与助听器　为了使助听器保持最适合的助听状态,在语言训练和日常生活中有效地发挥作用,对父母需要进行细致周到的指导。另外,对平时的听力管理,也要进行适当的指导。

3. 从相互交流的质的转换到交流关系的建立　正常听力儿童在生后6个月内通过与父母的相互交流,学会社会交往中必要的基本技能。以母亲的表情及发声,以及与之相伴的视线及头活动等作为信号,学习其意义内容,调整与社会交往的方法。近年的发育心理学及听觉心理学证实,正常听力儿童在新生儿期已对一些声音产生辨别性反应,到生后3个月,婴幼儿已能理解脸(口型)与声音,同时已注意到社会交往中最重要的音声信号的存在并开始学习其意思。

对于重度聋儿,声音这一重要信号是以隐蔽的形式传递的,与母亲早期的相互交流是以听觉信号欠缺的形式进行的,这是重度聋儿面临的最早问题,而且,这种状态不被周围人所注意并持续到发现其障碍为止,其结果是使符号的认知与获得变得很困难,因此聋儿的语言发育出现重度迟缓。实际上,不管发现年龄如何,重度聋儿语言都停止在不能理解和不能表达的阶段,这是由于符号认知与符号获得阶段尚未建立。为促使这样的聋儿学习语言,就必须将母子间的交往予以质的转换,由此形成母子间的基本交流关系,使聋儿注意到相互交往中所必需的语言符号的存在并使之学习其意义。将有关聋儿应该怎样反应和如何引出其反应等内容,提供给父母具体的方法,并使他(她)们学会相关技术。言语治疗师通过做示范,利用录像或设定换衣报、洗脸、吃饭等日常生活场景进行训练,这种实际指导很重要。为帮助父母理解可参考下面所示的注意事项(母子10条注意事项)。让聋儿看到及父母应做到:

(1)讲述的事物要出示在聋儿的面前。

(2)与眼同高。

(3)引起孩子的注意后再开始。

(4)使能看到对方脸的表情及口型。

(5)声音要稍大一些。

(6)发音要清楚。

(7)自然语速。

(8) 伴随手势语。

(9) 反复。

(10) 确认是否已接受与理解。

(二) 家庭指导

为了提高聋儿的交流能力,要抓住一天中各种各样的机会,进行上述的努力,每天要设定 1 小时左右的课程,依据言语治疗师制订的计划进行家庭指导。对父母说明家庭训练非常重要,同时说明每个训练课题的目的及内容、教材、程序等,同时演示训练场景,予以示教。讲解训练房间、场面、时间的要求,帮助准备适合聋儿感兴趣的教材,一边具体讲解程序,一边帮助父母具体实施。另外,要指出训练过程中应观察的重点和记录方法。要让家长养成记录的习惯,这样做不仅使聋儿的语言变化和进步长期保留下来,还会增加父母的信心。

日常场景训练的最终目标不只是学会词汇及规则,而是要在实际生活中能够应用,能准确地表达自己的经历及思想。为此,根据句子构造在日常生活中的应用,有意识地准备相应的活动场景及相互交往、相互说话的游戏场景,早期设定"要"的手势来传递东西等的场景,要设定与场景相符合的手势进行交流。然后,促使从手势的传递活动发展到音声信号的传递活动,使传递功能更加扩展。努力使聋儿能按照语言指令进行活动,因为语言指令如能控制聋儿的行动,就能从语言功能侧面促进行为的调节。

在游戏及饮食等场景中实际使用已掌握的语言。通过外出活动、看电视及看图书等活动,丰富言语及非言语性经历。另外,使用图画表达自己的经历,进而可设定过家家游戏,以形成对言语指令的理解及向别人传递的能力,逐步提高问答能力。

另外,在词义的扩展方面,选用适当的词语说明许多词的相同点与不同点,还可采用猜谜语,促进语言功能中的类推及推理等语言性思维能力。

要向父母讲述语言训练的必要性和训练的目标,目前需要父母做什么等,需反复向父母说明直到其弄懂为止,然后使其理解在促使聋儿形成丰富的语言能力和自立方面父母所肩负的责任与应该发挥的作用,使之积极参加到训练计划当中去。

(三) 与其他部门和人员的合作

除了以上介绍的内容,还需要与幼儿园、学校等其他机构及耳鼻喉科合作,另外,保姆、教师等有关人员也要密切配合,才能有效地调整聋儿的言语和生活环境。

(李胜利)

思考题

1. 耳聋的主要原因和分类是什么?
2. 传导性耳聋与感觉神经性耳聋如何鉴别?
3. 耳聋的分级。
4. 助听器选配的适应症和注意事项有哪些?

第六章 腭裂

教学目标
1. 掌握腭裂的定义和分类。
2. 熟悉腭裂检查方法。
3. 了解腭裂的训练方法。

第一节 定义和语言表现

一、概述

1. **腭裂的定义** 腭裂是口腔颌面部最常见的先天性畸形,发病率在1‰~2‰,因为胎儿第6周至第12周,硬腭、软腭未能正常地发育融合,以致于出生时遗有长裂隙。可单独发生也可与唇裂同时伴发。腭裂不仅有软组织畸形,大部分腭裂患者还可伴有不同程度的骨组织缺损和畸形。他们在吮吸,进食及语言等生理功能障碍方面远比唇裂严重。由于颌骨生长发育障碍还常导致面中部塌陷,严重者呈碟形脸,咬合错乱(常呈反颌或开颌)。因此,腭裂畸形造成的多种生理功能障碍,特别是语言功能障碍和牙咬合错乱对患者的日常生活、学习、工作均带来不利影响,也容易造成患者的心理障碍。

2. **腭裂的分类** 至今在国内外尚未见一种统一的腭裂分类方法,但根据硬腭和软腭部的骨质、黏膜、肌层的裂开程度和部位,多采用下列临床分类方法:

(1) 软腭裂 仅软腭裂开,有时只限于腭垂。不分左右,一般不伴唇裂,临床上以女性比较多见。

(2) 不完全性腭裂 称部分腭裂。软腭完全裂开伴有部分硬腭裂;有时伴发单侧不完全唇裂,但牙槽突常完整。本型也无左右之分。

(3) 单侧完全性腭裂 裂隙自腭垂至切牙孔完全裂开,并斜向外侧直抵牙槽突,与牙槽裂相连;健侧裂隙缘与鼻中隔相连;牙槽突裂有时裂隙消失仅存裂缝,有时裂隙很宽;常伴发同侧唇裂。

(4) 双侧完全性腭裂 双侧唇裂同时发生,裂隙在前颌骨部分,各向两侧斜裂,直达牙槽突;鼻中隔、前颌突及前唇部分孤立于中央。除上述各类型外,还可以见到少数非典型的情况,如一侧完全、一侧不完全,腭垂缺失,黏膜下裂(隐裂),硬腭部分裂孔等。除此之外,国内有些单位还有一种常用的腭裂分类法,即将其分为Ⅰ度、Ⅱ度、Ⅲ度。Ⅰ度裂,只是悬雍垂裂;Ⅱ度裂,部分腭裂,但未裂至切牙孔,根据裂开部位又分为浅Ⅱ度裂(仅限于软腭)和深Ⅱ度裂(包括一部分硬腭裂开);Ⅲ度裂,全腭裂开,由悬雍垂至切牙区,包括牙槽突裂,常与唇裂伴发。

3. 腭裂的临床表现

(1) 解剖形态的异常 软硬腭完全或部分由后向前裂开,是腭垂一分为二。患者还可伴有牙列的异常和上颌骨发育的异常。

(2) 进食功能障碍 由于患儿腭部裂开使口腔和鼻腔相连通,口腔内不能形成负压,造成婴儿无力吸吮母乳,造成喂食时间增长、摄入量减少、呛咳和鼻腔返流,严重的可以出现营养不良以及体重过低等表现。

(3) 中耳疾病 由于腭裂引起的腭部肌肉功能异常造成耳咽管功能障碍,患儿易出现渗出性中耳炎,造成听力下降,严重者会导致永久性听力损失。

(4) 腭咽闭合功能不全(velopharyngcal insufficiency,VPI) 是指在语音活动时,由软腭、悬雍垂、咽侧壁和咽后壁的相互运动,共同关闭鼻咽腔的过程不能完成。腭咽关闭不全仅仅遗留10mm~20mm的缺口即可影响正常言语产生,腭咽功能不全的原因可以是腭咽口结构异常(包括腭裂、深鼻咽腔、短软腭等),也可以是神经功能障碍和学习发音方法不当。是影响腭裂患儿语言清晰度的一个主要原因,患儿形成的这种特殊语音又称为是腭裂语音。

(5) 构音障碍 是指由于患儿的硬腭形态异常造成在发声时舌运动的过度调节而产生的异常语音,这包括由于舌面的异常上抬、舌根的后下活动以及喉咽部因代偿活动导致的异常肌紧张等出现的语音异常。

(6) 语言发育迟缓 受以上因素的影响,腭裂患儿在语言发育上会落后于正常儿童。患儿早期开始说话较正常儿童晚,说话时语句简单,说话量少,表现出与同龄儿童在言语交流方面的明显困难等。

(7) 其他 由于患儿硬腭发育障碍会引起牙槽骨形态的异常导致以后牙列错乱,有相当数量的患儿可以出现上颌骨的发育不良,随年龄的增长而越来越明显,导致牙的反颌或开颌,以及面中部的凹陷畸形。此外,患儿由于颌面部形态和语音的异常,在日常交流中会出现异常的心理问题,患儿表现出焦虑、易激惹、猜忌心理以及畏惧社会生活,这也是腭裂患儿发育过程中常见的一些特点。

4. 腭裂的诊断与治疗 腭裂的诊断可以根据解剖形态和临床表现得出,并不困难。目前比较公认的腭裂的治疗是综合序列治疗原则,即通过手术首先来恢复腭部的解剖形态和生理功能,重建良好的腭咽闭合以及获得正常的语音;对面中部塌陷畸形、牙列不齐和咬合紊乱者也要予以手术纠正,以改善患者的面容和恢复正常的咀嚼功能;及早治疗因腭裂引起的鼻、耳疾患,注意预防和纠正听力损失;对患者进行系统的心理支持与辅导。从而使腭裂患者达到身心健康;此外对腭裂语音进行系统纠正,改善患者的语音清晰度,提高言语交流技巧,促使患者能够正常使用言语进行交流。

二、腭裂的语音表现

腭裂患者的呼吸功能和发声功能均为正常,其所出现的异常语音是由于构音能力和共鸣能力出现障碍所致。腭裂语音障碍的言语病理基础主要是：腭部结构缺失引起鼻腔和口咽腔交通、软腭和悬雍垂发育畸形以及软腭肌肉缺陷引起的腭咽闭合机能不全、腭扁桃体和腺样体肥大、牙列发育异常以及唇裂、舌体位置后移以及舌体体积过大或过小。常见的语音异常表现有：

1. 共鸣异常　在正常生理状态下，发元音及非鼻音的任何辅音时，鼻口腔因腭咽闭合而完全分隔，口腔独立完成共鸣；当腭咽闭合不全时，口鼻腔交通，一部分气流进入鼻腔，产生鼻腔共鸣。按照气流进入鼻腔的程度，共鸣异常也有不同的表现，可以包括有限的鼻腔共鸣到很少或完全没有口腔共鸣，分为不同的鼻腔共鸣表现：

（1）鼻音过重（hypernasality）　是腭咽功能不全时的常见表现，例如发/i/音时发成了/eng/或/en/。主要由于过度鼻腔共鸣所引起，言语病理学上称为"鼻音化"。

（2）鼻音减弱（hyponasality）　多由于鼻腔堵塞、腺样体肥大以及咽腔狭窄所引起，发音时类似于感冒后的鼻塞音。此类音多见于发/m/、/n/时。

（3）鼻漏气（nasalescape）　是指发音时不能关闭口咽以及鼻咽之间的通道，声音由鼻孔逸出。尤其在发辅音时，由于气流大部分自鼻腔流出，口腔内气流较少，导致发音含糊不清、音调低沉和音量小。如在发/p/、/t/等送气音时较容易出现。

2. 构音异常　腭裂患者由于有或者曾经有过腭咽闭合不全，口腔内气流自鼻腔流出，口腔内压力不足，患者为了获得充足的口腔内压力，经常需要使舌位后置以缩小气流腔体积，此外患者在发声时也会尽量使舌背高抬以协助闭锁咽腔，增加口腔内气流压力，这种发声习惯是患者为了补偿形态异常才形成的错误构音方法，即使在手术矫形后也不易自我纠正，必须要术后进行功能锻炼。此类常见的构音异常包括：

（1）腭化构音　发音时舌在硬腭前部或软腭前部形成卷曲（舌背高抬呈卷曲状），气流从舌腭之间的空隙通过，摩擦音、鼻音和爆破音都可出现，临床上以/k/、/g/、/c/等音最易发现，这类患者在发像"猜一猜"这样的语句时会出现异常语音。

（2）侧化构音　发音时舌与硬腭接触，但在牙槽脊和牙弓的一侧或双侧形成空隙，气流从空隙溢出，形成气流与颊黏膜之间的共振，比较典型的是把/ki/发成/gi/，并能听到气流的杂音，在/i/、/sa/、/za/、/j/等音的检查中容易出现。

（3）鼻咽构音　发音时舌后部后缩，舌与腭部接触良好，气流不穿过腭部的表面，而是由软腭的振动形成软腭的摩擦音，气流溢出鼻腔，似鼻后部摩擦音。临床上最常见的是把/gu/发成了/ku/。/i/和/u/相关的音较容易出现。

3. 其他发音异常　主要是由腭咽闭合功能不全引起。腭裂患者发音过程中由于腭咽部闭合不全，总是试图在气流通过腭咽部进入鼻腔前利用咽部与喉部肌肉的紧张性变化阻挡住进入鼻腔的气流，此时就会形成气流在声门处和舌咽部的异常摩擦，这些共同组成了腭裂患者特殊的发音。按其发音的特点又可分为以下几种：

（1）声门爆破音　又称为"腭裂语音"的代表音，其音声特点为，发某些辅音时，声音似从咽喉部强挤出，辅音起声时间消失或过短，在发/pa/、/ta/、/ka/等音时最易检出，严重的患者在发辅音时完全会省略掉摩擦和爆破的动作，并且会有面部表情的伴随。

（2）咽喉摩擦音　是腭咽闭合功能不全患者特有的一种异常语音，其表现为在发塞擦音时咽腔缩小，舌根和咽喉摩擦而形成的异常语音，在发声时几乎看不见患者的舌尖活动，语音清晰度较低。临床上以/z/、/c/、/s/、/j/、/q/、/x/等音较容易检查到。

（3）咽喉爆破音　也是腭咽功能闭合不全的特有语音,患者发音的过程几乎都是靠舌根和咽后壁的闭锁和开放来完成的,在/k/、/g/的音群中最容易发现。正常构音者在发/ka/、/ga/时,可见舌背向上抬的运动,但在发咽喉爆破音的患者,舌背呈水平向后移动。

第二节　腭裂的评价

一、构音器官形态和功能评定

构音器官形态和功能评定的目的是了解构音器官解剖形态、大小、运动状态和功能的基本情况,从而指导患者进行相应的治疗。构音器官包括口面部、鼻部、唇、齿、舌、硬腭、软腭、咽喉部和下颌。

（一）构音器官的形态检查

1. 口面部检查　主要检查患者口面部发育情况,部分腭裂患者会并发唇裂、面裂、鼻畸形、面部发育异常、小耳畸形等口面部畸形,以及治疗后瘢痕对口面部的影响,这包括瘢痕的部位、对口面部的影响等。

2. 鼻部　腭裂并发唇裂的患者,裂侧鼻翼周基底组织缺损,导致鼻形态异常,出现两侧鼻翼的不对称、患侧鼻翼扁平、鼻尖塌陷、鼻腔狭小、鼻小柱变短、外鼻不正、鼻中隔偏曲、下鼻甲肥大,鼻腔通气功能障碍等表现。

3. 唇　合并唇裂的患者术后患侧上唇瘢痕增生、挛缩,表现为唇两侧不对称、唇缘不齐、上唇组织缺损、上唇运动不充分。因此,需要进一步检查唇形特点,能否做圆唇动作以及进行咂唇、噘唇和展唇运动。检查双唇闭合的力量。

4. 口腔　有无腭裂、上腭瘘、腭部瘢痕、腭高拱、软腭短小,检查软腭上抬运动是否充分,悬雍垂的形态,有无隐性腭裂等。

5. 齿　硬腭裂患者,尤其是Ⅲ度完全性唇腭裂患者,其上齿弓因裂隙的影响,常出现上齿弓形改变、牙齿缺失、扭转现象,亦可出现咬合形态的异常。

6. 舌　需要观察舌体是否对称,有无肥厚、凹陷、萎缩现象,舌能否完成伸缩、上下舔唇、左右舔口角动作,有无舌系带过短引起的舌尖上抬及外伸运动受限,是否采用过舌瓣修复上腭部瘘孔的术式。

7. 硬腭　检查硬腭的长度、腭穹窿的拱度、有无上腭瘢痕以及上腭瘘。

8. 软腭　检查软腭的长度,有无瘢痕、瘘孔,软腭的运动能力。

9. 下颌　常见的有反颌畸形、开颌畸形和错颌畸形。并要注意下颌关节运动时是否稳定,有无下颌的侧向摇摆。

10. 咽喉　有无采用咽后壁复合组织瓣修复腭裂、咽瓣蒂部的位置。对于腭裂术后的患者,还要注意上腭两侧松弛的切口留下的蒂是否过于宽大、是否限制开口动作;运用颊肌黏膜瓣修复延长软腭,是否存在因蒂部过于宽厚而影响咬合。

（二）构音器官的功能评定

1. 构音器官的运动功能评定　详见第三章构音障碍的评定。

2. 鼻漏气的评定

(1) 吹气法　具体的检查方法是取一个盛水的杯子,受试者用一个吸管置入水中不间断的吹气,并计算吹水时间。正常人可以连续吹气40秒以上,而腭裂患者因为鼻腔漏气,不能完全经口腔送气,所以时间大为缩短,一般小于5秒。

(2) 鼻息镜检查法　可以直视下检查鼻漏气的程度。操作时用一块带刻度的金属板或玻璃板,当患者发/a/音时将其平放置于鼻腔下方并于鼻唇部紧贴,观察在板上气雾范围来评价鼻漏气的程度。

(3) 呼吸流量计　主要通过测量呼气压力和气流率再评定通过口腔和鼻腔的气流比值来进行评定。

二、腭咽闭合机能的相关评定

腭咽闭合功能的相关评定主要包括:

(一) 汉语语音清晰度的检查

汉语语音清晰度测试是一种主观性测试,主要通过应用标准化的汉语音节和词的量表对患者的发音进行测试,记录其发音的错误,计算发音错误词数占总测试词数的百分比,从而得出量化的言语清晰比值。

(二) 鼻咽纤维镜的评价

鼻咽纤维镜是目前评价腭咽闭合功能最重要与最常用的工具。通过鼻咽纤维镜可直接观察腭咽是否完全闭合,闭合不全者的腭咽孔大小、观察其四壁的肌肉活动度等。腭裂患者腭咽闭合的鼻咽纤维镜表现:

1. 腭裂术前的腭咽部鼻咽纤维镜表现　对于腭裂患者,因软腭肌肉缺陷,已不可能有腭咽闭合功能,没有必要做鼻咽纤维镜检查。对于某些较大患儿,需同期做咽成型术者,有时鼻咽纤维镜检查可以帮助了解咽侧壁与咽后壁运动情况。

鼻咽纤维镜可以帮助诊断软腭隐裂。此时软腭的形态可正常,并有一定的功能,但由于软腭肌肉的异常附着,使腭咽闭合不能达到完全,典型的鼻咽纤维镜表现为腭咽闭合时软腭鼻腔面中线的V形缺损。

2. 腭裂术后,鼻咽纤维镜下腭咽部表现　腭裂术后腭咽闭合完全的患者,其鼻咽纤维镜表现同正常人;腭咽闭合不全的患者,其鼻咽纤维镜的表现不同症状有所不同。

腭咽闭合不全所形成的腭咽孔大小不等、形状不一。小者如绿豆或仅为一缝隙,大者咽后壁、咽侧壁、软腭动度很小,从发音时腭咽孔可窥见舌背运动、会厌及声带。腭咽孔形状可为圆形、椭圆形或长圆形。

软腭及咽壁运动:在正常发音的情况下(除鼻辅音外),软腭及咽壁肌肉持续收缩,保持腭咽腔的完全闭合,将口鼻腔分开。但有些患者腭咽闭合可以出现元音及辅音的闭合不全,辅音有闭合元音无闭合或元音有闭合辅音无闭合,有时还可以看到代偿性发音而出现的咽、喉、声门、软腭的异常运动。

鼻咽纤维镜的主要优点有两方面:①它与头颅侧位片结合进行检查,可将腭部运动的两维平面变为三维空间,这样可找出确切的腭咽闭合不全的原因,进而选择最佳手术方案。②可同时进行录音和录像,还可利用人的反馈系统进行语音训练。当患者在荧光屏上看到自己的软腭与咽后壁关系时,可通过视—听反馈系统努力使自己达到良好的腭咽闭合。

鼻咽纤维镜可以直接观察病人发音时软腭及咽侧壁的运动情况,对手术设计及术后矫治方案的制定很有价值。另外,还可对腭咽闭合功能进行定量分析及同步录像、录音。因此,鼻咽纤维镜是目前检测腭咽闭合功能较为理想的手段之一。

3. 语图仪—计算机语音频谱分析与评价　语图仪能把声音信号转变为可见图谱。从图谱观察声音信号的频率、幅度和时间等物理参量以及这 3 者之间的动态关系,从而了解被测信号的声学本质。使用语图议不仅能阐明异常语音部分的构造、强弱,还能观察到其瞬间变化,使异常语音"视觉化"。声音图象与临床检查相结合,可为明确诊断、客观评价腭裂语音和语音训练提供有意义的理论依据。

嗓音起始时间(voice onset time,VOT)是辅音与元音连接时,即除阻开始与声带颤动开始的时间过程。VOT 对认识短暂辅音的发音方法起重要作用。

正常语音频谱谱纹清晰、着色深、频带宽,腭裂术前患者语音频谱谱纹散乱、着色浅、频带窄,出现高频区谱纹加深,使元音音色改变。腭裂术前异常语音的共振峰除 F1 与正常人接近外,F2、F3 值均低于正常,F2 甚至缺如。腭咽闭合不全者其共振峰明显低于正常人,由于存在高鼻音,使谱纹较浅、散乱、频带窄,辅音 VOT 值为负值。如果腭裂术后进行正确的语音矫治,其共振峰则能接近正常,谱纹清晰、着色深,VOT 负值几乎消失。

在语图上,辅音一般都表现为横杠、冲直条、噪音乱纹三种。横杠表示辅音声带颤动的嗓音段,冲直条为短暂的爆发段,乱纹为延续的噪音段。塞擦音是冲直条之后接上乱纹。辅音[t]为舌尖中、不送气清塞音,除阻段很短,强度也弱,但中心频率较集中。对于单个音节来说,从频谱图上不能看出塞音、塞擦音之前的空白区与别的声母之前的空白区有何不同,但如果一个双音节词里的后一个音节以塞音或塞擦音为声母,那么这个无声段就是必不可少了,而其他的声母则不会有这一段出现。如正常人发[ta]时,在语图上有一段无声的间隙,此期间声道中某处完全阻塞,频谱上为一段空白区,间隙之后为爆破段,此时声道中的堵塞突然打开,压力陡然释放,产生一个或多个脉冲,在频谱上表现为频域宽、时域窄的冲直条。它的异常代表着不同程度的腭咽闭合不全(VPI)。

4. 鼻流计对腭咽闭合的评价　鼻音化率的计算是将受试者发音时口、鼻腔辐射出的声音能量分别收集,再通过电子声音转换器的滤波和数字化,转变成鼻腔与口腔加鼻腔声能比率,再将其百分化,以鼻音化率来表示。从而反应出发音时的鼻腔声能所占比例,即过高鼻音的情况。国内学者提出以鼻音化率平均值的 35% 作为腭咽闭合功能的参考值。鼻流计可以通过数值和图形较全面地反应测试者发音时的生理状态,也能通过图形反应舌的运动和位置是否正常。

三、构音评定

详见构音障碍的评定。

四、黏膜下腭裂、先天性腭咽闭合功能不全的检查

腭黏膜下裂又称腭隐裂,这是先天性腭裂中的一种,即腭部的口腔与鼻腔侧黏膜完整、肌肉附着异常的先天畸形。腭隐裂的三大特征,即悬雍垂裂、软腭肌肉在中线不连续及硬腭

中线切迹。患者通常因发音不清晰而求治,但经常因畸形位于黏膜下而常被忽视,漏诊率较高。检查时可以通过透光实验进行鉴别,也可以用手触诊到黏膜下的空虚感,测量软腭相对长度、腭帆提肌附着位置及发音时软腭抬高角度是诊断腭隐裂的重要指标,X线检查可以见到鼻后脊分叉、软腭短,动态观察有腭咽闭合不全的表现。

先天性腭咽闭合功能不全(congenital velopharyngeal insuffency,CVPI)是一种常染色体显性遗传性疾病,发病率约为1/8000到1/5000。其主要临床症状是没有明显的解剖异常,但在口腔检查中,可发现此类患者或软腭过短、过薄,或咽腔深于正常,或软腭、咽侧壁没有动度,以至于发音时不能达到足够的腭咽闭合,气流自鼻腔溢出,形成以严重过度鼻音为主的语音障碍,影响其言语清晰度。

五、其它相关检查

1. X线检查

(1)头颅侧位片 一种简单而且应用时间较长的检查方法。可用于观测矢状面腭咽闭合时的软腭抬举高度、伸长度、咽腔深度、软腭与咽腔的比例情况,检查时也可以在软腭或需测量部位涂以造影剂,以增强显影的清晰度。

(2)多角度X线动态录像 主要分为侧位、正位、颅底位和Town氏位四种测量体位。该方法提供了三维图像,有较大的实用价值。侧位是最常用的体位。头颅正位可以提供软腭抬高水平、咽后壁瓣垂直高度以及咽侧壁在发声时向内运动水平的关系等信息。颅底位和Town氏位显示的图像和鼻咽纤维镜的观察结果十分相似。对于腺样体肥大者Town氏位更能真实反映咽侧壁的活动。

2. 电子腭图检查(electropalatography,EPG) EPG是一种提供言语活动中舌腭接触情况的同步视觉反馈系统。其中电子腭类似于口腔常见的腭假体,其内部有118个感受电极(不同的厂家电子腭内的感受电极数量不一定相同),外部通过导线与电子计算机分析系统连接。患者在检查时通过牙托配戴在硬腭上,检查者通过要求被试者发出一系列测试音,感受电极记录舌与硬腭的接触位点,通过电子计算机进行采集分析,可以得到舌与硬腭的接触数据以及舌在发声时的运动状态,从而对患者在腭咽闭合不全的情况下的构音操作做出直观的评价,具有积极的评价和指导训练的意义。

3. 计算机断层扫描(CT)和核磁共振检查 计算机断层扫描可以对静止的腭咽腔进行三维的观察,并能精确测量出腭咽腔的宽度和长度,所得到的图像清晰,腭咽腔的边界明确,图像容易处理。

核磁共振(MRI)可以对腭咽闭合的静态和发音位置时腭咽形态进行多个角度观察,并能够进行测量,重建三维立体结构,能够提供清晰的软组织成像。

第三节 腭裂的构音训练

一、语言训练开始的时间

腭裂语言训练应该开始于术后2~3月,此时期术后肿胀已基本消退,缝线已脱落或拆掉,上腭知觉已开始恢复。一些语音在腭咽闭合手术后可自行得到纠正,但多数构音动作仍存在障碍,对此类患者仍需要进行构音训练。

二、腭咽语言训练原则和注意事项

1. 减轻父母对腭裂儿童口语交流能力改善可能性的过度焦虑。
2. 增强腭裂儿童对改善口语能力的信心。
3. 鼓励儿童口语交流中任何细微的,甚至是尚未表现出的潜在的积极因素。
4. 儿童的生理解剖条件得到改善后,最大限度改善其口语交流能力,改正不正常的代偿发音方法及异常的发音习惯。
5. 尽可能于早期使患者获得良好的腭咽闭合功能及口语能力。
6. 训练原则上采取一对一训练方式,每星期1~2次,每次训练时间为40~60分钟,训练过程中应调整儿童情绪,适当休息或游戏。可让家长陪伴儿童训练,并要求家长在家中配合进行训练。
7. 部分腭裂儿童可伴有听力、智力、心理等多方面异常,如有听力异常应尽早检查听力和配戴助听器,对伴有智力异常和语言发育迟缓的儿童要及时进行相应的训练。

三、具体训练方法

1. 发声异常的训练　对存在发声异常的患者,首先需改善其声带发声异常。声音嘶哑的患者经内窥镜检查,可发现声带结节或声带过度紧张,患者此种发声习惯是由于长期鼻腔气体溢出,鼻音化构音,使患者不自觉地用力挤压声带,控制气流形成挤喉或紧喉噪声。此类患者首先于训练开始时使其放松喉部压力,以无声的"au"向低沉浑厚的"a"音过渡,此时病人感觉气流不足,大部分气流从鼻腔溢出,可采取堵住鼻孔的方法。逐步向"a"、"u"过渡。儿童患者常见发声障碍是"喊"音,此类儿童让其放低声音则可能会不合作,患儿自述"不会说"。治疗师首先控制自己的音高,并通过录音对比方法使患儿感觉自己声音"太尖了"。治疗师可采用"唱音"方式将音高逐渐下降,诱导患儿跟着模仿。选择难度低、患儿感兴趣的歌曲、儿歌,伴患儿同"唱",逐步放低音高,减弱音强,使之成为习惯,"喊"音儿童家庭成员,多存在大喊大叫的说话习惯,应向家长陈述关系,使家长配合,改变患者听觉口语环境。

2. 腭咽闭合功能不全的训练　患者构音障碍形成的根本原因是腭咽闭合不全。修复术后,由于患者肌肉发育不良,长期形成习惯等多种原因,腭咽闭合功能于手术后初期表现不佳,为此,于构音方法训练前,需先行腭咽闭合功能训练。

(1) 改善腭部肌肉的知觉及运动功能　采用中指指腹按摩硬腭、软腭的方法。手术3月后用软毛笔轻轻触刷软腭部位。

(2) 吞咽运动　依靠舌根反射压迫使软腭活动。

(3) 发长音"a"、"i"　逐步增强音高及音长,必要时将鼻孔堵住,增强口腔共鸣能力,改变气体向鼻腔漏出的习惯。

3. 构音训练　构音训练计划应从语音开始,渐渐向口语交流过渡。采用韵母、声母、音节、双声词同步进行的方式,声母正常后立即进入音节训练,使患者正确掌握声母向韵母的过渡,采用尽可能多的双音节词巩固训练效果。

训练过程中首先要放慢吐音速度,将语音间的结合以充足的时间给舌体以滑动的可能,及时鼓励患者的任何细小的正确变化趋势。

根据不同的构音障碍类型,结合正常语音的发音部位、发音方法,使患者逐步建立正常的语音体系。

(1)构音训练注意事项

①构音错误的自我认识:构音训练不仅要让患者模仿治疗师的动作,而且要使他们了解正确与错误发音在部位、气流、协调运动方面的差别,分辨与正确语音之间的听觉效果。

②错误构音的自我矫正:在自我认识的基础上,逐步增强对发音部位、发音方法的自我修正,尽可能从听觉反馈中辨认自己发音的错误,并尝试着自我纠正。

(2)声门破裂音的训练　声门破裂音的产生是由于声门强力关闭随后突然开放产生的,因此训练时以放松喉部压力为主,从元音到无意义的音向双唇音过渡。例如练习声母"b、p",韵母"u",长音节"bu"、"pu"。

(3)腭化构音的训练　腭化构音是由于舌前部或中部向硬腭拱起产生的,因此对舌尖音影响最多。训练首先让患者放平舌体,为便于控制观察,不妨先使其舌体平展于齿、唇外,例如练习"d、t",将舌尖伸出齿列,上下齿轻轻咬舌尖,先采用后接元音开口小的音"i"发音向"di、ti"巩固,再逐渐训练"ta、da、tu、du、tuo、duo"。

(4)齿间化构音的训练　齿间化构音患者常习惯于将舌体伸出齿、唇外。这些患者训练时易先行上下齿合,并平放舌体,将舌尖抵住上下齿缝,多数患者因咬合异常或牙齿缺失,可观察到舌尖位置,巩固舌尖与牙齿间的"搭舌"练习,或做舌尖及舌侧缘与整个齿列的接触练习,然后将气流从软塑料管中挤出,顺序发出声母、音节。

(李胜利　张庆苏)

思考题

1. 腭裂在临床上分为几类,各有何特征?
2. 腭裂的言语表现与运动型构音障碍的异同点有哪些?
3. 腭裂患者的腭咽语言训练原则和注意事项有哪些?
4. 如何进行腭裂的语音训练?

第七章 口　吃

第一节　概述

一、口吃的定义

"口吃"是指口语由于反复、拖延、堵塞等原因导致流畅性出现障碍的现象。正常人偶尔也会出现以上的情况，如因想不起恰当的词汇而说话中断，重说一遍，或自我修正等等，但这些情况所致的非流畅性不包括在内。这里所说的是始终在脑海中非常注意，实际上却常出现不能顺利说出的慢性状态。

另外，伴随言语现象常常出现心理等方面的变化，比如：预料某种场合或某个词汇会出现口吃时，出现担心、回避等。另外，在初次见面或情绪紧张的情况下，即使并不是口吃患者，出现这种情况也包括在广义的"口吃"当中，可以称为口吃样表现。

二、口吃的原因

口吃的原因历来是众说纷纭，但大致可分为：器质学说、心理学说、后天学习学说、遗传学说等，每种理论的支持者都是从口吃的现象或口吃发展的阶段来分析研究的。如果从口吃的发展状态全面分析的话，口吃的原因一般都是多种因素所致的。

开始口吃的年龄大部分为3~5岁，也正好是儿童语言发育的重要时期。所谓的口语是需要用耳朵听，经过听觉传导至大脑进行理解并概念化（译码），由大脑发出发音的指令（编码），构音器官根据指令的程序开始协调工作，从而获得口语。因此，这些器官的功能发育存在着相互平衡的问题，在这一阶段如果本人或周围的人对儿童这些功能的发育要求过高的话，就容易在口语上出现问题。另外，完成口语，也就是说形成口语的一系列运动过程，也是在经过多次"验证"后逐步完善的。在这个发育阶段中，口语会产生非流畅性。对这种非流畅性如果进行干预，将会失去"验证"的余地，将非流畅性固定下来。另外，儿童在掌握口语的过程中，不断地将自身发出的言语与他人的言语进行听比较，然后不断地调整。因此，如果将他人的或自己的非流畅性说话方式作为模仿对象时，这就是所谓的"后天学习而来"学说的理论根据。

儿童在什么情况下容易产生口吃呢？Johnson经过观察后得出以下的结论：
（1）兴奋时。
（2）急于表达时。
（3）与他人抢话时。

(4) 与不喜欢自己的人说话时。
(5) 使用较难的词汇或使用尚不习惯的词句时。
(6) 在严厉的束缚下说话时。
(7) 在吃惊、害羞、恐惧、窘迫、失望等情绪下谈话时。
(8) 谈话的对方对说话的方式持有较高的标准,力求完美时。

成人在什么情况下容易发生口吃呢？Bloodstein抽样调查结果表明,在以下几种场合较多见：
(1) 表达的内容重要时。
(2) 听者的反应(事先预感)。
(3) 必须给对方一个好的印象。
(4) 全身性紧张。
(5) 准备说话到实际开始说话的期间。
(6) 发觉自己口吃时。

三、口吃的诊断

1. 口吃问诊　应根据病史和症状诊断言语是否有问题以及程度如何,并据此制订训练计划。因此必须了解详细的病史,要根据口吃的特点制订问诊表、调查表等(表7-1)。

关于口吃,必须了解从开始口吃到现在的发展经过,另外对口吃的发生与进展以及与环境因素的关系也要考虑,还必须详细了解居住环境、家族史、语言环境、家庭环境及其变迁情况,及这些与本人的关系等。除此之外,随着口吃的进展,会出现心理方面的问题,所以要了解患者自己觉察到有口吃的情况下对口吃如何考虑的,还要进一步了解患者的自我评定如何。

2. 口吃表现　口吃表现在时间轴上考虑的话,如图7-1所示,将口吃的瞬间状态称之为口吃症状。表中的一贯性、适应性是指在朗读或谈话等连续说话的过程中所引起的表现。另外,口吃与非口吃有时会交替出现,在此用"波动"来表示。

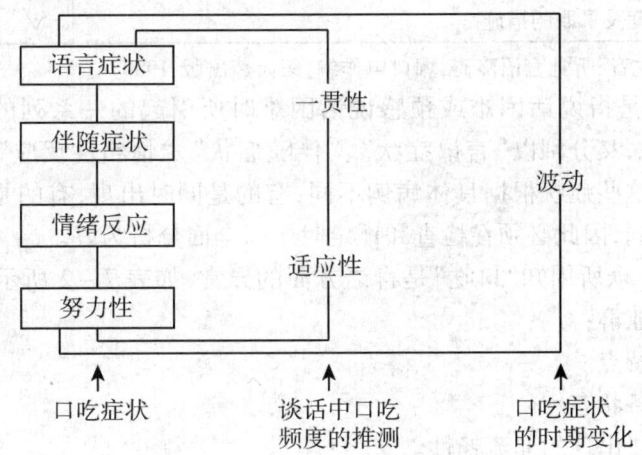

图7-1　口吃症状与过程的分析

(摘自：森山晴之：吃音症状的种类及其把握,内须川光等编,福村出版,1982)

表 7-1　口吃评定问诊及观察项目

问诊及观察方式			问诊及检查方式			
			问诊表	问诊	检查	观察
生育史、既往史	环境	居住环境：搬家、家庭成员环境变化	√	√		
		家庭：家庭构成、社会经济状态、家庭间关系等	√	√		
		语言环境：对语言能力的要求标准，周围亲戚、邻居中是否有类似情况	√	√		
	生育史	出生时情况、养育方法、既往史	√	√		
		身体发育、运动发育、社会适应性发育、语言发育、性格形成的情况	√	√		
		教育史、社会史	√	√		
	口吃情况	开始口吃、口吃前后的情况、口吃状态及发展	√	√		
		患者及周围的人对口吃的反应，治疗史	√	√		
现病史	有关专科的情况	发音器官的基本功能：续发音，口腔器官协调运动，舌的运动、位置如何			√	√
		言语：呼吸、韵律、构音、清晰度、速度			√	√
		语言：理解、表达（记忆力、模仿、内容适当程度）	√	√	√	
		运动（包括利手）	√	√	√	
		社会：对社会的适应（游戏）、生活习惯、性格（情绪）、与人之间的关系	√	√		√
		环境：语言环境、父母	√	√		
	口吃情况	口吃症状	√	√	√	√
		自我评价	√	√		
	环境	父母的态度及采取的措施	√	√		√

（摘自森山晴之：吃音、听觉言语障碍，堀口申作编，医齿药出版，1980）

3. 口吃症状　是指说话困难或预感说话困难时所引起的一系列的反应。从言语、运动、情绪方面来考虑，又分别以"言语症状"、"伴随症状"、"情绪性反应"、"努力性"等亚项来进行具体总结。这些症状根据具体病例不同，有的是同时出现，有的是先后出现，根据症状的不同性质也不同，因此必须在检查和评定时予以全面分析为好。

（1）言语症状　众所周知"口吃"是言语方面的异常，如表 7-2 所示，从"口吃"的以下几个方面表现又分亚群：

①口吃症状的特点。

②说话前的准备状态。

③正常者也可以出现的非流畅性。

④韵律、音质方面的变化。

⑤其他。

（2）伴随症状　为了克服说话困难而产生的身体紧张，多余的运动等，这些在平时说话时是不需要的。如表 7-3 所示。

（3）努力性　努力避免口吃或从口吃状态中解脱出来，如：解除反应，助跑表现，延长，回避等。如表 7-4 所示。

表 7-2　言语症状（口吃症状的分类）

群	略语	症状表现
A 群	SR	音，音节的重复 sound and syllable repetition
	PR	词的部分重复 part-word repetition
	Cpr	辅音部延长 consonant prolongation
	Vpr	母音延长 vowel prolongation
	St	重音或爆发式发音（在不自然的位置当中出现）stress, burst
	Ds	歪曲或紧张（努力发声结果出现歪曲音，或由于器官的过紧张而出现的紧张性发音）distortion, tense
	Br	间断（在词中或句中出现）break
	Bl	中断（构音运动停止）block
B 群	Prep	准备（在说话前构音器官的准备性运动）preparation
	AR	异常呼吸（在说话前的急速呼吸）abnormal respiration
C 群	WR	词句的重复（词句以上连贯的重复，并非是强调或感动的表现）word and phrase repetition
	ER	说错话（言语上的失误，也包括朗读错误）error
	RV	自我修正（包括语法，句子成分等的修正，反复）revision
	Ij	插入（在整个句子中插入意义上不需要的语音、词、短句等）Interjection
	Ic	中止（在词，词组或句子未完时停止）incomplete
	Pa	间隔（词句中不自然的间隔）pause
D 群	Rt	速度变化（说话速度突然变化）change of rate
	Voi	声音大小、高低、音质的变化（由于紧张在说话途中突然变化）change of loudness, pitch and quality
	RA	用残留的呼气说话（用残留的呼气继续发音）speaking on residual air
E 群	Oth	其它（A～D 均不属于的）other

表 7-3　口吃患者的伴随症状

伴随症状	构音呼吸系统伴随紧张，运动	正常说话所不需要的运动	喘气、伸舌、弹舌、嘴歪、张嘴、下颌开、合
	颜面所出现的表现		眨眼、闭眼睛、张大眼睛抽噎、张着鼻孔、颜面鼓起来
	头颈运动		脖子向前后、侧面等乱动
	躯干运动		前屈、后仰、坐不稳、四肢僵硬
	四肢运动		手舞足蹈、用手拍脸或身体、用脚踢地、握拳、四肢僵硬

（摘自日本音声言语医学会，吃音检查法小委员会：吃音检查法（试案 1），音声言语医学，22：199，1981）

表 7-4　努力性表现

RM	解除反应 release mechanisms	努力从口吃中解脱出来	出现口吃时想方设法	用力,加进拍子说话暂停,再试试等
Sta	助跑表现 staiten	为了不口吃想办法用助跑的方式	想办法的目的性很明确	伴随运动、在插入、速度、韵律方面出现问题时有目的地使用,重复开始的语句
Pp	延长 postponement	想办法将困难发的音延长	最终目的是将目的音发出来	前面有婉转表现,或貌似思考,空出间隔
Av	回避 avoidance	尽量避开该发的音	尽量不发目的音	放弃说话,或用别的词代替,或用不知道回答,使用言语以外的方法如手势语等

(摘自日本音声言语医学会,吃音检查法小委员会:吃音检查法(试案1),音声言语医学,22:199,1981)

(4)情绪性反应　对口吃情绪方面的表现,不但在口吃当中表现,有时也表现在要说话时、预感口吃时或者口吃之后。如表7-5所示。

表 7-5　口吃患者情绪方面的表现

表现的侧面	具体表现
表情	脸红
	表情紧张
	表情为难
视线	将视线移开
	视线不定
	偷看对方
	睁大眼睛(吃惊的样子)
	死死地盯着对方(吃惊的样子)
态度	故作镇静
	扩张虚势
	采取攻击的态度
	作怪相
	很害羞的样子
	心神不定
行为	像害羞似地笑
	焦躁
	手脚乱动
	屏息不出声
	假咳嗽
	从这个地方逃走(有此意图)
	癫痫样发作
	事先避开这种场合或对方
说话方式	开始很急
	说话量急速变化
	声音变小
	说话单调
	将要说的话又咽回去

(引用:森山晴之:口吃症状种类及其把握,内须川光等编,言语障碍治疗教育,福村出版社,1982,59)

(5) 一贯性、适应性　一贯性效果(consistency effect)是 Johnson 等命名的,是指反复朗读同一篇文章时,在同一位置、同一音节中出现口吃表现,这种表现在谈话中也常可见到。一般重度口吃患者一贯性都很高。

适应性效果(adaptation effect)也是 Johnson 等首先发表的,是指在同一篇文章中反复朗读时每重复一次口吃频率就降低一次,口吃越重适应性就越低。

(6) 波动　口吃初期流畅期与非流畅期常常交替出现,称为"波动"。但随着年龄的增长及口吃的进展,其流畅期越来越短。

第二节　口吃的评定

口吃的特点之一为有时口吃非常厉害,有时却不口吃,条件不同反差很大,而条件又有很大的个体差异。其条件为:说话方式不同(谈话、朗读、解释等);说话的内容;说话的目的(回答、提问、要求、否定等);其他还有说话的紧急程度,身心状态等。因此在掌握口吃的状态时,一定要考虑到上述因素进行复述课题评定,另外评定不要只限定一次完成,可以过一段时间进行再次评定。

由于个体对容易引起口吃的语音不同,所以在设定检查课题时,要考虑语言学方面的要素。这些要素包括:语音的种类、词类、词汇的使用频率、抽象度,音的组合,词、句的长度及句子的复杂程度等。

一、学龄前儿童口吃的评定

儿童的口吃评定,根据评定的目的可以设定以下几项:

1. 自由会话　了解其在日常生活当中的说话状态,另外在谈话过程当中会使儿童与检查者建立关系,也是下一步检查的准备阶段。
2. 图片单词命名(选 30 个单词)　在命名当中了解在词头出现口吃的情况及根据语音的种类来推测口吃的特征。
3. 句子描述(选 8 张情景画图片)　了解在不同句子长度及不同句型当中口吃的状况。
4. 复句描述(选 2 张情景画图片)　了解概括、描述总结式讲话中的口吃状况。
5. 复述及一起复述　了解口吃在被刺激及相伴复述的情况下改善的情况。
6. 回答问题　了解口吃患者是否有回避现象以及说话的流畅程度。
7. 母子间谈话　了解母子间的交流状态。设定母子游戏的场面,越放松越好。

二、学生期及成人期口吃的评定

学生与成人期的口吃评定略有不同,其不同在于根据年龄不同检查内容的难易度不同:

1. 单词命名(30 个词汇)　根据语音的种类了解口吃的特点。
2. 句子描述(用情景画图片)　了解不同句子长度及句型中口吃的特点。
3. 复杂句描述(用情景画图片)　了解总结式讲话时的口吃状况。
4. 单词朗读(用单词字卡)　了解单词朗读时,尤其根据词头音不同时口吃表现的差别,检查结果与命名结果相比较。

5. 朗读句子(字卡)　了解句子朗读时口吃的状态,还可以了解口吃在句子内、词内的位置及语法对口吃的影响,还可以了解一贯性效果和适应性效果。

6. 回答提问　了解回答问题时说话状态及口吃的状态

7. 自由会话　了解日常生活中说话状态

8. 复述及一起复述　了解口吃在被刺激及相伴复述的情况下改善程度。

9. 对口吃是否有预感　主要在进行以上检查时,看患者对特定的语音是否有口吃预感及其表现形式。下面介绍一种口吃检查、评定结果记录表(表7-6)。

表7-6　口吃检查、评定结果记录表

检查单位:
检查日期:　　　年　　月　　日
检查时基本状况:

1. 患者基本情况:
姓名:　　　　　　性别:
出生:　　　年　　月　　日　　年龄:
职业或学校:
幼儿园:
住址:
家庭成员:
近亲中是否有类似情况:
2. 主诉:
3. 口吃以外的障碍:
(1)　　　　　　　　发病年龄:
(2)　　　　　　　　发病年龄:
(3)　　　　　　　　发病年龄:
(4)　　　　　　　　发病年龄:
4. 生长史、口吃史、现病史:
(1)生长史(包括发育方面、既往史、环境方面):
(2)口吃史:
(3)现在口吃状态以及对口吃的态度:
(4)相关专科检查结果:
(5)检查及观察小结:
　1)交流态度:
　2)言语行为:
　3)非语言行为(游戏,非言语行为中的智力发育情况,日常生活动作,其他):
　4)运动发育(身体发育,粗大运动,精细运动发育,其他):
　5)发音说话器官的形态及功能(发声,呼气保持,舌运动,其他):
　6)口吃症状的评定及小结:
　7)口吃特征:

a. 言语症状：
　　b. 伴随症状：
　　c. 努力性：
　　d. 情绪性反应：
8) 引起口吃的场面： 9) 是否有可变性：
　　a. 一贯性：
　　b. 适应性：
10) 预感口吃发生的自我判断：
11) 促进口吃的原因：
　　a. 本人方面的条件：
　　b. 环境方面的条件：

注：此表检查结果可以从前面的表格当中进行总结，填写。

（田鸿）

第三节　口吃的治疗

一、口吃治愈的标准

因为至今还没有找到造成口吃的确切原因，而且影响口吃波动和加重的因素也很多，所以，口吃治疗是一件很不容易的事。经过治疗大约有 1/3 的儿童能够治愈，2/3 的儿童症状得到改善。当口吃完全形成后，治疗就变得更加困难。根据 Silverman 的标准，一个成功的治疗需要符合以下条件：

1. 患儿言语不流利的数量在正常范围内；
2. 患儿的言语流利程度在正常范围内持续至少 5 年；
3. 患儿不再认为他/她有流畅性障碍或再次发生此类问题。

二、口吃儿童父母指导

下面这些方法是教父母如何鼓励孩子在放松的语言环境下说话，治疗人员与父母共同努力实施治疗方案，尽可能解决口吃问题。

1. **速度**　影响流畅性的因素之一是儿童及倾听者们的语速，儿童经常加快语速以紧跟成人的语言节奏。当儿童语速加快时，特别是 2～4 岁的小孩，他们可能出现重复和拖音现象，因为其口唇和下颌不能快速移动；同时，在快语速时很有可能出现语音形成与呼吸的不协调。一旦儿童学会快速说话，要减慢速度就较难，如果对话者能减慢语速，那么儿童就有可能相应地减慢语速。父母这样说也许会有帮助："不必急，我们有相当多的时间听。"而不应该对他说"慢慢说，放松点"之类的话，因为这些建议会使他感到说话时犯了错误，以后应该闭嘴。当他努力地从"错误"中解脱出来，他的肌肉会变得僵硬，非流畅性言语会增加。当有些儿童语速加快时,言语尽管流利,但不清晰。当他们处在较兴奋状态时,某些言语就难以理解。语速可能快到使单词连在一块,言语变得模糊,音节被省略。儿童说话极快时,可出现起始词重复,词部分重复或连接词重复,如"那……,和……",从而保证他们自己有充足的思考时间。

2. 提问　当提问问题数量很多时,儿童非流畅性言语增多,许多成人与儿童的交流为提问式,而这些问题常常把儿童卡住。现在认为改变口语交流方式,减少提问次数,如减少50%问题数量,效果较佳。已经发现陈述句方式对缓解孩子口吃非常有益。陈述技巧如下:当小孩玩时,父母用一些简短的句子与小孩谈论他在做什么,想什么,有什么感受,说话语气要适中,不要让孩子感到在给他做训练,否则孩子可能会拒绝。

3. 言语表达　不要难为小孩,避免说"做给我看"、"给我说说"的习惯。因为这样干扰了儿童的思维过程,需要大量记忆,使小孩过分地关注了言语的形成。如指示小孩:"告诉爸爸,你去过哪里","告诉爸爸,我们过去见到了什么","告诉爷爷,你生日得到了什么"等。成人可以描述父亲、母亲、爷爷过去的某些事情,如小孩愿意插嘴发表自己的看法,是可以的,否则不要逼迫孩子说这类的话。

4. 随时随地　如能经常谈论当时发生的事情,儿童的流畅言语会增加。当谈论的物体摆在他们面前或者谈论正在发生的事情时,儿童发音更加流畅,获取词汇速度加快。如要儿童回忆昨天或两小时前他做了什么,看到了什么,他们如果搜寻名字或单词来表达他们的想法,可能不利于流畅性言语的表达。实物特征可能会促进口语形成,当然,也可以用图画代替实物,与儿童一块看图书或故事书时,避免采用"合上书考试"的方式,可以问"这些是什么"或"小狗有尾巴吗"等等。可以给图画命名或描述图画的特征或评论图画上的行为,如小孩能自发地给图画命名或进行评论,那么就更容易诱导流畅性言语。

5. 即刻重复　对于3岁以下的儿童,如家长能重复他们刚才说过的话,儿童言语的非流畅性可以减轻。当儿童口吃时,训练者可轻轻流畅地重复刚刚说的话而不引起他对口吃的注意。这不是一种愉快的交流方式,但可以使儿童知道训练者已经明白他的意思,这时他能放松地愉快交流。另外,还可以使儿童感到成人认真倾听他们讲话,没有改变话题。建议父母亲采取"重复"技巧,并在2~3月后逐渐停止。然而,一旦儿童消极抵抗"重复"技巧或认为他们被取笑,应立即中止该技巧的使用。

6. 倾听与关注　当儿童要求父母注意听他们说话时,其言语非流畅性增加。他们不善于等待说话的机会,为了引起注意,他们经常打断父母说话或干扰他们的活动。许多儿童说话时要求父母看着他们,注视他们的眼睛,不希望父母边听边做饭或看书,他们往往要求父母100%的注意力。如果当时父母不能集中全部注意力来听,可以让小孩稍等片刻。当父母边听边干别的活,如集中注意力开车时,那么小孩就有可能说话更加不流畅,因为父母当时不可能很好地注意孩子,另外,孩子要求父母注意的东西随着汽车的奔驰可能会消失得无影无踪。

儿童以人的名称为开始语如"妈妈"开始说话时,重复3~10次,词语的余下部分就有可能流畅,那么就得看重复"妈妈"是一种"嘿,听着"的信号,还是在说话前保证足够的时间组织他的思路。

7. 语言发育　对大部分2~4岁儿童非流畅性言语为语言发育的一个阶段,他们此时正在学习新词汇并尝试用这些新的词汇连成句子,正在学习不同于陈述句的疑问语序,正在拓展言语的表达和理解。对在单词获取和言语形成阶段儿童表现出的不流畅性言语,治疗的目标是减轻语言发育过程中的压力,减少孩子对单词、概念、颜色和书写的教育,在2~3个月内非常有用。尽管他们可能中断学习,但可以在很轻松的环境中学习,一旦流畅性言语建立,父母就可以对其继续进行教育。父母应很愉快地与小孩一起做一些非"指令性"或"教育性"的活动,如玩积木、拼图等等,这些活动能促进自发性语言而不使儿童感到他需要不断说话。尝试留一定的"暂停时间",使儿童想插话时能很轻松地插上话,表达自己的观点。"暂停时间"的尺度是在沉默的片刻,双方都感到自然。有些父母实际上已使用了"静止时间"或"思考时间"技巧,但是,在等待的这一片刻,如儿童感觉到已经失去了轮到他讲话的机会,那么该技巧就失败了。当儿童急于想主导谈话的主题或急于想表现自己时,应用"时间轮流"策略。

谈话时使用简短句,将长句分成几个短语,中间稍加停顿,如将电话号码分成几个部分一样。治疗人员观察到如小孩用3~4个单词的简单句说话,言语就流畅,所以对保持语言的流畅性来说句子长度至关重要。在努力尝试超出生理能力以外的呼吸、发声、说话的协调运动时,许多儿童的非流畅性言语增加。另外,信息的不确定程度越高,句子越长越复杂,决定表达语言的方式越多,协调性就越容易被打乱,非流畅性言语就会增加。

三、儿童口吃的治疗

经过咨询和医生的指导后,有些儿童的口吃消失了,有些得到了改善,但也有一些儿童改善不明显。这可能是环境的干预和交往方式的改变对儿童口吃的影响不明显,那么直接改变儿童说话行为就很有必要。对口吃儿童的干预,传统的方法是不进行直接的训练,但近年来的研究证实,对一些儿童也需要进行直接干预或训练。对下列三种口吃儿童需要直接进行干预:说话时呼吸气流的处理不当或声音紧张;有意识地中止口吃;有意识地回避口吃。

医生应根据2.5~4.5岁儿童运动协调、理解、构思的不成熟特点设计合适的治疗方案。治疗重点不在口吃本身,而应尽可能地运用合适的指导性技巧,教口吃儿童如何发起始音或词时使口唇处于放松状态。

这个年龄段的儿童对口头指令理解较少,许多儿童即使在"模仿"游戏中也难以顺从医生的指导,他们独立性又较强。有时,治疗人员可以对一些学龄前儿童示范发声技巧并教他们"看我的嘴,跟着我说",使他们学会说单词的技巧。对一个独立性强、敏感的儿童说"说出这个词,很容易"往往效果不好,他会拒绝,也不予合作。较明智的选择是说"做下一个,非常容易",来达到所要求的言语行为模式。治疗的目的是教儿童"控制嘴轻松说话",对于学龄前的儿童,通常不教他们感到"太容易"或"太难"的词。当儿童不能说出某个难词时,他会想方设法去说以至于出现"阻塞"现象、恐惧心理。对年幼儿童来说一个棘手的问题是如何寻求一种游戏,通过游戏医生能一定程度地控制儿童说话方式的技巧。当儿童意识到自己说话费力,就愿意服从医生的指导,只要口吃稍有改善,他就认为"口吃能控制了",然后就无拘无束地玩耍去了。然而,医生应该继续努力,方法是用下面的技巧确保更流畅的言语。当儿童感到交谈非常愉快,口吃的治疗也就成功了。下面讲述的每一个技巧,儿童能练习上3~5分钟即可。

治疗方法应用之前,应向其父母解释,因为他们的小孩口吃持续时间较长,喉的关闭和呼吸气流已出现功能紊乱,单纯减轻压力的方法已不能减轻或消除口吃;同时要解释说话是复杂行为,告诉他们在孩子流畅说话过程中,有一些方面还没有做好,需要进行必要训练,根据儿童异常情况有针对性地进行治疗。治疗的方法和原理如下:

1. 速度　需要设计一种缓慢说单词或短语的游戏,如可以缓慢说上 15～25 个单词的游戏。目前认为儿童还不能察觉到医生说话很缓慢,因此医生应要求儿童缓慢地说话并示范如何缓慢说话,杜绝儿童那种"波浪"(时快时慢)式的语言,减慢语速可减少单词重复的次数,易化起始音的发出。

2. 音量　应设计一种大家说话都柔和的训练,因为儿童也许能说某些特别的短语或句子但不柔和。医生要求小孩轻轻地说话时,许多时候他们只会说悄悄话(声带不震动而用呼吸声说话),这是能接受的,医生并不希望大声低语(loud whisper)的效应,因为这样会增加肌肉的紧张度而出现喉部和膈肌发紧现象。如喉部紧张度还没达到预期的放松状态,轻柔、缓慢地说话有可能导致轻微、多次"阻塞"或"重复"现象,而没有气流中止的"阻塞"现象,那么口吃就已经有所改善。临床观察当阻塞时间短或仅有"重复"现象时,这些儿童拖词或重新整理句子的可能性较小,对将要说出的目标词或当目标词出现时,口吃的出现也比较少。要让他们针对性地练习经过选择的词汇,最大限度地提高喉功能。

3. 语音　口吃儿童说话时元音、浊辅音、清辅音会对口吃产生影响,也要关注词的起始音与终止音对喉功能的影响,许多儿童当遇到起始音为元音或双元音时,口吃更加严重,有时发起始词困难,出现停顿现象。国外临床经验发现,当起始词为浊辅音时,儿童言语更加流畅,如"mama"、"wagon"、"rabbit"或"zipper"等;而起始词为清辅音时,发音比较难,如:"five"或"some",因为"five"是由清辅音"f"转到浊辅音"i","some"是从清辅音"s"转到清辅音"o"。一般情况下不需要让患儿知道哪些词会说起来比较困难,如果他似乎很在意这一点,就可以告诉他某些单词容易说出来,帮助他们回避难度大的单词。

4. 呼吸和呼吸气流的控制　深呼吸、喉头与口腔气流中止、喘气、说话气流不足、长句拖延为某些口吃患者常见的症状。对儿童来说,呼吸气流的控制可能较难,因此,应设计一种儿童可以放松呼吸,回到正常呼吸模式的游戏。首先,做不需要说话的活动,如父母、儿童、医生背对背坐着,放松(不是睡眠休息),看着天花板,极轻松地吸气、呼气,不改变正常的呼吸模式。放松后,再以极小呼气量轻柔地呼出气体。这是父母与儿童参与性的治疗模式,首先是医生示范,然后父母模仿,再后儿童模仿。接着以"微风"方式发"ooo"、"uuu"音,如儿童情愿的话,医生可以同样的方式说一些数字或词,然后儿童模仿。开始时,每次呼气发一个单词,再后每次呼气发短语和短句,保持气流和发音的连续性。同样有效的技巧是儿童和父母做一种慢慢移动海龟的游戏。在牛皮纸上画一条路,一座小山,海龟轻轻地从山上滑下来,徐徐地移动。同样道理,让一个音或一个字慢慢地滑下来。目的是使所有声音轻柔缓慢地说出来,仅拉长起始音或元音是不正确的。

5. 努力性和肌肉紧张　有时儿童说话时似乎在挤出某个单词,胸腹部僵硬紧张,要告诉他放松,但是他往往不知道怎么做。医生可一边轻轻按摩其腹部,一边说"保持你的肚子软软的",对某些儿童比较奏效。

6. 节律　如儿童喜欢唱歌,可以用一些词或音节唱歌,唱歌时可以用拍手或用木勺敲击塑料碗以获得节律效应,节拍手段应多样化。也可以利用敲鼓来训练节律。

7. 态度　在适当的情况下,儿童应该倾听谈话,父母也应该学会如何与他交谈。当成人说话出现错误时也不是一件大事,因为能够改正错误。另外,错误并非坏事,这可以提示父母或医生与儿童口头交流时需要尽量不用评定性单词,如"正确"、"错误"、"好"、"坏"、"非常好",而以称赞性的话语,如"我们的想法相同"和"他画了一张漂亮的图"代替,让他感到不必费力说话,成人也能参与他的谈话。可以将这种策略与治疗口吃的其他策略结合使用。

在当今文化氛围中对待个人感受和生活的各个方面,许多家庭都在尝试一种开放的方式,因而有人建议应忽略儿童口吃的存在。当儿童出现口吃时避免指责式的处理。父母常常关心小孩碰伤、弄脏手、撕破衣服,而口吃儿童期望父母关心他们说话困难,帮助他们说话。父母可以给孩子包扎伤口,治疗胃疼,修理儿童自行车,为什么就不能纠正口吃问题呢? 儿童哭叫着表达他们关心的问题,直接的原话有:"你是不是不喜欢我说话的方式","我发n、t音时很难","医生忘记问我哪些单词发音困难了"。如儿童已经关心语言流畅性问题,就没必要回避。父母可以平心静气地说:"是啊,有时说话是很困难,但并非总是这样,有人知道怎么帮你说话。"医生与父母共同努力,减少流畅性干扰因素,建立流畅技巧,就会改变儿童口吃行为。

四、成人口吃的治疗

成人口吃的治疗方法也适合较大年龄又能配合治疗的儿童,在方式上可以采用强化的形式,用1~2周的时间对口吃者进行集体强化训练,也可以到医院接受言语治疗师的训练,每次训练的时间为0.5~1小时,但后者治疗需要的时间较长。

1. 控制言语节律与速度　对一些语速非常快的口吃者可以用节拍器控制口语语速,节拍器上具有不同刻度可以按要求设定,选定速度,开始可以从每分钟40拍开始训练,逐渐提高速度,也可以用美国 Kay Electric 公司生产的口吃训练仪器训练。

2. 韵律训练　可以利用韵律的方式治疗,选用一些单词让患者将字与字之间用韵律连起来,熟练以后可以用同样的方法训练句子。另外,也可以让患者先用"哼"语的方法将词读出来,再用口语读出,句子训练的方法相同。

3. 齐读　另一种立即减少不流畅语量的技巧是治疗人员与口吃者同声朗读。它起效的原因是改变了说话者的听觉反馈,这种反馈包括了不同的组成部分。从关节、肌腱和肌肉感受器中获得构音器官运动和位置的反馈,即本体感受性反馈;从感受触觉和空气压力改变的感受器中获得构音器官,如唇、牙槽和舌相互接触的反馈,即触觉反馈;另外,听自己说话,即听觉反馈,听觉反馈包括两个部分:通过气传导听他人说话,通过骨传导听自己说话。同声朗读时的听觉反馈与正常朗读不同,尤其是气传导参与其中。说话者不仅听到他自己,还同时听到别人和他一起读,也许正是这种听觉反馈的改变使它对言语流畅性产生了效果。

4. 听觉反馈仪器的训练　近年来,口吃听觉反馈的重要性和改变听觉反馈对提高口吃者言语流畅性的临床价值被越来越多的人认识,尤其是延迟听觉反馈的应用受到了广泛的关注。

美国新泽西州的一位工程师 Bernard S. Lee 在1950年首先发现和研究了延迟听觉反馈

的现象。这种听觉反馈的延迟能导致正常说话者言语不流利。Lee 将这种效应描述为："这种延迟的受控制的回声效应是令人吃惊的。它会导致正常人口吃,提高音调或音量的同时减慢语速或完全停顿。"许多研究表明延迟听觉反馈对正常人言语的直接效应是声音的省略、替代和添加,音节的重复。间接的效应是减慢语速和提高音量和音调,这是说话者为克服延迟听觉反馈的直接效应而产生的。为什么听觉反馈的延迟能导致言语的中断还不明了。一种比较牵强的假说认为延迟听觉反馈效应是示意继续说话的本体感受性反馈和示意等待片刻的听觉反馈之间冲突的结果。

一些学者做了进一步的研究,以寻找在延迟听觉反馈效应发生的过程中哪些因素在起作用。这些因素包括:年龄、延迟时间、性别、语速、语言的掌握、音响、单耳和双耳的输入、效应持续时间等。目前发现存在明显的年龄差异,越年轻,延迟听觉反馈效应越敏感。这似乎提示随着年龄的增长,在言语的产生中对听觉反馈的依赖减少。

延迟听觉反馈对正常说话者会产生效应,口吃者在延迟听觉反馈的情况下,他们言语的流畅性也有了改善。虽然这种效果很早就被一些研究者所报道,但直至近年来才有越来越多的医师开始相信使用延迟听觉反馈可能是一种治疗口吃的方法。但这种方法只是对部分口吃者有效,而且应该在医师的指导下应用。

(李胜利　王晓惠)

思考题

1. 口吃的言语及伴随表现包括哪些?
2. 口吃的直接治疗方法。
3. 儿童口吃的间接治疗方法。
4. 口吃主要从哪几个方面进行评价?

第八章 吞咽障碍

教学目标
1. 掌握吞咽障碍的原因、症状表现、治疗和训练方法。
2. 熟悉吞咽障碍的主要的评价方法。
3. 了解正常吞咽过程的分期。

第一节 正常吞咽过程

目前关于正常的吞咽过程有多种分期方法,如传统的分为口腔期、咽期、食管期;还有的分为认知期、捕食、准备期、口腔期、咽期、食管期。目前比较实用的分期方法将吞咽过程分为口腔准备期及口腔期、咽期、食管期,见表8-1。

表8-1 吞咽各期的解剖学及作用

吞咽各期	口腔准备期及口腔期	咽 期	食管期
相关解剖学	·唇 ·牙齿 ·硬腭及软腭 ·颊 ·底 ·腭 ·舌 ·咽弓	·咽部肌肉 ·软腭 ·会厌 ·会厌谷 ·梨状窝 ·舌骨 ·喉 ·环咽肌	·环咽肌(部分UES) ·食管 ·食管下段
作用	·取食物并将其放入口中 ·咀嚼食物 ·混合食团与唾液 ·将食团放于舌上准备进行吞咽 ·将食团挤压送至硬腭 ·当食团通过咽弓后诱发咽期	·软腭上抬 ·喉头向上、向前然后向后移动,闭合以保护气道 ·咽缩肌将食物向下推挤食物使其通过咽部 ·环咽肌松弛使食团进入食管	·喉头降低 ·食管蠕动使食物通过食管下端括约肌进入胃 ·环咽肌收缩防止食物返流

一、口腔准备期及口腔期

本期是将食物放在口中开始咀嚼、处理食团并使之与唾液混合后,通过舌根部推挤至硬腭将食物推进咽部。该动作要求嘴唇紧闭的功能良好,舌头可自主地往各个方向移动,舌上的食物被主动送至口腔后部,这期是吞咽过程中由意识所控制,其持续的时间可长可短。一旦食团到达舌后部并通过咽弓,吞咽动作则变为反射性行为而不受意识的控制。在舌的驱动力(或称为舌投入动作或推进动作)作用下将食团推入咽部时,口腔期结束,咽期开始。Logemann 将"咽舌部"描述为由软腭至舌骨和会厌谷的部位。"口舌部"由舌尖至舌背部,与软腭相邻,在吞咽口腔期发挥功能,而"咽舌部"在咽期发挥功能。在此期,气道开放且鼻呼吸持续存在,双唇维持闭合状态以防止食物由口漏出,颊部肌肉紧张,这可防止食物滞留,见表8-2。

表8-2 口腔期生理、解剖和障碍表现

生理学	解剖学	障碍时出现
自发进食	组织	·启动不良
·食欲	·胃	·摄入容积受限
·胃排空	·腭、舌、面颊表面神经	·动力受限
·令人欢愉的气味	·唾液腺	
味道、温度	·三叉神经(V)	
·唾液分泌	·面神经(VII)	
	·舌咽神经(IX)	
	·嗅神经(I)	
闭唇能力	肌肉	·食物成分漏出
·缩唇肌	·口轮匝肌	·唇闭合功能丧失
	神经	·舌推进动作无效
	·面神经(VII)	·产生无效压力
咀嚼	骨/关节	·疼痛、头疼
·腭活动度	·TMJ	·弹响
·腭肌收缩性	肌肉	·颌运动↓
	·咀嚼肌	·无效咀嚼
	·颞肌	·口腔期持续时间↑
	·翼状肌	
	神经	
	·三叉神经(V)	
口中食团定位能力	肌肉	·无效咀嚼
·舌活动度	·舌内附肌群	·口腔期持续时间↑
·颊部肌肉收缩性	·舌外肌群	·下一期非同步
	·颊肌	·舌推进动作无效
	神经	
	·舌下神经(XII)	
	·面神经(VII)	

上表中所描述的功能和条件是进行正常吞咽所必需的。如果发生缺失或受损,患者将试图进行补偿或拒绝吞咽。这可导致不安全的吞咽。

在典型的吞咽过程中,患者必须能够紧闭双唇且在吞咽时维持闭合状态,这可确保食物和液体不会由口中流出。也使得在该期结束时由舌咽部后方产生有力的正压。维持唇闭合的重要肌肉是口轮匝肌,由面神经支配。由于皮质损伤导致神经支配受损的中风患者,将出现口轮匝肌收缩的不充分而使口腔产生正压的能力下降,食物可漏出口腔,因此造成吞咽启动延迟,食团移动速度减慢,喉部上升高度不足或延迟,并可能发生误咽。

二、咽期

咽部为始于颅骨底部止于第6～7颈椎水平的肌肉性管状结构。其肌肉由上、中和下咽缩肌形成。梨状窝位于环咽肌下方,这是咽部最下方的结构。环咽肌在食管上方起到双向阀门作用,使食团进入食管,也可以使呕吐物和气体由食管进入咽部。咽期是食物经咽进入食管的过程。此期吞咽动作是非自主性的,食物刺激了咽部的吞咽受体,所产生的冲动传到脑干的吞咽中枢,此中枢即抑制吞咽时的呼吸,并激发一系列协调的过程:防止食物反流入鼻腔。吞咽反射包括了4个最主要的动作:①软腭往上往后顶,避免鼻腔逆流;②气道关闭;③咽缩肌收缩推动食团往下;④环咽肌舒张以打开食物进入食管。误咽是由于吞咽动作无力,食物吞咽不完全,残留于咽部的食物于呼吸时进入气管,或者由于吞咽反射动作失调,气管闭锁不全所致。咽期是吞咽的最关键期,气道必须闭合以防止食团进入呼吸道。许多活动以同步的方式进行。

1. 咽期食物的移送和调整

(1)口腔后部及咽部感受器的感觉信息通过 CNIX 传送至延髓中的吞咽中枢 腭咽皱襞在上咽部中间一起形成一裂隙。

(2)主要在腭帆提肌的作用下抬高软腭 这样防止食物进入鼻咽部。由于上咽缩肌的收缩使上咽部变窄,有助于闭合腭咽通道。

(3)舌收缩 以防止食物重新进入口中。

(4)喉和舌骨在牵拉作用下共同向上、向前移动 这样可以扩大咽部,在下咽部产生真空,向下推进食团,松弛环咽肌。

(5)真假声带内收

(6)会厌落下(反转)覆盖喉前庭 这样可以:①保护气道;②在会厌两侧形成"滑道"使食物向下滑落;③使食团绕道进入梨状隐窝。

注意:如果食团为液体,会厌则起到突出物的作用延缓其通过咽部的运动速度,给予声带内收及喉部抬高的时间。

2. 在咽部期其它时间内,三个因素造成食物向下运动

(1)"咽舌部"的推进作用

(2)咽缩肌的挤压作用 吞咽时咽缩肌的收缩力量是最强的,这些肌肉收缩的速度和启动时间比收缩的力量更为重要。

(3)咽部呈现负压 与食团中或其上方正压相比,食管应呈现较低压力。一旦 UES 松弛,这将使食物直接进入食管中。有学者认为,由舌产生的推进力(也称为舌驱动力)是其中

的最重要的因素。其在上咽部产生压力,当环咽肌松弛时,咽部期结束,从而使食物进入食管。

表8-3描述了与此吞咽期相关的关键肌肉及神经解剖学特征和当出现解剖学障碍时对吞咽肌肉的影响。

表8-3 咽期生理、解剖和障碍表现

功能	解剖学	障碍后出现
具有抬高和关闭喉部的功能	骨/关节	·食物残留
·喉部肌肉收缩性	·甲状软骨、环状软骨、杓状软	·渗透
·喉部活动度	骨、舌骨	·误咽
	肌肉	·分次吞咽
	·喉外肌	·不能有效地同步环咽肌松弛
	·喉内肌	
	神经	
	·三叉神经(Ⅴ)	
	·舌咽神经(Ⅸ)	
	·迷走神经(Ⅹ)	
具有收缩咽部的功能	肌肉	·食物残留
·咽部肌肉收缩性	·咽缩肌	·渗透
	神经	·误咽
	·舌咽神经(Ⅸ)	·分次吞咽
	·迷走神经(Ⅹ)	·不能有效地同步环咽肌松弛

三、食管期

向上与咽部延续、向下与胃相接的膜状通道称之为食管。食管期于喉部降低开始,环咽肌收缩防止食物颗粒返流,并重新恢复呼吸。吞咽反射结束后,食团因重力及食管蠕动而顺食管往下推送到达胃部。正常情况下食团通过整个食管需3~20秒的时间。但是在老年人中,食管蠕动速度较慢。

食管疾患可导致食物返流回咽部,从而造成误咽。言语治疗师的专业范畴不包含食管疾患,但是也应当尽量去了解,并能够在专业范围内对其加以鉴别。见表8-4。

表8-4 食管期生理、解剖和障碍表现

机能	解剖	障碍出现
具有松弛和使UES开放的能力	肌肉	·食物残留、滞留
·UES收缩性	·咽缩肌下段	·渗透
·正常(UES)神经支配	·环咽肌	·误咽
·完整神经通路以提供食团前	·食管肌肉上段	·分次吞咽
进反馈信息	神经	·返流
	·舌咽神经(Ⅸ)	·不能有效地同步
	·迷走神经(Ⅹ)	

机能	解剖	障碍出现
食管肌肉收缩能力 ·食管肌肉收缩性	肌肉 ·横纹肌及平滑肌 神经 ·迷走神经(X)	·返流 ·滞留 ·渗透 ·误咽 ·动力问题

注:胸部食管为食管上半段,由至少三组横纹肌组成。UES(食管上括约肌)组成:①下咽缩肌远侧部;②环咽肌;③食管近端肌肉。传统认为环咽肌为 UES 主要肌肉成分,尤其注意 UES 的功能是:①使咽部与食管相分;②在呼吸时防止气体进入消化道;③防止食物由食管返流进入咽部,以保护气道。远端食管为食管下半段,由平滑肌组成。舌咽神经(CNIX)和迷走神经(CNX)参与控制吞咽横纹肌的收缩。

第二节 吞咽障碍的评定

一、吞咽障碍的定义

吞咽障碍是由于下颌、双唇、舌、软腭、喉、食管上括约肌或食管功能受损所致的进食障碍。当神经疾病作为吞咽障碍的病因时,称为神经性吞咽障碍。也有学者称由中枢神经系统或周围神经系统损伤、肌病等引起运动功能异常,而无器官解剖结构改变的吞咽障碍,为功能性吞咽障碍。而将相关器官解剖结构异常改变的,为器质性吞咽障碍。

二、吞咽障碍的原因

可由多种原因引起,口咽、神经、颈椎、食管等很多系统的疾病都可以引起吞咽障碍,其中以脑卒中引起的吞咽障碍最为常见。因神经系统障碍而造成的吞咽障碍包括:脑卒中、帕金森病、脑血管病、脑血管肿瘤、重症肌无力及其他神经肌肉或上消化道结构上的损伤。另外多种原因所致的食管狭窄,也可造成吞咽障碍。

三、吞咽障碍的症状

1. 进食或饮水后咳嗽　进食过程中或者进食后呛咳,特别是饮水后呛咳更明显,是因为脑卒中后,感觉功能减退,吞咽反射消失或者减弱,加之水或流体对咽部的刺激较轻,进入咽部速度比固体和半流质食物快,所以很易引起呛咳。

2. 食物残留口腔　由于口控制能力和食物咀嚼能力减弱,舌肌和软腭部肌肉无力,食物会残留在口腔的前部和两侧,另外吞咽反射消失或出现延迟,口部和咽部的残留食物,在吞咽前、中或后,被误咽入气管。

3. 流涎　口部肌肉控制减弱,不能缩唇,舌肌运动减弱,不能适时吞咽口水。

4. 吸入性肺炎　由于吞咽障碍食物或水通过气管进入肺部导致患者咳嗽、咳痰、发热以致造成吸入性肺炎。

5. 食物从口或鼻腔喷出 由于环咽肌功能失迟缓,食物进到咽部时部分或完全不能进入食管而至患者进食后又吐出甚至从鼻腔喷出。而且,此类患者通常咳出大量黏性分泌物。

吞咽障碍长此存在会给患者回归社会带来极大的不便。多数神经性吞咽障碍患者的吞咽功能可逐渐恢复,但仍有部分患者需要专门的康复治疗,甚至部分患者通过康复治疗不能恢复而需要专门的手术解决进食问题。

四、吞咽障碍的评定方法

(一)吞咽功能检查法

目前,吞咽障碍的评定主要采用吞咽障碍临床检查法(clinical examination for dysphagia, CED)。此检查包括患者对自己吞咽异常的描述,相关的既往史,有关的临床观察和物理检查。此检查能达到以下目的:确定吞咽障碍是否存在,提供吞咽障碍的解剖和生理学依据;确定患者有关误咽的危险因素;确定是否需要改变提供的营养方式;为吞咽障碍进一步检查和治疗需要提供依据。见表8-5。

表8-5 吞咽障碍的临床检查(CED)

一、主诉

检查者常常可以得到关于病因的重要线索,由于精神和言语障碍等原因,常常需要从患者家属和护理人员处获得。

(一)吞咽障碍的持续时间

(二)吞咽障碍的频度

(三)间断与连续的吞咽障碍

(四)加重与缓解因素

1. 固体、半固体和流食 神经性吞咽障碍常常是液体、固体吞咽障碍,特别是液体比固体、半流质更困难(因水散开比固体流向更准确、速度快)。肿瘤患者常常进食固体食物比液体食物吞咽障碍重。

2. 热冷的影响 重症肌无力咽冷液体可引起咽肌收缩导致吞咽障碍,多数神经病变导致口咽吞咽障碍,冷液体可促进吞咽。

(五)症状

1. 梗阻感

(1)肿瘤。

(2)神经病变导致肌力下降、不协调和食管活动失常。

(3)环咽肌、咽、食管功能失常,梗阻在甲状软骨水平。

(4)会厌谷、梨状窝淤滞梗阻在喉水平。

2. 口与嗓子疼 较少与CNS损伤有关,炎症、肿物等。

3. 鼻腔反流 鼻腔流出,软腭和上咽功能失调,下咽机械性梗阻。

4. 口腔异味 口腔卫生、食物残留、牙及牙周疾病、口腔黏膜损伤。

5. 吞咽时的噎塞和咳嗽 常显示与吞咽障碍平行。

6. 肺炎史 反复发作性吸入性肺炎,常由神经肌肉不协调或环咽肌肌力下降或食管功能失调有关。

7. 其他呼吸系统症状(慢性咳嗽、哮喘等) 原因:环咽肌功能失调,食管反流淤滞物进入呼吸道。

8. 胃食管反流(烧心感) 胃内食物重新进入食管,食管下括约肌功能失常,食管反流上来的内容物可能被吸入,特别是在睡眠时。

9. 胸疼 排除了冠心病以外的胸痛,要考虑到弥漫性的食管痉挛,剧烈疼痛可以放射到背、下颌、颈和左臂,烧物感可以鉴别。

(六)继发症状

1. 体重减轻　是否吞咽障碍进展以及吞咽管理的指征。

2. 饮食习惯改变

3. 食欲改变

4. 味觉变化

5. 口腔干燥或唾液黏稠

6. 言语和嗓音异常

7. 睡眠不好

二、既往史

(一)一般状况

(二)家族史

(三)以前的吞咽检查

(四)神经病学状况

(五)肺部情况

(六)外科情况

(七)X线检查

(八)精神/心理病史

(九)目前的治疗

(十)服药情况

1. 现在和既往服药情况

2. 处方药

3. 非处方药

三、临床观察

(一)胃管

(二)气管切开术(管的种类)

(三)营养/脱水情况

(四)流涎

(五)精神状态

1. 注意力

2. 定向

3. 接受/表达语言

4. 视知觉与运动功能

5. 记忆障碍

四、临床检查

目的:①找出原因;②决定经口进食方案和选择营养管理的方法;③评价保护呼吸道的能力;④决定辅助的诊断性测试。

(一)言语功能(嗓音、共鸣、发音)

(二)体重(了解吞咽障碍的严重性)

(三)吞咽肌肉和结构

1. 面部表情肌　表情肌安静和活动的对称性,唇的力量。

2. 咀嚼肌　下颌向上、向前、向后阻力过大导致脱位,一些脑干水平咀嚼和吞咽的初级反射在成人被更高级中枢抑制。

3. 病理反射 在成人出现说明高级抑制中枢的损伤,反射出现常在双侧大脑半球和额叶;吸吮反射、打上唇或用舌板触上唇,刺激侧运动出现,咬合反射、触唇、牙、齿龈运动,用匙或食物可诱发张口,避免强的抵抗。

4. 口腔黏膜 口腔内的异常,口腔科医生和耳鼻喉科医生进行。

5. 牙齿

6. 腭咽肌 弱—麻痹性非对称性反射,其他颅神经失调、缺失,不一定不能吞咽。

7. 舌 热、冷、压力

8. 感觉 味、面、舌咽

9. 喉内肌

10. 喉外肌

11. 吞咽测试

当怀疑患者有吞咽障碍时,应把 CED 作为最基本的评定。神经疾病伴有精神错乱和构音障碍时要特别注意吞咽障碍的可能性,构音障碍表现为言语缓慢、费力、含糊不清、鼻漏气、粗糙音和气息音,这些是吞咽和言语产生有关肌肉肌力减弱的依据。流涎严重是吞咽障碍产生的另一种指征。另外,频繁咳嗽、噎塞、吃饭时间过长、咀嚼费力等也可能表明吞咽障碍。

(二)综合评定

一个学科专业人员无法对吞咽障碍的所有方面进行细致的评定,所以应该由各有关专业人员一起组成治疗小组进行评定。评定的内容见表 8-6。

表 8-6 吞咽障碍的评定内容

与吞咽时有关的因素	评定方法
口	
精神状态,判断力	定向筛查,语言、视—运动知觉和记忆
面部表情肌	安静状态下和运动中的对称性
咀嚼肌	触诊及轻轻做抵抗运动
黏膜	目测
牙齿	专科检查
舌肌	在非运动状态下观察,在前伸状态下检查抗阻运动
口面感觉	主观刺激辨别
咽	
腭咽闭合	在安静及发声状态下观察刺激呕吐反射
咽部缩窄	呕吐刺激
喉外肌	吞咽时触喉
喉内肌	间接喉镜检查
环咽肌	运动中 X 线透视
食管	
食管形态学	运动中 X 在线透视和内窥镜观察
食管运动	测压和运动中 X 线透视
胃食管肌功能	测压、运动中 X 线透视、胃肠闪烁扫描、PH 监测、内窥镜检查
食管裂孔疝和反流	活体组织学检查

第八章 吞咽障碍

(三) 洼田氏饮水试验

饮水试验为一种较方便、常用的鉴别方法。具体操作如下:患者取坐位,以水杯盛温水30ml,嘱患者如往常一样饮用,注意观察患者饮水过程,并记录饮水所用时间,一般可分为下列5种情况:

1. 一饮而尽,无呛咳。
2. 两次以上喝完,无呛咳。
3. 一饮而尽,有呛咳。
4. 两次以上喝完,有呛咳。
5. 呛咳多次发生,不能将水喝完。

(四) 改良饮水试验

目的:检查吞咽反射是否发生、误咽。

适应者:清醒状态,并且全身状态稳定的患者。

注意事项:患者可能会发生静默性误咽(silent aspiration)。观察患者的表情、声音的变化、呼吸状态。如果发生误咽,让患者马上咳出。

方法:如果患者存在四肢麻痹、高级脑机能障碍等,自己持水杯困难,则进行介助下饮水。

患者坐位,一茶匙水分2~3口喝下。如果没有问题的话,则在杯中注入30ml的水,交给患者的健侧手,并对患者说:"和平常一样,请将这杯水喝下去。"在患者喝水的这段时间观察患者的情况。

观察①:

1. 一次喝完,没有呛咳。
2. 分为2次以上,没有呛咳能喝完。
3. 一次喝完,有呛咳。
4. 2次以上喝完,有呛咳。
5. 频繁呛咳,难以完成饮水。

观察②:

患者以很小心以小口喝水、口含着水、水从口唇处流出,伴随呛咳以及不必要的动作、费力方式喝水。

诊断:

5秒内完成:正常范围。

饮水5秒以上完成,并且存在观察中的问题点,判定为2:可疑异常。

存在观察①中的问题点3、4、5:异常。

如果使用茶匙也存在呛咳,休息后再进行饮水,还是存在呛咳异常,则判定为5:异常。

(五) 才藤荣一吞咽障碍评价法

才藤荣一吞咽障碍7级评价法:

7级:正常范围,摄食咽下没有困难,没有康复医学治疗的必要。

6级:轻度问题,摄食咽下有轻度问题,摄食时有必要改变食物的形态,如因咀嚼不充分需要吃软食,但是口腔残留的很少,不误咽。

5级:口腔问题,主要是吞咽口腔期的中度或重度障碍,需要改善咀嚼的形态,吃饭的时间延长,口腔内残留食物增多,摄食吞咽时需要他人的提示或监视,没有误咽,这种程度是吞咽训练的适应症。

4级:机会误咽,用一般的方法摄食吞咽有误咽,但经过调整姿势或一口量的调整和咽下代偿后可以充分防止误咽。水和营养主要经口摄取,有时吃饭需要调整食物,有时需要间歇性地补给静脉营养,需要积极进行咽下训练。

3级:水的误咽,有水的误咽,使用误咽防止法也不能控制,改变食物的形态有一定的效果,吃饭只能咽下食物,但摄取的能量不充分。如有可能可以进行直接咽下训练。

2级:食物误咽,改变食物的形态没有效果,水和营养基本上由静脉供给。此阶段可进行间接训练,如进行直接训练需在专门设施下进行。

1级:唾液误咽,连唾液都产生误咽,有必要进行持续的静脉营养。不能试行直接训练。

(六)冷刺激引起吞咽反射

目的:检查吞咽反射是否发生、误咽。

适应者:能够执行张口指令的患者。

用具:用水沾湿的棉棒,秒表。

方法:用冷冻的棉棒在前腭弓擦拭2~3回,闭口后促进其吞咽。测算闭嘴时和产生吞咽反射之间的时间。左右随机刺激数次,检查是否存在差别。

注意事项:在刺激时,颈部伸展容易完成,但是在指示患者吞咽时要颈部轻度屈曲。

(七)唾液反复吞咽试验(repetitive saliva swallowing test,RSST)

目的:检查吞咽反射是否发生、误咽。

适应者:能够遵从指令进行空咽的患者。

方法:促进空咽,在喉结处进行触诊,确认喉头的向上运动。测定30秒内吞咽的次数。

判定:

1. 30秒内3次以上:无异常。

2. 30秒内2次以下:存在问题。

注意事项:

1. 如果口腔护理较差、有炎症等,在进行吞咽训练时细菌也会随着唾液咽下,所以事先一定要进行口腔清洁。

2. 如果口腔内干燥,导致吞咽障碍时,用1ml的水滴在舌背上,或进行人工唾液喷雾。

(八)吞咽运动的触诊

目的:吞咽反射的时间,确认喉头向上运动的状态。

适应者:怀疑有吞咽障碍的患者。

方法:食指轻轻放在在患者喉结上部,并要患者进行吞咽动作。确认吞咽反射产生喉上举所用的时间(指令到产生运动的时间)、喉头上移距离(正常情况为1个椎体),并确认有无异常运动。

(九)颈部听诊法(cervical auscultation)

目的:检查确认误咽、喉头残留。

适应者:怀疑存在误咽的患者。因为在床边可以完成,所以对于身体状态较差的患者也可以进行。

方法：
1. 咳出口腔内以及咽喉内的唾液和痰（根据情况可吸痰等）。
2. 在确定吞咽的呼气音很清晰后，放入患者口腔内1ml～5ml液体或低黏度液体并保留。
3. 听诊器放于喉结或环状软骨外侧皮肤，告诉患者在通常状态下进行吞咽。
4. 听取吞咽时的声音。

在吞咽后，立即听患者的呼气音，引得变化及判定见表8-7。

注意事项：不要妨碍喉头的活动，轻轻压在颈部；放置听诊器时患者不要有颈部过伸；事先将听诊器听诊方法和目的告知患者。

表8-7 颈部听诊的判定

判定		听到的声音
正常		呼吸音停止后，一次有力的吞咽声音，然后呼吸音继续
存在问题	咽喉收缩减弱 喉头上举障碍 怀疑环咽肌功能失迟缓	咽下音延长以及较弱的重复的咽下音
	怀疑误咽	无声或者泡泡音
	怀疑误咽以及有喉头残留	咽下后呼气时有湿罗音 漱口音 液体的震动声

（十）X线造影录像检查（videofluoroscopic examination of swallowing, VF）

吞咽活动是一种极其快速且复杂的运动，因此，应用X线透视观察有时较困难，最好采用录像技术，以便反复观察，找出发生障碍的确切部位。发达国家常常把此项检查成为吞咽障碍评定的金标准，一般用钡作为造影剂，将其调成流质或半流质，分别于垂直坐位及30°、60°半坐位对患者进行吞咽检查。钡餐造影录像检查（VF）对观察吞咽反射、软腭、舌骨、舌根的活动，喉头的举上和闭锁，咽壁的蠕动，梨状隐窝及会厌谷的残留物非常有价值，是确定是否有误咽的金标准。临床上一般常把呛咳看做是误咽的表现，但是有些老年患者和危重患者的喉头、气管的感觉功能低下，即使发生误咽亦不会出现呛咳，所以仅仅依靠临床观察难以作出正确评价。通过VF检查，还可以鉴别吞咽障碍系器质性还是功能性，确切掌握吞咽障碍与患者体位、食物形态的相应关系。

目的：观察X线透视下的吞咽运动、各器官的形态异常、吞咽障碍的病理特征等，并评价误咽的程度。检查无声误咽（silent aspiration），以及找出不易发生误咽的体位、进食方法、食物形态以及训练方法。

适应者：怀疑有误咽的患者，反复肺炎及发热的患者。进行阶段进食训练时，判断病情状况。

方法：具有录像功能的X线设备，让患者服用造影剂、半固体模拟食物、固体模拟食物等，在透视下观察记录患者吞咽动作。考虑到患者存在误咽的危险，液体、食品等从少量开始。评价患者由于体位、颈部角度变化导致吞咽发生的变化，找出减少误咽的方法。常见的吞咽障碍VF影像见图8-1～5。

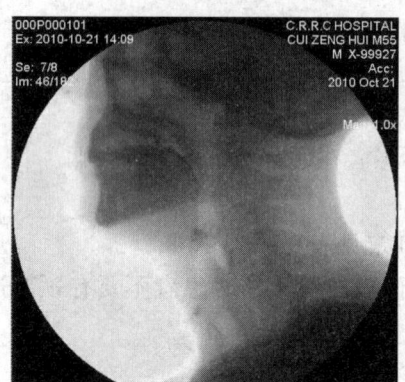
图8-1 口腔内滞留

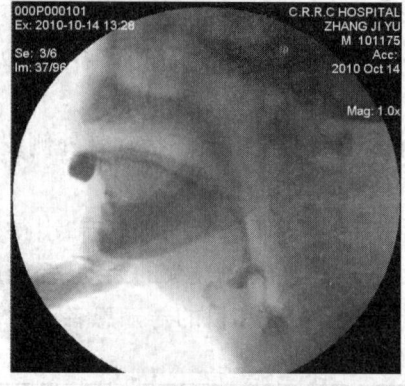
图8-2 早发溢出

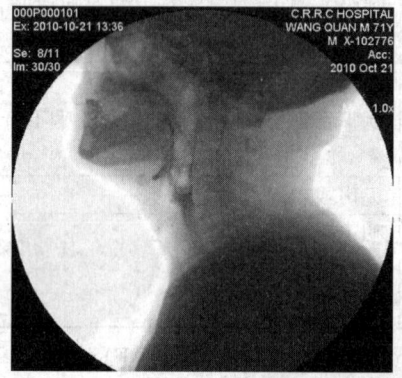
图8-3 会厌谷梨状隐窝残留

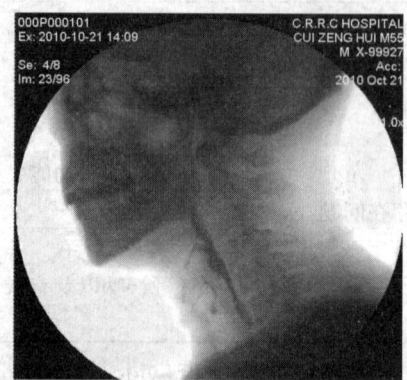
图8-4 误咽

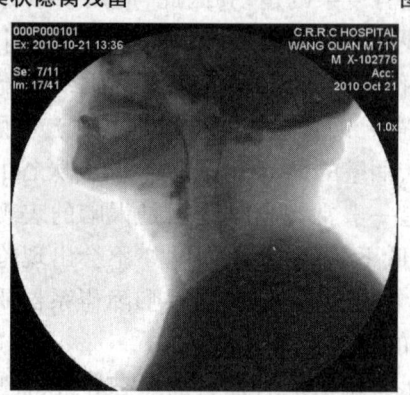
图8-5 环咽肌功能失弛缓

注意事项：

1. 此检查由于用到X线设备，故言语治疗师不能独自完成。检查时，言语治疗师要事先考虑食物的形态、进食姿势，并预想出适合患者的进食方法，与相关人员进行信息交换，积极地参与到对患者的治疗中来。并且观察患者在日常实际中进食的方法、表情和呼吸方法，和造影时进行对比，推测有无误咽等，还要能看吞咽过程录像，具备识别造影成像判定的能力。

2. 评价时为了不漏查,应使用专门的评价表(表8-8)。

3. 如果发生误咽,要让患者及时咳出,必要时进行吸引。并且还可以和PT共同进行排痰训练。

VF得出的结果对训练很有帮助,它不仅可以判断误咽的有无和误咽量的多少,还是判定器质性误咽和机能性误咽的重要手段。

表8-8 X线造影录像检查(VF)评价表

吞咽造影(VF)评价单

X线号_____

姓名_____ 性别_____ 年龄_____ 病案号_____
发病日期_____ 检查日期_____ 第____次 临床诊断_____
住院医师_____ 治疗师_____
检查目的:

躯干角度					
模拟食品					
实验方法					
Ⅰ. 认知(意识水平)	3 2 1	3 2 1	3 2 1	3 2 1	3 2 1
Ⅱ. 食物进入口腔状态	3 2 1	3 2 1	3 2 1	3 2 1	3 2 1
Ⅲ. 口腔内处理	3 2 1	3 2 1	3 2 1	3 2 1	3 2 1
咀嚼	3 2 1	3 2 1	3 2 1	3 2 1	3 2 1
食团形成	3 2 1	3 2 1	3 2 1	3 2 1	3 2 1
软腭的移送	3 2 1	3 2 1	3 2 1	3 2 1	3 2 1
Ⅳ. 向咽部的移送	3 2 1	3 2 1	3 2 1	3 2 1	3 2 1
口腔内残留	3 2 1	3 2 1	3 2 1	3 2 1	3 2 1
Ⅴ. 咽部通过	3 2 1	3 2 1	3 2 1	3 2 1	3 2 1
吞咽反射延迟	3 2 1	3 2 1	3 2 1	3 2 1	3 2 1
吞咽反射	3 2 1	3 2 1	3 2 1	3 2 1	3 2 1
误咽	3 2 1	3 2 1	3 2 1	3 2 1	3 2 1
反射性咳嗽	3 2 1	3 2 1	3 2 1	3 2 1	3 2 1
误咽物咳出	3 2 1	3 2 1	3 2 1	3 2 1	3 2 1
残留	3 2 1	3 2 1	3 2 1	3 2 1	3 2 1
会厌谷残留	3 2 1	3 2 1	3 2 1	3 2 1	3 2 1
梨状隐窝残留	3 2 1	3 2 1	3 2 1	3 2 1	3 2 1
食管上段括约肌机能	3 2 1	3 2 1	3 2 1	3 2 1	3 2 1
Ⅵ. 通过食管(蠕动)	3 2 1	3 2 1	3 2 1	3 2 1	3 2 1
返流	3 2 1	3 2 1	3 2 1	3 2 1	3 2 1
食管残留	3 2 1	3 2 1	3 2 1	3 2 1	3 2 1
食管变形,蛇形	3 2 1	3 2 1	3 2 1	3 2 1	3 2 1
食管下部括约肌机能	3 2 1	3 2 1	3 2 1	3 2 1	3 2 1

注:3:无异常,2:轻度异常,1:异常

交流状况:运动性构音障碍、失语症、痴呆、其他(　　　　　　)

中国康复研究中心吞咽治疗中心制

(十一)吞咽内窥镜检查(vidioendoscopic examinnation swallowing, VE)

近些年来国外已经将吞咽内窥镜检查作为吞咽功能障碍的一项重要检查方法,利用装配有图文工作站的纤维喉镜进行动态的吞咽功能检查见图8-6~9。VE检查观察吞咽功能有以下主要优点。VE与VF的比较见表8-9。

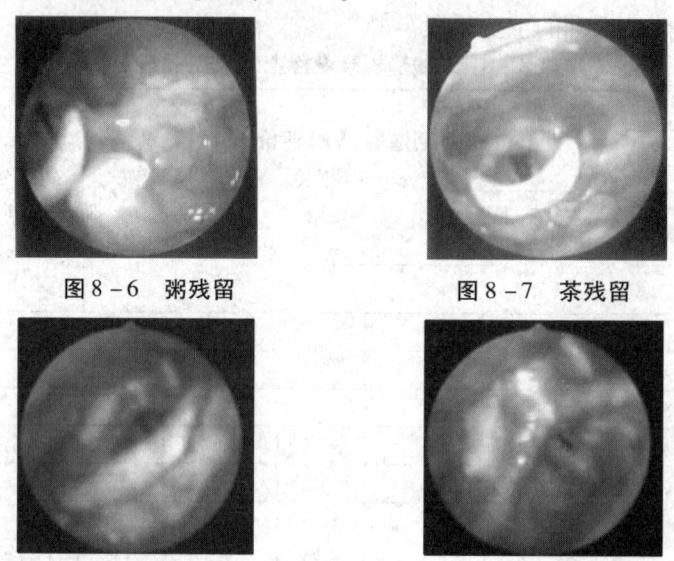

图8-6 粥残留　　　　　　　　图8-7 茶残留

图8-8 进食酸奶后会厌谷残留　　图8-9 进食酸奶后梨状隐窝残留

1. 可以直接观察声门闭锁功能,其周围的唾液和分泌物以及喉头残留食物的状态。
2. 操作较简单易行,可在床边进行。适合较重患者。
3. 不必接受射线,比较省时,不需要专门的模拟食品。

表8-9 VE与VF的比较

	VE	VF
咀嚼、食团形成	×	◎
舌头食团的移送	×	◎
软腭咽腔闭锁机能	○	○
喉头上举	△	◎
咽头的活动	△	◎
会厌的活动	△	◎
声门闭锁	◎	△
吞咽反射延迟	○	○
误咽	△	◎
咽头残留	◎	○
食团通过时间	△	◎
感觉	○	×
环咽肌功能失迟缓	×	◎
咽、喉黏膜状态	◎	×

结构	○	○
食管	×	○
射线	-	+
患者的痛苦	△	△
操作易行	◎	×
床边进行	◎	×

◎优；○良，评价可能；△可，不十分理想；×不可，不良，评价不能

（十二）吞咽能力分级标准

1. 重度　完全不能经口摄食。
2. 中度　一部分食物能经口摄入，但不能完全维持营养，需静脉辅助营养。
3. 轻度　轻度吞咽障碍，完全能经口摄食。
4. 正常　具有正常摄食吞咽能力。

（十三）注意事项

1. 在急性期进行吞咽功能的评定与治疗，应在患者病情稳定，主管医师允许后方可进行。最好在鼻饲管去除后进行。

2. 在做VF检查时，旁边应有吸痰器以备用。同时应在具备临床急救技术的医务人员监护下进行。

3. 进行吞咽功能的评定与治疗之前，应向患者或家属说明评定与治疗的目的及主要内容，以获得全面的理解和配合。尤其应申明检查或治疗中及后期可能出现的特殊情况，如：呛咳、吸入性肺炎、窒息；局部黏膜损伤、出血、疼痛、感染；牙（义）齿脱落、误咽等。

第三节　吞咽障碍的治疗

要充分注意到神经性吞咽障碍原发病的治疗，采取的治疗要根据原发病的程度、病史、患者的合作愿望，学习能力和目前的状态因人而异。

一、假性球麻痹吞咽障碍的治疗

假性球麻痹所致的吞咽障碍占吞咽障碍的大多数，典型的是双侧上运动神经元病变。假性球麻痹患者的吞咽肌肉力量可能稍弱或不协调，此种不同于下运动神经元损伤所致的吞咽障碍。假性球麻痹在吞咽准备期、口腔期障碍严重，咀嚼、食块形成、食块移送困难。但吞咽反射仍有一定程度的存留，虽然移至咽部期后吞咽反射表现迟缓，然而一旦受到诱发，其后的吞咽运动会依次进行。这种时间差会引发误咽。而且常并发高级脑功能障碍，其症状有：不知进食顺序，重复相同动作，进食中呼吸控制差使误咽危险加大。见表8-8。

表 8-8 麻痹性吞咽障碍与假性球麻痹吞咽障碍的区别

类型	麻痹性	假性球麻痹
病理	下运动神经元	上运动神经元
吞咽反射	弱或无	有,慢或不协调
智力	完整	可能有损害
口力量	差	可正常或不协调

1. **首次进食训练** 患者的病情稳定,清醒状态,能合作,首次实验性进食可以开始,理想情况下是在鼻饲管去掉的情况下进行,因为这种管子有四个副作用:

(1)神经系统损害的情况下是一种机械性干扰。

(2)部分阻断了鼻腔气流而使吞咽更加困难。

(3)使口腔黏膜干燥而干扰吞咽过程。

(4)可使食物粘附在上面,在不适宜的时候落下或被吸入。

2. **食物选择** 与麻痹性吞咽障碍相同,混合性事物刺激易激发假性球麻痹吞咽障碍的吞咽反射。应该选用最大程度刺激感觉器和粘度高易形成食团的事物。这些患者吞咽液体比固体食物更加困难,这是由于神经损伤后,吞咽活动缺少恰当的节律和反射而使液体进入咽部,果汁会稍好些。多数患者适合密度高柔软的固体事物,如鸡蛋、桃罐头等是属于中等柔软度的事物。另外,也要考虑用患者所喜爱的食物比较容易激发吞咽反射。食物不要过于甜或过于咸。黏性、干燥、易掉渣的食物应避免食用。

注意不要用液体冲服固体食物,因为容易造成吸入,也不要把液体和固体食物一口吞下,因可以干扰脑干损伤患者的感受器导致噎塞的发生。

3. **自主控制** 选择正确的食物要与患者欠缺的自主控制结合,因此,所有开始进食的患者需要直接的协调,目的是能提供必要的大脑输入使吞咽安全。

第一是减少能转移患者在进食时注意力的环境因素,例如患者上肢摆放不舒服可以干扰患者专心进食。如疼痛应先服用止疼药物止疼。所有的辅助具应装配合适且工作正常,否则它们可能分散患者注意力,总之要尽量使患者感到舒适。

第二是避免来自外部原因,如其他患者、工作人员、电视、收音机等都可以干扰患者的吞咽过程。

4. **进食过程** 患者可以端坐,头部向前,颈部弯曲。治疗人员要避免过多地解释,特别是伴有语言障碍的患者,只要让患者知道是协助他进食即可。进食时每次餐具所放的食物是平时中等量大小(约15毫升),如果在进食前让患者闻一下食物,更有助于口腔准备进食,对患者如何完成进食过程,包括吞咽反射的引出都应立即评价。在进食过程中可以给一些提示,有时需要用言语或手势提示咀嚼、吞咽等。提示的重要意义是让患者本人知道所做的运动已经完成,该马上进行下一项。不断强化正确的行为,有利于治疗效果的保持。治疗人员应仔细观察每一次吞咽过程,要特别注意喉上抬的运动。如果患者出现疲乏或失去兴趣,应暂时停下来。重症患者需要较长时间才能完成一餐,时间过长食物变凉,缺乏刺激而使患者失去食欲,所以可以采取少量多餐的办法解决。

二、真性球麻痹性(延髓性麻痹)吞咽障碍的治疗

延髓性麻痹由损害脑干部延髓吞咽中枢的病灶引起,吞咽障碍主要发生在咽部期,吞咽反射的诱发极其微弱甚至消失。在先行期、准备期,甚至口腔期没有障碍或障碍轻微,往往误咽情况突出。代表性疾病是 Wallenberg 综合征。由于喉部抬高不够,且食管入口处呈现失弛缓状态,导致食物在咽部滞留,常发生吞咽后的误咽。

1. 治疗时机　虽然吞咽治疗的目的之一是避免长期使用鼻胃管进食,但是后者在医疗初期仍十分必要。因为它提供了营养物质,使患者拥有足够的体力,以便患者能够恢复由口提供营养。在急性期进行吞咽治疗时,应在医生认为患者的病情允许后方可进行。当吞咽评定显示患者有适当的自我保护,有咳嗽反射,且喉能上举时,即可开始治疗。因为插管可以影响正常喉上举和环咽肌的松弛,并会影响由口腔迅速移动食团到食管所需的压力。所以,理想的时机是气管插管取出之后。

2. 治疗原则
(1)要建立有效的交流方式。
(2)应用安全、有刺激的食物以建立和恢复吞咽反射。
(3)利用完整的自主支配促进吞咽功能。
(4)增强口咽肌肉力量。
(5)外科介入。

3. 具体治疗方法
(1)交流　训练之前,应在治疗人员和患者间建立尽可能有效的交流手段以利于吞咽的治疗。交流中可以用回答是/否、言语、文字、交流图板及一切可用于交流的手段。

(2)食物选择　如吞咽反射丧失或很弱,对于伴随脑干病的患者需要用大量的食物刺激反射的出现。建议使用能增加味觉、压力感觉和质地紧密的食物。一些蔬菜汁、苹果汁、汤等几乎全然没有这些刺激,这些液体式的食物当肌肉力量减弱时在口腔很难控制,下运动神经元病变的患者对于这些食物很难形成起动刺激的食团。一些有环咽肌失调的吞咽麻痹患者,如果反射已产生,软食和液体进入食管比较容易,但进食固体食物常梗阻,这时应用较大的食团常常可以改善其功能。一般情况下,下运动神经元损伤的吞咽障碍患者应避免食用通过咽部易掉碎渣的食品,如新鲜的白面包等;苹果酱、香蕉等比较黏,易于挂在后咽部;巧克力和冰激淋能增加黏液的潴留,因而这些食物都不宜食用。

(3)增加肌肉力量　如果患者不能安全地饮用液体,固体食物又不能进入食管时,应该教会患者比较容易掌握的经口吞咽鼻胃管。在口腔内通过管子对舌和咽肌的刺激,刺激无力肌肉的收缩。患者吞咽胃管不仅可以自己管理营养,同时也增加了吞咽食物所需的营养、水、药物,又避免了鼻饲的困扰。在这种训练中,患者利用舌和面肌的力量,使管子向后移动以及试图使喉上举。经口吞咽胃管本身也是增加肌力的训练。另外,如果患者状态允许,应鼓励患者每日进行舌肌前伸,左右摆动,旋转的训练,逐步增加舌肌的力量。面肌无力的患者要做突唇、展唇、鼓腮、缩唇的训练。

(4)自主控制　大多数吞咽麻痹患者保留了智力和吞咽肌肉的自主控制能力。这种能力可以利用在进食的训练中,当治疗进展到可以用食物和液体刺激吞咽时,患者的注意力可

以集中在味觉、感觉和食物的温度上。一旦食物在口腔内向后移动,患者应集中精力吞咽。一个食团虽不能使肌力减退的肌肉产生运动,但这时常可以激发一次吞咽反射。还可以教患者在每次吞咽时,有意识地屏住呼吸,在完成吞咽后,轻轻地咳嗽,这种方法有助于保护呼吸道。

三、吞咽障碍的间接与直接治疗方法

(一) 间接训练

间接训练从预防失用性功能低下、改善吞咽相关器官的运动及协调动作入手,为经口腔摄取营养做必要的功能性准备。由于间接训练不使用食物,安全性好,因此适用于从轻度到重度的各类吞咽障碍患者。间接训练一般先于直接训练进行,直接训练开始后仍可并用间接训练。常用方法有:

1. 口唇闭锁练习　口唇运动训练可以改善食物或水从口中漏出的情况。让患者面对镜子独立进行紧闭口唇的练习。对无法主动紧闭口唇的患者,可予以辅助。当患者可以主动闭拢口唇后,可让患者口内衔一个系线的大纽扣,治疗师牵拉系线,患者紧闭口唇进行对抗,尽量不使纽扣脱出。其他练习包括口唇突出与旁拉、嘴角上翘(做微笑状)、抗阻鼓腮等。

2. 下颌运动训练　可促进咀嚼功能,做尽量张口、然后松弛及下颌向两侧运动练习。对张口困难患者,可对痉挛肌肉进行冷刺激或轻柔按摩,使咬肌放松,通过主动、被动运动让患者体会开合下颌的感觉。为强化咬肌肌力,可让患者做以臼齿咬紧压舌板的练习。

3. 舌部运动训练　可以促进对食团的控制及向咽部输送的能力。可让患者向前及两侧尽力伸舌,伸舌不充分时,可用纱布裹住舌尖轻轻牵拉,然后让患者用力缩舌,促进舌的前后运动;通过以舌尖舔吮口唇周围,练习舌的灵活性;用压舌板抵抗舌根部,练习舌根抬高等。

4. 冷刺激　冷刺激能有效地强化吞咽反射,反复训练可使之易于诱发且吞咽有力。将冰冻棉棒蘸少许水,轻轻刺激软腭、腭弓、舌根及咽后壁,然后嘱患者做吞咽动作。如出现呕吐反射即应终止刺激;如患者流涎过多,可对患侧颈部唾液腺行冷刺激,3次/日,10分钟/次,至皮肤稍发红。

5. 构音训练　吞咽障碍患者常伴有构音障碍,通过构音训练可以改善吞咽相关器官的功能。

6. 声带内收训练　通过声带内收训练,以达到屏气时声带闭锁,防止食物进入气管。具体方法是:患者深吸气,两手按住桌子或在胸前对掌,用力推压、闭唇、憋气5秒钟。

7. 咳嗽训练　吞咽障碍患者由于肌力和体力下降、声带麻痹,咳嗽会变得无力。强化咳嗽有利于排出吸入或误咽的食物,促进喉部闭锁。

8. 声门上吞咽训练　声门上吞咽又称"屏气吞咽",具体做法是由鼻腔深吸一口气,然后屏住气进行空吞咽,吞咽后立即咳嗽。这一方法的原理是:屏住呼吸使声门闭锁、声门气压加大,吞咽时食团不易进入气管,吞咽后咳嗽可以清除滞留在咽喉部的食物残渣。

9. 促进吞咽反射训练　用手指上下摩擦甲状软骨至下颌下方的皮肤,可引起下颌的上下运动和舌部的前后运动,继而引发吞咽。此方法可用于口中含有食物却不能产生吞咽运

动的患者。

10. K-Point 刺激　适用于重度假型球麻痹吞咽反射消失或减退,以及张口困难食物不能送入口中的患者。通过 K-point 刺激点可以诱发吞咽反射和张口。操作方法:在诱发吞咽反射时,用压舌板或者沾湿的或冰冻过的棉棒轻轻刺激 K 点黏膜,有效时,会出现咀嚼样运动及空吞咽动作,当食物或者水放入口中时刺激 K-point 可以诱发吞咽动作。当没有咬合反射或张口困难的患者,K-point 刺激可以促进张口。注意左右反应是否有差别,有差别时选择刺激有效侧。刺激时注意不要损伤黏膜。

(二) 直接训练(摄食训练)

直接训练(摄食训练)的适应证是患者意识状态清醒、全身状态稳定、能产生吞咽反射、少量吸入或误咽能通过随意咳嗽咳出。

1. 体位　由于口腔相及咽相同时存在功能障碍的患者较多,因此开始训练时,应选择既有代偿作用且又安全的体位。一般让患者取躯干30°仰卧位,头部前屈,偏瘫侧肩部用枕头垫起,辅助者位于患者健侧。此时进行训练,食物不易从口中漏出,有利于食块向舌根运送,还可以减少向鼻腔逆流及误咽的危险。颈部前屈也是预防误咽的一种方法,因为仰卧时颈部易呈后屈位,使与吞咽活动有关的颈前肌群紧张,喉头上举困难,容易发生误咽。但是适于患者的体位并非完全一致,实际操作中应该因人而异,予以调整。

2. 食物的选择　食物的形态应根据吞咽障碍的程度及部位,本着先易后难的原则来选择。容易吞咽的食物其特征为:柔软、密度及性状均一;有适当的黏性、不易松散;易于咀嚼,通过咽及食管时容易变形;不易在黏膜上滞留等。应根据患者的具体情况及饮食习惯进行选择,兼顾食物的色、香、味及温度等。

3. 一口量　即摄食时,最适于患者吞咽的每次入口量,正常人的每次入口量约为20ml。对患者进行训练时,如果一口量过多,不是从口中漏出,就是引起咽部残留,导致误咽;反之,一口量过少,则会因刺激强度不够,难以诱发吞咽反射。一般先以小量试之(3ml~4ml),然后酌情增加。因此,开始进食时,餐具采用薄而小的勺子为宜。

4. 调整进食速度　指导患者以较常人缓慢的速度进行摄食、咀嚼和吞咽。一般每餐进食的时间控制在45分钟左右为宜。

5. 辅助吞咽动作　可训练患者通过以下方法去除滞留在咽部的食物残渣。咽部滞留食物的去除法:

(1) 空吞咽与交互吞咽　当咽部已有食物残留,如继续进食,则残留积累增多,容易引起误咽。因此,每次进食吞咽后,应反复做几次空吞咽,使食块全部咽下,然后再进食。

(2) 交互吞咽　让患者交替吞咽固体食物和流食,或每次吞咽后饮少许水(1ml~2ml),这样既有利于激发吞咽反射,又能达到去除咽部滞留食物的目的。

(3) 侧方吞咽　咽部两侧的梨状隐窝是又一处吞咽后容易滞留食物的部位,通过颏部指向左、右侧的点头样吞咽动作,可去除并咽下滞留于两侧梨状隐窝的食物。

(4) 点头样吞咽　会厌上凹是另一处容易残留食物的部位。当颈部后屈,会厌上凹变得狭小,残留食物可被挤出,反复进行几次形似点头的动作,同时做空吞咽动作,便可除去残留食物。

四、摄食吞咽障碍的综合训练

有摄食吞咽障碍的脑卒中患者仅有口腔功能训练是远远不够的,应积极采取综合训练,包括肌力训练、排痰法的指导、上肢的摄食动作训练、辅助工具的选择与使用、食物的调配、进食前后口腔卫生的保持等,凡是与摄食有关的细节都应考虑在内。因此,摄食吞咽障碍患者的康复训练需要在医师的指导下,言语治疗师、物理治疗师、作业治疗师、护士、营养师等密切配合,通力合作,才会取得满意的效果。物理治疗:可应用吞咽电刺激治疗仪(vital stim)治疗等,增强吞咽相关肌肉的肌力,促进吞咽动作的协调性,达到改善吞咽的目的。

五、外科手术

为了改善患者吞咽障碍和保护呼吸道,或向患者提供进食和水的途径,可以考虑外科手术。许多脑干病变的患者(如脱髓鞘疾病的晚期)无法改善吞咽肌肉的肌力,无法再经口摄入营养,必须考虑外科解决。如果患者无法防止误咽,则反复发作的吸入性肺炎将成为严重的问题,外科方法可考虑的手术有胃造瘘术等。

(李胜利)

思考题
1. 哪些原因可以造成吞咽障碍,吞咽障碍有哪些主要表现?
2. 正常吞咽过程的分期和特点。
3. 哪种评价方法被视为吞咽障碍评价的"金标准",如何进行?
4. 吞咽障碍的间接治疗方法。
5. 吞咽障碍的直接训练方法。

第九章 脑外伤相关的交流障碍

教学目标
1. 掌握脑外伤相关的交流障碍的原因、症状。
2. 熟悉脑外伤相关的交流障碍的评价方法。
3. 了解脑外伤相关的交流障碍的治疗原则。

第一节 概 述

一、脑外伤相关的交流障碍的定义和病因

脑外伤(traumatic brain injury, TBI)的发生是由于迅速移动的物体撞击到头部(例如子弹伤),或由于头在运动过程中撞到了固定的物体(例如坠落伤)。脑外伤带来的损伤主要是由于原发和继发损伤导致生理学改变,进而影响大脑的功能。原发损伤来自于对大脑的实际撞击,继发损伤来自于感染、缺氧、水肿、颅内压增高、梗塞和血肿等因素对大脑的伤害。生理学改变会带来一系列的代谢障碍,例如高温、电解质紊乱,并且会损害下丘脑和脑垂体。

开放性脑损伤(或穿透性脑损伤)是指颅骨骨折或者穿孔,同时脑膜被撕裂或者割裂。开放性脑损伤时,原发损伤通常是沿着穿透物(榴散弹、石头、子弹、钝或锋利的器具)的路线产生,继发损伤可能来自于肿胀、出血、感染、颅内压增高和瘢痕所造成的影响。

闭合性脑损伤(非穿透性脑损伤)是指脑膜是完整的。受撞击侧的损伤称为冲击伤。受撞击对侧大脑的损伤称为对冲伤。闭合性脑损伤时,原发损伤通常发生于大脑高水平的加速和减速时(如汽车和摩托车的交通事故,坠落)。大脑快速的扭曲和旋转会导致神经纤维的剪切、伸张及撕裂,这种伤害定义为弥散性轴索损伤。同前所述,继发损伤可能来自于感染、缺氧,水肿(肿胀)、颅内压升高和血肿。

深度昏迷是一种极深的无意识状态,患者不能被唤醒并且对外界刺激(如疼痛、声音、触摸、气味)没有反应。浅度昏迷时人体对外界刺激能作出反应,但仅限于以一种普遍的、非特殊的方式(如全身非特殊性的肌肉运动)。昏迷的发生,是负责注意力和警戒的大脑网状系统被干扰所致。闭合性脑损伤昏迷的发生率高于开放性脑损伤,因为弥漫性轴索损伤会导致更广泛的损伤。

脑外伤会导致失语,大脑右侧半球损伤相关的交流障碍,构音障碍,言语失用,这些都将在本书的其他章节进行讲述。

二、脑外伤相关的交流障碍的症状

这里所讨论的交流障碍符合美国社会卫生学会定义的认知交流障碍分类。本节介绍认知、执行、语言学和行为方面的内容。

(一)认知功能

认知包括定向力、觉醒力、注意力、处理速度、记忆(由于注意力和记忆力的问题抽象思维、视觉感知障碍在脑外伤患者当中是相当普遍的)下文会介绍扩展的定义。

Mateer(1996年)回顾了多种注意力模型,这些模型可被用于评估和治疗脑外伤等注意力不集中的患者,其中之一为注意力的临床模型(Sohlberg和Mateer,1989年)。这个模型是阶段性的,每一水平看起来更加复杂并且要求前一水平的机能是有效的。此模型有以下构成:

1. 注意力的集中　这是对不连续的具体视觉、听觉和触觉刺激做出反应的能力(如看着一个完全颠倒的玻璃球,里面有雪花片或五色彩纸在移动)。此水平不包括反应的目的性。

2. 注意力的保持　这是对连续和重复的活动有保持一致行为反应的能力(如根据卡片的编号、颜色或花色将扑克牌正确匹配)。此水平包含了警觉的概念。

3. 注意力的选择　这是在面对分散或对抗性的刺激时有保持一种行为或认知的能力(如在播放电视或有其他人在场的情况下能对指导医师集中注意力)。此水平包含了"摆脱注意力分散"的概念。

4. 注意力的转换　这包含了精神上的适应性,即允许一个人转换他/她注意的焦点以及能在需要不同认知或不同行为来应答的两个任务之间转移(如与医师正确地进行交谈,同时需要应答电话或来访者,之后再同那位医师继续交谈)。此水平包含了信息将被选择性地进行处理,并且合并了从一个固定模式较容易地转换到另一模式的概念。

5. 注意力的分散　这是同时应答多项任务或多项任务要求的能力(如与临床医师正确地进行交谈,同时要明了在同一屋里的一个孩子的情况)。在此水平,需要两个或更多的行为应答,或者需要监控两个或更多的刺激。

记忆是认知功能方面的一个要素。脑外伤患者对外伤前后的事情很容易有记忆缺失。

外伤前失忆是对受伤前所发生的事情的记忆的损失。通常患者不能记忆受伤前数分钟,数小时甚至数天前的事情。这种记忆的缺失可能会持续一年甚至更久。随着患者的康复,受伤前记忆的损失会在一定时间期限内减少。外伤前失忆也许是恢复过程中的问题引起。外伤后失忆是对受伤后记忆的损失。这种记忆缺失可能会持续数分钟,数小时,数天,数月,在某些病例可能会持续数年。随着患者的康复,对日常生活的记忆会缓慢地好转。外伤后失忆是比外伤前失忆更严重的问题,因为每天活动和所发生事情的短时间记忆过程都因此成了一个问题。

(二)执行功能

执行功能包括目标的确定,自我意识,有意图行为的开始,排序,计划,组织,监控和控制行为,解答问题,以及自我评价。执行功能的一些实例是计划人们的日常生活(如穿衣服);一个人怎样去看医生;准备食物的步骤;按大小顺序整理条款;按重要性整理条款;按逻辑顺序摆放卡片(如从开始超市购物到结束,从起点打车到目的地);着眼于施行一部分任务的成功或失败,而且知道为什么会成功或失败,若是失败有哪些步骤需要改进,等等。

(三)语言功能

语言功能问题的发生是因为大脑语言区域的破坏,称之为失语症。失语症患者交流的缺损是因为语言的组成(语音、语法、语义)被直接干扰了。

语言功能问题的产生也可能是控制认知和执行功能以及行为的大脑有一处或多处损坏,这称之为认知—交流障碍。认知—交流障碍的患者,交流的缺损是因为认知(定向、觉醒、注意力、处理速度、记忆、抽象思维、视觉感知),执行功能及行为被直接干扰了,这些转而会间接干扰语言。例如,一个失语症病人可能由于大脑 Wernick 区或其他区被损坏而造成听理解障碍,由于不能理解指令他可能会错误地回答(如"指电灯")。一个认知—交流障碍的患者由于上述的几个原因,会有听理解障碍并给出错误的回答,她对听刺激(如"指电灯")的注意广度是有限或发散的。

由于认知方面的不足,这种病人经常会出现定位障碍,对自己不相关的回答或对自己不恰当的回答没有觉察,以及虚构症(通过口头和/或文字表达讲述一个假想的故事)。

脑外伤可以导致"非失语性命名错误",在神经系统广泛受损时会有典型表现,尤其在干扰来得极快的时候。在特征上,该类错误倾向于"传递信息"。因而这样的病人,如果被问在哪,可能会回答"在公交车上",也许会继续证明检查者是司机,他周围的人是乘客,他的床是司机用来休息的地方。

很明显,当患者被提问一串连续的问题,通常的失语症命名障碍就能容易地被排除。失语症命名障碍的病人没有传递信息倾向,尽管持续性重复(如对同一错误单词的复述)发生得很频繁。错误的连续性或传递特征可能会显示与医院和患者病情的部分联系。患者可能称医院为旅店,称医师为男服务员,称护士为女服务员,并且不接受改正。

脑外伤导致的精神错乱,在命名物品时不像失语症患者一样用"我知道它是什么,但是我找不到那个词"来回应。患者在受到刺激时会大胆并且轻率地制造单词,这些单词可能会表现持续性重复,暗示和其他关联的效果。

Weinstein,Iyerly,Cole 和 Ozer 用术语"杂乱性失语"来描述有双侧大脑功能损伤且说话表达虚构情节的患者,特别是来医院的原因的疾病的特征为对地点和时间定位的缺失,对错误不能察觉,对突发事件的反应能力缺乏的。

从这些研究可见,关于语言的能力,相关性的损伤特征是辨别要点的关键。在与脑外伤患者的合作过程中发现典型的不相关回答的例子是:合同的定义回答成了"暴力的尺度";"哪三件事情是每一个市民应该做的?"的回答成了"应当提防邮箱,应当提防人群,应当提防报纸"。对上个问题,另一位脑外伤患者回答:"检查你的头饰,知道一个好的汽车 4S 店,买一辆汽车,然后去西单商场。"

脑外伤后存在以下语言缺陷和特点:①脑外伤患者在所有四种语言形式上有缺陷,并且在所有水平都很严重,这点同失语症一样;②脑外伤急性期就及时治疗的患者同后期在康复中心治疗的患者相比,失语症发病率更低;③脑外伤后失语的主要类型是非流畅言语和无法记忆物品名称;④脑外伤导致的失语症的语言治疗手段与脑血管病所致的失语症基本一样。

(四)行为功能

行为功能损害的表现为有明显的易怒和攻击性,忧虑,意志消沉,动作启动减慢,情感抑制困难,以及社会不适应性。

第二节 脑外伤相关交流障碍的评定

确定脑外伤相关交流障碍的诊断步骤:①搜集病史;②神经系统评价;③采用认知及语言评定测验;④鉴别诊断。

一、搜集病史以及神经系统评价

在搜集病史方面,要注意搜集患者发病的时间、原因,发病时的表现,患者是否有昏迷发生,当时的医学诊断,采用了何种治疗措施。所进行的神经系统检查以及影像学检查和结果,是否进行过康复评价以及康复治疗等。

二、认知及语言评定测验

根据脑外伤病人所处恢复阶段,采用不同的诊断程序。如果病人严重损伤,用格拉斯哥昏迷评分评价睁眼能力,运动应答及言语应答。睁眼项目包括:①自发睁眼(最高分);②在口头命令下睁眼;③在疼痛等刺激下睁眼;④没反应(最低分)。运动应答项目包括:①服从口头命令(最高分);②在疼痛刺激下试图拉开测试者的手;③在疼痛刺激下移动部分肢体;④在疼痛刺激下能弯曲身体;⑤躯体伸展,在疼痛刺激下变得僵硬;⑥没有反应(最低分)。言语应答项目包括:①能交谈并且有好的定向力(最高分);②能交谈但定向力模糊;③能发出可理解的词,但毫无意义;④发出的声音不能被理解;⑤没有反应(最低分)。

其他的手段有认知水平的 Rancho Ios Amigos 评分,用来评价病人的认知和行为恢复的进展。此测验测量病人对刺激的反应,范围从1级——没有反应(对疼痛、抚摸、声音和可见物体没有反应)至8级——有目的性和适应性(在大多数情形下有恰当的反应,能够学习新的事物,不需要每天去监督,也许对压力的忍耐力不佳或者不能回答一些抽象的问题)。

许多脑外伤病人受外伤后失忆的困扰。Galveston 适应及失忆检查(GOAT)能够用来测定病人的记忆、健忘症和适应性。记忆分项测定对单词、字母及反向技术的短时记忆。健忘症分项要求病人说出他/她的姓名、出生地点、年龄以及他/她生活的地方。适应能力分项检查病人的对时间(年、月、日、小时)及地点(现在的地址)的定向能力。

目前,有两种检查能够测定脑外伤患者的认知以及语言能力。一个是脑损伤的简单检查(BTHI,Helm - Estabrooks 和 Hotz,1990年),能有计划地对适应能力和注意力,指令的服从,语言组织能力,阅读理解,命名,记忆以及空间视觉能力进行测试。项目得分是根据应答的类型(语言、手势),及回答的语言的流畅程度。另一个检查是脑外伤认知能力评价(SCATBI,Adamovich 和 Henderson,1992年)能对知觉/识别,适应,组织,回忆和判断力进行评定。

尽管在其他专业有更多的对认知的单方面评价,但上述两种方法是言语病理学家创建的。这不仅仅着重于评价,更重要的是对因直接言语损害(失语症)或由于认知的损害而阻碍正常交流的间接言语问题导致的交流问题的治疗。

最后,Ross 信息处理性评估(RIPA-2,Ross-Swain,1996 年)能用来检查交流以及认知功能,交谈理解测试(Brookshire 和 Nicholas,1997 年)能对听理解及阅读理解进行测定。

三、鉴别诊断

言语错乱在阅读理解、听写词和回答问题的关联性方面不同于失语症,广泛性的智力损伤和言语失用。

失语症患者语言符号的解释和整理能力下降;言语错乱患者存在短期记忆差,错误应答,不恰当的行为,对环境理解力差及不适应性。

命名能力能作为这两者的区别因素。言语错乱患者命名时的错误率和应答时间较失语症病人更加多变。言语错乱病人恢复的早期阶段发生的错误率是最高的、应答时间是最长的。到了恢复的后期,错误率和应答时间都接近于正常。失语症患者在这个过程中则是前后一致的。言语错乱患者语义无关应答的发生率要比失语症患者高很多。

在完成图片描述的任务时,脑损伤的成人患者在添加信息时会比正常人累赘和速度慢。这些情况都会随着生理学上的恢复逐渐减少。

第三节　脑外伤相关交流障碍的治疗

治疗的首要目标是要告知患者及其陪护人员关于预后和后遗症。

脑外伤患者会显示知觉损伤,与所处阶段是轻度(后期),中度(中期)还是重度(早期)直接相关。语言的组成受所处障碍的阶段所影响。

早期(重度损伤)开始于从初步对环境有普遍的反应(对疼痛、触摸、声音和光线有非协调的反应),结束于对明确刺激物有反应(如追视、音源定位),对一些常见物体的认知,以及对简单命令的听理解。中期(中度损伤)开始于警觉的提高和活动的增加,伴随着混乱和躁动,结束于对一般的直接事物的适应性和行为能力的提高,并且能够持续理解简单的间接事物。后期(轻度损伤)开始于有足够的适应性(尽管洞察力、判断力、解决问题的能力并不好),能够在非常熟悉的环境中完成日常任务(经常以一种无意识的机械的行为去完成),结束于病人在大多数场合能恰当地回答并且在多数情况下能概括学习新的东西(一些抽象回答的能力可能仍然受损)。病人不需要日常监督,但可能对压力的耐受力较差。

治疗的第二个目标是准备恰当的治疗步骤和手段。

一、与脑外伤相关的交流障碍治疗的有效性

当前,Coelho,DeRuyter 和 Stein(1996 年)回顾了关于认知康复治疗有效性的研究。他们发现有大量的治疗技术对各种脑外伤患者的注意力、记忆、行为能力障碍有成功的应用。对严重认知交流障碍的患者的治疗,其注意力主要放在发展补偿能力的策略上,例如记忆帮

助的使用(如约会的手册、带闹铃的手表、一份详细的日程表);有深度损伤的病人,治疗最好着重于环境的改善以及提供持久的支持系统(如训练看护者能准时地对病人进行日常生活活动)。还发现单主题、多基线设计是非常适合研究这些认知康复治疗的有效性的。强调了社会能力的再训练,恢复阶段治疗的时间、地点(如医院、家、学校、工作的地方)及其有效性,同时,还强调了早期干预的益处。

Coelho 等(1996 年)指出脑外伤患者接受语言治疗有助于语言的理解和表达,会话,阅读和认知功能的提高。住院病人较轻损伤组接受认知训练与未接受治疗较轻损伤组比较,恢复日常生活能力的比率相似。在严重的患者进行比较时,接受认知康复训练的患者比没有接受康复训练的患者的平均恢复程度要好。

二、认知康复

对由脑外伤引起的认知交流障碍的治疗被称为认知康复。认知康复体现了一种旨在提高日常生活活动能力的治疗方案。它主要是改善病人处理和解释所收信息的能力。认知康复的这两种方法被称为恢复性方法和代偿性方法。

恢复性方法的基础是通过对神经元回路的重复性练习和演练而促进神经元生长。而代偿性方法的基础则是尽量避开受损的功能。通常情况下,先使用恢复性方法,如果不起作用,再使用代偿性方法。一段时间之后,这两种方法可以同时使用,以达到提高日常生活活动能力的目的。

1. **重度损伤的治疗** 由于问题主要在于唤醒,注意力,定向力,预处理和创伤后失忆症,交流功能是很有限的。所以相应地治疗就是在一个基本的功能水平上,针对性地刺激这些问题点。对于早期或者恢复缓慢的病人,可采取以下感觉刺激:

(1)给予视觉刺激 引起病人的关注并促进视觉跟踪。例如,当一个内有雪花或者五彩碎纸的玻璃球翻转的时候,里面的雪花或者五彩碎纸就会飘动,或者是一个五彩的纸风车,当有风吹的时候,风车会转动。

(2)向病人提供定位信息 包括通过说名字向他们打招呼;通过名字和头衔来确认他们的临床医生;告诉病人日期,病人所居住机构的名称,已住时间的长短,以及他/她居住于该机构的原因。

(3)给予多感官刺激以促进听觉理解 例如,把一个软球放在病人的手里,当说"挤压这个球"的时候,帮助其挤压这个球。

(4)用带味道的冰棒对嘴唇进行触觉/味觉刺激 促进有意义的口腔活动以及对味道和温度的知觉和识别。嗅觉刺激(例如香水、香料、肥皂、醋等)和附加的味觉刺激(例如提取物、柠檬)也被推荐使用,来观察病人是否为一致的反应以及评估反应的性质。

如果病人正逐渐康复,临床医师可以开始进行环境改造的早期应用。Ylvisaker 和 Szekeres(1994 年)提出了一些环境改造的形式。这些活动包括形成并实践病人的日常生活来组建病人的一天(如起床、淋浴、穿衣、吃早餐、安排治疗的时间);视觉线索,如人员、日历、期刊、符号等的图片以及即将举行的活动的海报,可以帮助患者获得并且保持对其所处环境的控制。

2. **中度损伤的治疗** 这个阶段的治疗包括继续进行精心的环境改造以及改善患者的

认知障碍。Adamovich 提出了以下活动来加强认知。

(1) 知觉　视觉和听觉感知任务：追踪和扫描；声音，文字和实物的感知（例如使用大字体，使用手指或者卡片来维持位置，在最佳的视野内放置物品，通过听觉模式要求重复、要求减速、要求分解信息的较小单位）；追踪或复制；遵从简单的指令；命名实物。

(2) 分辨力　首先为对颜色、形状和尺寸的视觉分辨，然后是对图片、单词、句子和情境的分辨（例如，颜色匹配，分辨明与暗，分辨圆形或者长形，分辨大和小，把单词、句子和情境进行范畴、主题和功能的分类），看看患者可以立即处理多少刺激项目。这是从一到二、三、四，甚至同时多个项目的渐进的过程。

(3) 组织　组织能力包括对事物的分类或者分组，其依据为事物的物理属性，有意义的单位，功能，相似点和差异性（例如，根据圆形或长形，大或小对物体进行分组；依据水果，蔬菜或者城市对单词进行分组）。终止活动包括对图片，字母，单词，句子，故事，对话和情境的缺失元素的识别。排序活动包括视觉信息排序（例如，从小到大，从明到暗）；拼音字母排序（例如从 b 到 l），单词排序和句子排序（例如，把一封信的几个部分——日期、称谓、信的主体、结束语、签名，按正确顺序排列出来）；功能性活动的排序（例如洗澡、沏茶、煎鸡蛋、购物）。

(4) 记忆　记忆障碍的治疗包括内部的补救方法和外部的记忆辅助。内部方法包括复述，关联和记忆方法。外部的记忆辅助包括日历表，安排表，便条，每日记录/日记，备忘录，列表，结构化的日常生活，提醒警报，录音机和闹铃。

(5) 推理/问题解决　阐述一下推理的几种类型，首先是最具体的（例如，您的车适合这个停车位吗），然后延伸到更抽象推理（例如，在一个大型购物商场，你忘记了你把车停在哪里，通过思考你从哪个商场入口进来，首先在哪家商店买东西，首先进入百货商店的哪个区段等等这些问题来推理出它在哪里）。其他的活动可以包括简单的算术问题，简单的迷宫设计，类比，异同点（例如医生和律师）等。

3. 轻度损伤的治疗

(1) 执行和行为问题　由于额叶损伤，脑外伤病人往往会在执行功能和行为方面存在问题。Lezak(1982 年)把执行功能描述为思考目标的能力（例如，一名毕业生把学期论文的题目当作能带来毕业学位的课程要求的一部分），形成计划的能力（例如，这个毕业生思考论文的格式是否应该为一个实验设计，病例研究，文献的回顾和分析等，以及是否应该涵盖症状、病因、诊断、治疗或者这些方面的任意组合），成功地执行计划的能力（例如，这个毕业生去图书馆，测试题目是否适用，收集和分析数据，把它们分类并及时完成后交给导师）。

脑外伤病人的行为问题包括焦虑，抑郁，退缩，攻击行为，易怒，反应低下，自我控制不良，以及注意力不集中。支配行为的大脑特定区域（如额叶和颞叶）的损伤可以直接导致这些行为问题，而支配认知（如注意力、感知、记忆、定向力）的区域的损伤也可以间接导致这些行为问题，当患者尽力应对这种损伤的时候就会产生行为异常。

当病人试图应对合并伤时（如截肢），或者由于存在某些促使患者产生非正常反应和对抗（例如，适应一个嘈杂或闷热的房间，习惯于人事部门）的环境因素时，也可能发生行为问题。很多时候，当患者恢复了认知能力、执行能力和语言能力并且适应了环境时，行为问题就会减少。有些患者可能需要额外的治疗（比如咨询、药物治疗）。

在执行功能和行为方面的问题可以出现在恢复的前两个阶段,但是在最后一个阶段最明显。也正是在这一阶段,脑外伤病人计划重返社会。承担并完成日常活动(如穿衣、吃早餐、准备去上学或工作)是与大量的社交活动相互交织的,当然,这种社交活动涉及到语言的使用。

(2)执行功能缺陷

①反应的灵活性:向患者提出问题,并且让他们得出多种解决方案。如果患者只能得出一种或者两种解决方案,你可以提供选项,患者必须找出最佳选项并且解释为什么这些选项要优于其他项。

②推理,解释:让患者解释一些现象,回答"为什么"这类问题。给出选项并且让他解释自己的答案。让患者安排事件的顺序,以图片或者故事线的形式,并解释自己的选择。在一个相关的活动中,给患者提供一个荒谬的情节,然后让他们解释为什么它是不符合逻辑的。如果患者对口头推理和解释有困难,那么为患者提供选项并且协助患者找出要点,以得出合乎逻辑的结论,这对患者是有帮助的。

③解决问题:患者解决问题的能力往往是有限的,因为他们采用其他观点或者考虑替代方案的能力是有限的。他们会错过有关的细节或者从不太重要的因素里挑选出最重要的因素时遇到困难。有两种方案:

A. 实时的:在活动中,当问题浮现时,观察患者识别并解决它的能力。另外,设定一个患者一定会遇到问题的情境,并观察他们解决这些问题的能力。

B. 假设的:在交谈中,询问患者,如果出现某些问题,他们会怎么做。例如问患者:"如果你家的房子着火了,你会怎么做?"一个有认知—交流障碍的患者可能无法考虑假设的场景,因为他们是具体的和以自我为中心的。另外,他们口头解决问题的能力可能会超过他们实际解决问题的能力。

④抽象思维

A. 推理:让患者解释注释中隐含的意义。给患者讲一个故事,然后让他们找出关键要素,解释彼此相关的因素以及为什么,解释接下来将来发生的故事。如果患者需要帮助,给予文字和抽象的选择。当他们提供了答案,让他们解释做出这种反应的推理过程。

B. 幽默:让患者听一个笑话并且解释幽默点,再让患者讲一个笑话。让患者解释为什么一个卡通片或者一个笑话那么有趣。如果患者需要帮助,提供可供选择的选项。提供选项或者提供误解的例子对患者是有帮助的。

C. 不同意义的任务:让患者解释一个给定单词或者短语的所有含义并且使用这个词。让患者用同样的单词的不同意思造句。如果他们需要帮助,则提供选项或者提问有关这些意义的是/非题。

D. 形象化的语言:让患者解释俚语或者修辞法。呈现一些有多种意义的单词,让患者解释他们的意义。呈现一个意思不明确的句子,或者包含两层含义的短语,让患者从上下文中找出正确的含义。另外,给出错误使用俚语的例子,让患者做出更正。

E. 精神任务理论:让患者解释在一个即定的情形下,每个人的感觉是多么不同。让患者辨认图片中人物的情感,这些人物有着各种不同的面部表情;让患者从谎言中区分笑话;从文字化中区分形象化;从消极中区分积极。谈论面部特征和他们所传达的情感(它是一种让患者做好识别情感的准备手段)是很有帮助的。提供选项,要求患者解释他们的答案。

⑤发散性思维:在一个给定的时间段,让患者尽可能多地命名一个类别的物品。让患者提出一种以上解决问题的方法。把与其他项不同类的项目挑选出来,并解释为什么。写下清单,为患者提供回答子范畴问题的方法,并把它作为一种改善能力的方式。

⑥执行功能问题的治疗还可以包括以下内容:
A. 把复杂和艰巨的任务分解为较小的部分。
B. 请求别人写下复杂的指令和时间表。
C. 为日常活动制定惯例和定期时间表。
D. 从家人、朋友和同事那里获得帮助,从而促使患者从容地进入日常生活活动。
E. 在指定的地方保存财产。
F. 布置工作间并且为处理复杂的工作任务预留特定的时间(即患者何时休息,何时保持清醒)。
G. 为处理复杂的工作任务设定时间限制(使用警报器和定时器)。
H. 使用一个日常活动和安排的书面时间表,以便完成它们的时候进行核对。
I. 用一个闹钟或者计时器来提示约会和其他预定任务或事务。
J. 使用工作日志,以便患者和(或)他人记录当天的活动。
K. 在重要的地方设置标记或者说明,来提醒某些活动(如"你有钥匙吗?")。

三、语言和谈话问题

语言范畴中最有可能在社交活动中被影响的就是谈话。社会交往需要将认知力,社会行为,执行力和语言技能进行混合。脑外伤病人的语言被认为是不切题的,混乱的,并且在内容和长度上是不恰当的。脑外伤后叙述性语言问题包括连接词的使用减少,信息的传递量减少,使用模糊代词,语速减慢,过度不流利和使用短句子。

听理解受损是脑外伤的一个常见的问题。对主题信息的理解较好,但对细节信息的理解较差。

针对语言方面,尤其是交谈方面存在的问题,可采取如下治疗建议:
1. 使用原稿(如去一个餐厅,在超市购物)来产生真实的或者想象的经历描述。
2. 记录任一对话的主题。
3. 自查有关的要点。
4. 在转换主题之前提醒他人。
5. 复述重要的评论并自查。
6. 对别人的话很困惑时,请求解释或者重复。
7. 注视他人,以确定对方是否已明确你的观点。
8. 观察对方的面部表情,或者询问对方是否已明确你的观点。
9. 练习复述一个故事(例如,浏览一个图片故事,然后进行口头表达)。
10. 练习自编一个故事(例如,看一张单一动作的图片,然后为它编一个故事)。

治疗的第三个目标就是鼓励患者和护理者在院外环境下继续进行康复治疗。

四、注意力不足的治疗

提高注意力的技巧包括以下几点:

1. 减少干扰　例如,关闭收音机、电视或者刺耳的机器设备,拉上窗帘,闭上眼睛,使用耳塞。

2. 避开人多的地方　例如,下班时间在小商店和街道驱车购物,和少数人聊天,如果是不可避免的人群,必要的话可以带上一个可以协助或者做向导的人。

3. 注意疲劳　例如,让患者在不知所措或者接近信息超载的时候,要经常休息。

4. 避免中断　例如,让患者拔掉电话线或者使用电话答录机,使用"请勿打扰"的牌子,要求别人不要打扰,一次只做一件事。

5. 保证充足的睡眠和运动　小睡和体育运动都有助于睡眠和注意力。

6. 寻求帮助　例如,让患者将问题告诉他(她)信赖的人,并且请求帮助,必要的话,请求对上述项目进行帮助。

(李胜利)

思考题

1. 脑外伤相关交流障碍的定义和主要原因是什么?
2. 脑外伤相关交流障碍的主要症状有哪些?
3. 从哪些方面评价脑外伤后的交流障碍?
4. 脑外伤相关交流障碍的治疗原则有哪些?

第十章 右侧大脑半球功能障碍所致交流障碍

教学目标
1. 掌握右侧大脑半球功能障碍所致交流障碍的治疗方法。
2. 熟悉右侧大脑半球功能障碍所致交流障碍的症状表现。
3. 了解右侧大脑半球功能障碍所致交流障碍的评价方法。

第一节 概述

一、定义

右侧大脑半球功能障碍(RHD)可以引起认知障碍、交流障碍或两种障碍同时存在。在认知障碍方面包括注意力障碍、知觉障碍、定向障碍(时间、地点和人物)、忽略、结构障碍、疾病失认、面部失认和虚构症。交流方面的障碍包括语言(特别是在语义和语用方面)和言语(特别是在韵律方面),右侧大脑半球在交流功能方面的作用相对于左侧大脑半球相应的功能来说更加不确定。多数情况下是由于认知方面的障碍导致语言方面的障碍。个别患者可出现交叉性失语(右利手右侧大脑半球损伤所致的失语)。

二、症状

(一)认知障碍

1. 忽略　忽略是指对出现在脑损伤对侧的有意义的刺激物不能反应或者定向方面的障碍,而且这种障碍不是由于基本感觉和运动缺陷所致。右侧大脑半球功能障碍导致的重度忽略远远高于左侧大脑半球的损伤。多数忽略的患者存在顶叶的损伤,但是忽略亦可由额叶、扣带回、颞叶和丘脑损伤引起。引起忽略的疾病包括脑卒中、肿瘤、脑外伤、脱髓鞘或者任何可以损伤到右侧大脑半球的疾病。

造成忽略的神经心理学机制的解释包括注意力障碍、运动观念探索障碍、空间表征(知觉)障碍。忽略可以发生在视觉、听觉、触觉、嗅觉模式,可单独出现亦可联合出现,对视觉模式的影响出现较为多见。

视觉的问题已经证实这些患者观看左侧的事物不连贯或者忽略：描画、连线、在地图上填充省份、调钟表、从盘子上取食物吃饭和注意房间内的人们。患者左侧的听觉问题可以表现为忽略电话铃声、人们谈话、铃声和喇叭声。左侧的交流障碍包括左侧的阅读障碍、书写时左侧笔画和标点错误，这种阅读障碍称为忽略性失读或者空间性失读，这类书写障碍称为空间性失写。

2. 疾病失认和面容失认　右侧大脑半球功能障碍的患者通常表现有疾病失认和面容失认。患者通常是以不能感知缺陷为特征，尤其是一侧肢体的麻痹，这一症状大多是由于右侧大脑顶叶损伤所致。患者通常否认患病肢体的存在或者认为患病肢体不是自己的。这一症状通常与虚构症、忽略症或体向性失认有关。

面容失认是指不能识别面容，甚至是自己的面容。患者通常会根据声音、步态、体重和体型，或者衣着等其他特征来识别他人。这一症状通常是由于右侧大脑半球的颞—枕叶损伤所致。

3. 虚构症　右侧大脑半球功能障碍的患者通常很少或几乎不表现有成人失语症患者所具有的听理解和阅读理解或是口语表达和书面语表达的障碍。右侧大脑半球功能障碍的患者可能会表现出不相关的语言，也就是说患者的反应与相应的刺激无关或是有虚构的现象。

右侧大脑半球功能障碍的患者比左侧大脑半球功能障碍患者表现出语言量增加或更容易偏离说话的中心。通过行为观察，虚构症可以被划分为自发性或是刺激性两种。自发性的虚构症通常是没有明显的刺激就会出现，并且通常是奇怪的或是不真实的。刺激性的虚构症通常作为针对某一个问题的反应而出现，并且常与一些真实的事情有关。

举一个虚构症的例子，一名右侧大脑半球功能障碍的患者就是否完成作业回答治疗师的提问：患者表示他不能做作业，因为他整个周末都在牙痛，他需要去看医生，并且把治疗师认作是牙医。他还表示他的脚底疼，而他到治疗师这儿来的原因是他的牙疼。治疗师与患者的家属进行交谈后发现患者的牙很好，并且他从来没有看过牙医而且已经很长时间没有过牙疼了。

（三）交流障碍

1. 语言能力　右侧大脑半球损伤的患者在逻辑推理，抽象词，故事情节安排，口语对话理解及语用能力方面有障碍。

（1）逻辑推理　大量研究发现右侧大脑半球功能障碍的患者在推理问题方面有缺陷，部分患者对于具有隐喻含义的单词理解有障碍。右侧大脑半球功能障碍尤其是伴有忽略程度较重的患者，在对画面的逻辑推理方面存在明显障碍。在工作、记忆和需要进行推理的方面，右侧大脑半球功能障碍患者在需要深入理解的工作上比左侧大脑半球功能障碍患者的障碍更加突出。右侧大脑半球功能障碍患者在理解幽默方面相对较差，进一步表明他们在会话推理方面有障碍。但是也有研究证实在对熟悉的语言理解中右侧大脑半球功能障碍患者，左脑损伤患者和正常同龄人相比可能没有明显的差异。

（2）抽象词和具体词　右侧大脑半球功能障碍的患者在抽象词或具体词两类词的应用中会出现不同程度的错误。

（3）故事情节安排　右侧大脑半球功能障碍患者相较左脑损伤患者和正常受试者在故

事情节安排上具有更多的困难。

(4)叙述性口语对话的理解　当被问及叙述的事情主要的意思而不是细节时右侧大脑半球功能障碍患者具有更多的正确反应,因此叙述性信息在细节的理解方面相较主要内容的理解受到更明显的影响。另外,回答隐喻性信息比回答叙述性信息正确率低。

(5)语用能力　很多的研究表明右侧大脑半球功能障碍的患者在语用能力方面有障碍。举一个语用障碍方面的例子,问题是"告诉我每一名好市民应该做什么",一名右侧大脑半球功能障碍患者做出了如下的反应:"睡觉,起床和上厕所。"患者对自己做出的回答感到非常兴奋,以至于他一直笑,并且在以后几分钟都表现的十分高兴。

2. 言语能力

(1)韵律　韵律是言语的组成部分。包括音调,重音,语速,节律,旋律,音量,单词之间的间隔,以及会话过程中的间隔和停顿,所有的这些都能够传递语言和情感信息(比如高兴、悲伤、生气、震惊、感叹或是中性)。韵律的语言效应也包括听者对于语言的理解和说话者所表现的感情信息。

(2)情感语言的理解与表达　右侧大脑半球功能障碍的患者在情感语言的理解和表达中存在障碍。对于外部环境注意的减弱(面部表达,手势语言,姿势和韵律)会阻碍对于外部语言信息的理解,而从这些外部语言信息的线索中可以推断出情感信息。有学者发现精神分裂症患者的情感贫乏与右侧大脑半球功能障碍患者的表现极其相似。空间判断和特征整合等知觉问题可能导致患者对面部表情的识别能力减退。对情感或情绪韵律理解的测试是让受试者听一些伴有感情的语句,然后判断说话者的态度。

(3)语言学信息的理解与表达　右侧大脑损伤的患者也可能会在韵律性语言学信息的理解和表达中产生障碍。语言学韵律的理解是让受试者听句子的韵律特征:不同形式的句子(陈述的、疑问的、感叹的)通过强调重音区分词的不同意义(比如"绿房子"和带有强调语音的"绿房子");语言学重音符号用以区分句子的含义(比如"小王想要红色自行车"和"小王想要红色自行车")。

韵律理解障碍可能与知觉和注意力障碍有关。总之,右侧大脑半球功能障碍患者韵律理解障碍的研究并不十分明确,这一问题是否是由于语言,情感,认知(知觉和注意力)的障碍所引起目前尚不能确定。

有研究显示失韵症是由于语言表达中韵律损伤所致,而且可能只与右侧大脑半球功能障碍有关。言语的产生过程中,韵律障碍可能与不同部位的脑损伤(如额叶,顶叶前部和皮质下区域),运动性言语障碍(如构音障碍,言语失用),和认知和情感障碍(如抑郁)有关。

失韵症的语言形式通常被描述为平淡,冷漠,缺少表情和情感,几乎没有自主的韵律,计算机样和机器人样的,单调的,缺乏音量大小变化用以传递的特殊语言(如嘲笑或讥讽)。

(4)交流能力和推理障碍　右侧大脑半球功能障碍患者所表现出的语言障碍主要是推理障碍。推理可以被看作是感官数据的反应,输入的数据不仅仅是被感知而是被解释。推理主要依赖于以下过程:对线索的注意,对相关线索的选择,将相关的线索进行整合,将所得的线索与既往的经验相联系。

潜在的推理障碍导致以下方面的障碍:产生信息性内容(如右侧大脑损伤患者可能说出很多话,但是其中很多都是空洞的语言);谈话信息的整合(比如右侧大脑半球功能障碍的患者可能会忘记他们所听到的要点或是接下来所说的话);产生有歧义的语言(如右侧大脑半球功能障碍的患者难以理解修辞手法,如比喻、成语、谚语,具有讽刺意义、幽默感的语言,或某句话的潜在意义等);理解或表达情感;理解或产生韵律。

三、病因

各种类型的大脑损伤都可以引起成人失语症,同样大脑损伤也是右侧大脑半球功能障碍的原因。这些疾病主要包括脑血管意外、脑外伤、脑肿瘤等,还包括脑脓肿、脑感染性疾病及退行性疾病。

第二节 右侧大脑半球功能障碍所致交流障碍的诊断

一、评价内容

与右半球功能障碍相关的沟通障碍评价包括:搜集病史;神经系统检查;初步检查(筛查);正式检查(精查)。

二、搜集病史及神经系统检查

在搜集病史方面,要注意搜集患者发病的时间、原因,发病时的表现,患者是否有昏迷发生,当时的医学诊断,采用了何种治疗措施,所进行的神经系统检查以及影像学检查和结果,是否进行过康复评价以及康复治疗等。

1. 初步检查(筛查)

(1)认知障碍 "忽略"需要神经科医师、神经心理科医师、作业治疗师、言语治疗师等共同诊断。言语治疗师要诊断忽略,可以通过:①视觉忽略者,可要求其画对称的物体,如钟表、人脸、棒球场、足球场、连点成线、画地图等,及完成其他读或写的任务;②听觉忽略者,站在其身后,并给予对于双耳强度相同的听觉任务让其完成,如"把铅笔拿起来","看窗户","伸出手来","敲桌子"等。

患者情况的一般观察,如拿或指东西、抹唇膏、剃须、戴眼镜等,也可对忽略的诊断起参考作用。如患者完全不碰左手边的物品,或左右明显不对称,即可初步诊断忽略。

面部表情的评价,可以要求患者完成各种面部表情的指令,如高兴、悲伤、生气、震惊、害怕、平静等,医师还可以做出一系列的表情,并要求患者说出这些表情所代表的意义。

(2)沟通障碍 韵律可通过要求患者说或听中性的固有句型来评价,如让患者说或听"今天星期三",以及说出或辨认这个句子中的高兴、悲伤、生气、震惊、中性等感情。右侧大脑半球功能障碍患者在表达有感情色彩的内容方面有不同程度的损伤。而且在带感情色彩语调的自动和自主处理方面,右侧大脑半球功能障碍患者慢于左侧大脑半球功能障碍患者。

实用能力可通过观察患者目光接触、话题保持、话题转换、音量大小、对错误的自知力、注意力等来评价。右侧大脑半球功能障碍患者对有感情色彩的内容的实用方面会出现障碍,而且在接受实用提示方面存在更多不足。

一名右侧大脑半球功能障碍患者，干部，某银行的领导，年轻时曾经当过兵，普通话说得非常好，词汇量很丰富。他可以对单词进行精确地释义，并能说出他在东北当兵的一些经历（作者不能判断这些经历的真假）。但他却在时间、地点及人物定向等方面存在明显障碍，如问他"现在是什么季节？几月份？星期几？"、"今天的日期？"、"你住在哪儿？"、"这里是什么地方？"等问题时，他的回答与真实情况相差很大。他对自己的单位没有概念，完全不知道他在那里工作了多长时间，也不认识家庭成员。他还伴有忽略，表情淡漠，以及实用能力，如目光接触，会话过程中角色的适当转换，话题持续等方面的问题。

为确定患者回答问题是否切题及其想法是否合理，医师可以提问可开放式回答的问题，如解释某些谚语；说出每个好领导最需要做到的两件事；给词语下定义；对于顺序性事件的反应，如"如果看见有人吸烟你怎么办？"、"怎么炒饭？"、"你怎么去上班？"、"你上班都干些什么？"、"怎么洗衣服？"等。

（3）正式检查（精查） 交谈理解测验（Brookshire 和 Nicholas）可对听理解及阅读理解进行评价。

右侧大脑半球功能障碍沟通障碍 RIC 评价（RICE - R），通过下列各项方案评价右侧大脑半球障碍患者：①同患者面谈；②通过医院看护人员及患者家属以更好地了解患者情况；③注意力，目光接触，对疾病的认识，时间、地点、人物定向，面部表情，语调，及话题持续方面的评价；④目光浏览及追视的评价；⑤书写表达的评价；⑥实用能力分级；⑦用寓言故事进行语言测验。

右侧大脑半球功能障碍简明手册（MIRBI，Pimental 和 Kingsbury）评价内容：①视觉浏览；②直觉整合（如物品辨认）；③身体影像的整合；④读和写；⑤连续减7（如"100 - 7 = ？再减 7 = ？依此类推"）；⑥实间整合（如画钟）；⑦说话的语调；⑧幽默的、不适宜的、荒谬的、修辞丰富的语言，及相似性（分类）；⑨情感；⑩一般行为。

右侧大脑半球语言成套测验（RHLB，Bryan）评价内容：①口头寓言故事的理解；②印刷文字版寓言故事的理解；③推理意义的理解（读）；④欣赏幽默感（读）；⑤听到物品名称指出图片；⑥口头句子中重音的表达；⑦会话中自发语的内容分析。

Ross 信息处理评价（RIPA - 2，Ross - Swain）从以下 10 个方面评价沟通及认知功能：①即时记忆；②近期记忆；③时间定向（近期记忆）；④时间定向（远期记忆）；⑤地点定向；⑥环境定向；⑦一般情况的记忆；⑧解决问题及总结原因；⑨组织；⑩听觉处理及保持。

第三节 右侧大脑半球功能障碍所致交流障碍的治疗

第一个治疗目标是告知患者及家属或看护关于这种障碍的特点及其影响。

右侧大脑半球功能障碍患者可能会出现注意力、知觉、忽略、造句（句子结构的组织）能力、情感、推理能力、韵律及实用功能等方面的问题。认知缺损可导致整体轻度语言问题，还会造成患者在闲谈或传话中出现特定的不切题的语言错误。

虽然目前对右侧大脑半球功能障碍患者的了解并不像失语症患者那样多和深入，但其自然恢复及预后模式表现出了许多与失语症患者的相似之处。

右侧大脑半球功能障碍患者预后的影响因素，比较重要的有年龄、干预的早晚、神经系统损害程度、康复欲望、对障碍的接受程度、家属的态度及家庭环境、初期评价结果、治疗的持续时间及强度、身体情况等等。

患病初期，右侧大脑半球功能障碍患者通常不能接受自己的病情，表现为疾病失认症，其定义是缺乏对疾病的自知力，否认疾病，有将疾病影响减至最轻的倾向。他们常常会过度地乐观、诙谐，但同时又表现出不积极配合训练。还会抱有不切实际的康复目标，如继续工作；时间、地点、人物定向差；不能认出熟悉的面孔；不会打扮。他们有时表现冲动，难以加入到某个话题，或找不出会话中的关键信息。

由于上面提到的患者对于疾病的种种反应，如过度乐观、不切实际的目标、诙谐、减轻疾病影响等表现，以及可能出现的轻度语言问题，家属就会相信患者并没有大的问题。这种错误的概念，加上患者及家属对于回归正常的美好愿望，会导致出现对患者真实能力的不切实际的看法。

第二个治疗目标是提供适宜的治疗方法和技术。

一、右侧大脑半球功能障碍相关的沟通障碍治疗的有效性

在文献中关于右侧大脑半球功能障碍相关的沟通障碍治疗方法是否有效的研究很少。可能是因为右侧大脑半球功能障碍患者与说话相关的症状，并不像成人失语症的症状那么明确。失语症患者的症状是语言能力降低，其诊断和治疗都集中在语言方面。

右侧大脑半球功能障碍患者的症状可以表现为注意力、知觉、忽略、造句能力、情感、推理能力、韵律、语言（特别是语言的实用能力）等多方面的障碍。正是由于这一系列的症状，右侧大脑半球功能障碍的诊断和治疗不能仅仅局限于语言问题的处理，认知及行为问题同样重要。

这样就产生了一个疑问——对于右侧大脑半球功能障碍患者最佳的治疗到底是什么？是我们长期应用的针对症状的治疗，还是相对较新的针对病因（以改善症状）的治疗？例如，情感障碍可以通过直接纠正患者情感（情绪）淡漠的识别和产生来进行治疗。

二、注意力、知觉障碍及忽略的治疗

可以采用下列各项任务：

1. 医师坐在患者的右侧，逐渐向患者左侧移动，并对患者说："看着我。"
2. 让患者说"看左边"，以此作为自我提示。

患者完成第3~24条的操作。

3. 向右—左—右可视范围看。
4. 指出房间里在他/她右侧和左侧可视范围内的物品。
5. 命名从他/她右侧移动到左侧的人物、事物和食物图片，从大的物品开始，逐渐减小。
6. 对右侧和左侧能看到的身体部位进行命名。
7. 触摸左侧可视范围内的物品并命名。
8. 听钟声（位于患者的后面，先右后左），然后伸手去拿。
9. 听医生的声音（位于患者的后面，先右侧后左侧），然后指出声源的方向。

10. 从一组单词中听某个特定的单词(声音先前后后,先右后左)。
11. 鉴别一个位于左侧可视范围内的人的声音和衣服颜色。
12. 看向他/她左侧的门,然后数出进入门内的人的数量。
13. 看放置于他/她左侧的电视。
14. 在图片上标记身体部位(例如左腿、右手)。
15. 回答有关一个日程表的问题,特别是位于表的左侧的内容。
16. 使用一幅地图或复杂的图片,寻找左侧的一些定位。
17. 朗读位于左侧的单词、短语、句子和段落。字体由大到小,内容由具体到抽象。要注意鉴别失语症患者无法完成是因为语义辨别障碍,而右侧大脑半球功能障碍患者不能完成是因为认知辨别障碍。
18. 根据形状、性质、颜色、种类和功能,浏览或将事物、图片、单词分类。
19. 浏览或分类字母表,或将立方体、图片编码。
20. 用可活动手设置不同的钟表时间。
21. 用纵列式做算术。
22. 玩益智游戏,从简单到复杂(例如纵横填字游戏)。
23. 在报纸上下描划纵列。
24. 玩简单的卡片游戏,跳棋。
25. 医师按一定的方式排列数字、字母、图片和物品,然后移动它们。患者重复排列。
26. 记住字母、数字、图形和单词,然后写下来。
27. 医师讨论患者需要记忆的视觉项目(例如多次写出早餐、午餐、晚餐、治疗或其他处置)。
28. 描述刚看过的一个卡片。

三、空间结构障碍治疗

下列操作可帮助患者克服结构障碍:
1. 在纸上或黑板上从 A 到 B 到 C 划线,以此类推。
2. 平分纸上随机分布于不同角度的线段。
3. 连接多点构成字母、单词或图形。
4. 描摹纸上的直线。然后患者练习在直线上写单词、句子。患者也可以使用图表纸写单词和句子。
5. 临摹简单的图画(例如柱状图形、几何图形等)。将原始的图画画在直线或图表纸上,然后让患者在同样的纸上临摹。这种方法可以帮助患者核对正确的空间定位,对患者很有帮助。
6. 练习画菊花、钟表、人物等,包括用左手。
7. 先给患者看人物、物品、图形等的图片,然后将它们拿开,让患者凭记忆绘画。

四、空间和人物定位障碍治疗

可以采用以下内容,通过提问的形式,让患者回答问题:

1. 患者的姓名。
2. 日期(年、月、日)和具体时间。
3. 具体位置。
4. 家庭住址(国家,省市,自治区,城区,乡镇,街道,门牌号)。
5. 家庭电话号码。
6. 家庭成员的名字和相关的日期(例如已婚或单身,几个孩子,几个孙子等)。
7. 住院原因。
8. 美国总统或副总统、州长、市或镇长、家乡两个参议员的名字。
9. 评估起床、关掉闹钟、刷牙、洗澡、化妆或刮胡须、穿衣、吃早饭的时间。

五、疾病失认症的治疗(对疾病缺乏认知)

设计一些方法帮助患者改善对疾病认知的缺乏:
1. 医生告知患者他们正在做什么,为什么要这么做(例如"你注意不到你身体左侧的任何人")。
2. 当患者否定这种功能障碍时,医生要以一个平和的方式告知患者。
3. 因为人们认为患者了解了更多疾病的信息,可能导致治疗消极,所以医生应给予多些热情的、积极的反馈给患者。
4. 医生应该让患者的家属对疾病失认症有所了解(例如患者可能努力使家属相信他没有任何问题)。

六、面容失认症的治疗(面部识别障碍)

用以下方法帮助患者识别人物。医生同时出示照片和录音、录像,要求患者说出里面人物的名字,然后采用以下提示:
1. 男的还是女的?
2. 成人还是儿童?
3. 头发是什么颜色?
4. 体型是大还是小?
5. 辨别面部特征(例如伤疤,鼻子的大小和形状,胡须,眼睛的颜色,声音特点,包括重音、方言、口头禅等)。

七、整合信息的治疗

可以采用以下方法进行治疗:
1. 医生帮助患者了解日常工作,包括吃药时间及其重要性,食物的选择等。
2. 医生帮助患者了解要与其他的专业人员进行交流(例如医生和护士等)。
患者要完成第3~11条的操作。
3. 讲一个有连续情节的故事(例如炒鸡蛋)。Roman, Brownell, Potter, Seibold 和 Gardner 发现右侧右大脑半球功能障碍患者相对完整地保留了"脚本"。脚本指的是在熟悉场景的一些事件的序列(例如,洗头发包括一些程序:打开水管,淋湿头发,使用洗发剂,洗净和擦干头发等)。对经常发生的事件顺序的熟悉使得患者可以在被告知前就对信息做出推断。

4. 读或听一个故事(例如,重要的报纸和杂志,电视节目),然后归纳总结并回答问题。

5. 将一个图片的内容描述或书写出来,包括由图片引发的任何情绪变化。

6. 将单词分组(例如6种水果,6个城市)。

7. 描述谚语或比喻的含义。

8. 描述如何详细定位(例如,使用当前的设备,之前的工作场所,有名的路标)。

9. 将图表、曲线图、支票簿、日历等进行计算、分类、整理。

10. 计算数学应用题。

11. 读或听一个易引起争论的故事,然后给出立场(例如,交通问题,停止生产核武器,如何教育子女等)。

右侧大脑半球功能障碍患者描述故事的能力可能受到兴趣水平的影响。可以用以下的条目来帮助患者整合信息,患者需要按要求完成。条目如下:

1. 对详细说明的和隐含的信息做出反应。(例如,经理因为一个人迟到发火了。为什么经理要发火?这个人为什么迟到了?)

2. 解释一些比喻的含义(例如,他身轻如燕)。

3. 解释一些明喻(例如,她是一个模特似的女孩)。

4. 重组描述性的语言(例如,他看见红色了)。

也可以采用以下四个理解推理进行治疗(Fuch,Aanto和Goldfarb):

1. 罗拉得了胃病,她已经3天没吃东西了。

　A. 罗拉得了胃病了吗?她嗓子疼吗?

　B. 罗拉体重减轻了吗?罗拉体重增加了吗?

2. 老师咬了一个多汁的苹果。她很喜欢她的下午点心。

　A. 老师咬了一个水果吗?老师咬了一个蔬菜吗?

　B. 老师咬了一个多汁的苹果吗?老师咬了一个干苹果吗?

3. 芭芭拉扫了厨房的地板。现在地板很好很干净。

　A. 芭芭拉用扫帚了吗?芭芭拉用海绵了吗?

　B. 厨房地板扫了吗?卧室地板扫了吗?

4. 这个学生为考试努力学习。她前一天晚上睡得不好。

　A. 这个学生睡得不好吗?这个学生睡得很香吗?

　B. 这个学生担心考试吗?这个学生对考试很自信吗?

例1是通过结果做出的一个推断,即后续的行为或状态能够从一个或一系列事件显示。人们可以推测罗拉体重减轻是因为胃病及由此导致的3天未吃。

例2是通过语义蕴含做出的一个推断,即听者知道对成员元素的有效陈述对于水果这一类也是有效的。人们可以推测老师咬了一个水果,因为苹果是水果这一类的成员。

例3是通过隐含的工具做出的一个推断,即工具、器皿、交通工具或者其他对象是某些动词的功能或者操作在概念上所必须的。人们可以从"扫"这个动词推断芭芭拉用了一把扫帚。

例4是通过预先假定做出的一个推断,即先前的动作或状态由一件或者一系列事件显示。人们可以推断这个学生为考试感到担心,因为考试前一天晚上睡得很差是焦虑的症状。

八、语用障碍的治疗

在会话过程中的目光接触、言语转换、话题维护经常用在语用障碍的治疗中,因为这些方法相对容易控制,并且在这些方面的提高能够有效帮助患者合理运用语言。

目光接触通过治疗师在对话中说"看着我"实现,接下来的行为解释了对话中获得目光接触的重要性(比如,表现出兴趣、改变、注意力、礼貌、理解力等)。另一个过程是要求患者在其发言的开头和结尾保持目光接触,然后要求患者在与其对话者发言时保持目光接触。发言的开头和结尾具有自我暗示的作用。

言语转换,首先跟患者讨论在与他人对话过程中言语转换的重要性(比如,听到完整的信息,获得信息的意义,打断的影响等),然后,医师指示患者看有二人以上谈话的录像带(比如,电视、电影),最后分析参与者的言语转换。其它方法包括让患者写一个简单的摘要或者与医生进行自由对话,并且分析言语转换的合适时间。

话题维护通过在报纸和杂志上读故事,看包括两个及两个以上说话人对话的录像,以及参与结构化对话实现。以上行为由医师和患者一起完成,分析何时话题是保持的、话题何时改变或停止。

右侧大脑半球功能障碍患者的大部分语言问题都归因于推理障碍,因此可以用改善患者的语用障碍的方法治疗推理问题。

九、情感和韵律损伤的治疗

情感和韵律障碍可按症状治疗,以下材料可用作治疗。例如,可以通过让患者做出不同的面部表情(高兴、伤心、生气、震惊、得意、紧张等)。韵律可以通过让患者说或者听陈述性的句子(例如,说或者听"今天是星期四",并做出或识别出高兴、伤心、生气、震惊、一般等特性)。

在进行这些治疗之前,医师应确定患者有没有真正的情感障碍。对此,临床医师可以请精神病学家或者心理学家进行帮助。有研究发现右侧大脑半球功能障碍患者情感缺乏与精神分裂症患者相似。一些上下文联系的理解训练是治疗情感和韵律障碍更有效的方法。反复适宜的刺激能够增强右侧大脑半球功能障碍和左侧大脑半球功能障碍患者的情感推理能力。

治疗的第三个目标是鼓励患者和家人或照看者在医院之外继续进行干预。

失语症患者家庭治疗的方式大部分适用于右侧大脑半球功能障碍患者,建议如下:

1. 家人或照看者要做的事:
(1)要不断地同患者说话。
(2)说话之前,要将患者的注意力吸引过来。
(3)说话的速度要慢,以便患者有足够的时间思考你的话。
(4)使用简短、思想单一、容易理解的句子。
(5)在言语展开之前,确保先建立上下文联系。
(6)给患者足够的时间组织他/她想说的内容。

(7) 做一个认真的倾听者,并且从患者的语调、面部表情以及行为中寻找线索,这些可以帮你理解患者所要传达的信息。

(8) 要设身处地地理解患者而不是同情患者。

(9) 要将交流时间调整到一天的最佳时间。

(10) 要注意患者可能有的任何其他的交流问题。

(11) 要允许患者参与家中或外面的活动。

(12) 要允许患者继续进行任何可实现的杂务或职责。

(13) 要在任何可能的时候给予患者鼓励。如果患者说或者做得好,要慷慨地赞美。

2. 家人或照看者不要做的事:

(1) 除非患者愿意,不要完成患者未说完的句子。

(2) 当患者正在说话的时候,不要打断或插入。

(3) 患者沉默的时候不要"接下茬",患者可能需要时间思考要说的话。

(4) 说话时要面对患者。患者可能需要面部线索帮他/她理解你说的内容。

(5) 不要"高人一等"地对患者说话。

(6) 不要只谈论日常生活的活动。

(7) 不要免除(忽略)患者日常行为中的一些活动,诸如看戏、听音乐、去餐厅就餐以及与运动相关的活动等。

(8) 不要让患者变得孤单,交流是一项重要的社会活动。

经过治疗人员的训练,患者的沟通伙伴可以在沟通交谈中运用一些策略。由于 RHD 患者在书写、概括主要思想以及接受信息方面有一定的能力,沟通伙伴可以在谈话中利用这些及早确定主题。沟通伙伴可以通过反复呈现与主题相关联的方式增加主题的理解。还应解释和更详细地阐述意思的核心,并解释他们如何与更多展开的细节相联系。另外建议沟通伙伴用直接的方式提供重要信息,而不是要求患者根据暗示来推断。当需要理解的内容对患者来说不是太熟悉的时候,这些策略可能会非常有用。

(李胜利)

思考题

1. 右侧大脑半球功能障碍所致的交流障碍的治疗方法包括哪些?
2. 右侧大脑半球功能障碍所致的交流障碍的主要评价方法有哪些?
3. 注意力、知觉障碍及忽略的治疗方法有哪些?
4. 信息整合障碍和语用障碍的治疗方法有哪些?

附录1

西方失语症成套测验

西方失语症成套测验(western aphasia battery,WAB)原是英语语种失语症的评定方法,是目前广泛用于失语症检查的方法之一,在一些非英语语种的国家已翻译后应用,其特点是省时并提供了失语商,可以鉴别患者是否有失语症,并可用来衡量训练效果。其主要内容为:

1. 根据评定结果确定有无失语通过失语商先确定患者有无失语,失语商的求法和意义如表1。

表1 失语商(aphasiaquotient,AQ)的求法和意义

项目	折算	评分
Ⅰ 自发言语		
(1)信息量		10
(2)流畅度、语法能力和错语		10
Ⅱ 听理解		
(1)是非题	60	
(2)听词辨认	60	
(3)相继指令	+80	
	200/10 =	10
Ⅲ 复述	100/10 =	10
Ⅳ 命名		
(1)物体命名	60	
(2)自发命名	20	
(3)完成句子	10	
(4)反应命名	+10	
	100/10 =	10
		共 50

AQ 的计算:AQ = 右项评分之和 × 2 = 100

AQ 的意义:正常 AQ = 98.4 ~ 99.6;AQ < 93.8 可评为失语;AQ = 93.8 ~ 98.4 可能为弥漫性脑损伤或皮质下损伤

2. 确定主要类型失语症的评分特点主要类型失语症的评定结果如表2。

表2 主要类型失语症的 WAB 评分

失语症类型	语言流畅性	理解	复述	命名
完全性失语	0 ~ 4	0 ~ 3.9	0 ~ 4.9	0 ~ 6
Broca 失语	0 ~ 4	4 ~ 10	0 ~ 7.9	0 ~ 8
孤立性失语	0 ~ 4	0 ~ 3.9	5 ~ 10	0 ~ 6
经皮质运动性失语	0 ~ 4	4 ~ 10	8 ~ 10	0 ~ 8
Wernicke 失语	5 ~ 10	0 ~ 6.9	8 ~ 10	0 ~ 9
经皮质感觉性	5 ~ 10	0 ~ 6.9	8 ~ 10	0 ~ 9
传导性失语	5 ~ 10	7 ~ 10	0 ~ 6.9	0 ~ 9
命名性失语	5 ~ 10	7 ~ 10	7 ~ 10	0 ~ 9

3. 根据评分特点建立失语症诊断流程在 WAB 中,根据评分结果,建立表3中的失语症鉴别流程。

表3 失语症鉴别流程

```
                                    失  语
                    ┌─────────────────┴─────────────────┐
              不流畅的(0~4)                          流畅的(5~10)
             (完全性、Broca性、                     (传导性、命名性、
              经皮质混合性、                         Wernicke性、
              经皮质运动性)                          经皮质感觉性)
           ┌──────┴──────┐                    ┌──────┴──────┐
      理解差的(0~3.9)  理解好的(4~10)      理解差的(0~6.9)  理解好的(7~10)
      (完全性、经皮质   (Broca)性、经         (Wernicke性、经   (传导性、命名性)
       混合性)         皮质运动性)           皮质感觉性)
       ┌───┴───┐      ┌───┴───┐            ┌───┴───┐      ┌───┴───┐
     复述    复述    复述    复述         复述    复述    复述    复述
     差的    好的    差的    好的         差的    好的    差的    好的
   (完全性) (经混)  (Broca) (运动)      (Wrnicke)(经混)  (传导)  (命名)
   (0~4.9) (5~10) (0~7.9) (8~10)       (0~7.9) (8~10) (0~6.9) (7~10)
```

在表3中,先根据流畅程度检查结果将所有失语症分为两大类,括号内为该类的可能类型;然后在两大类下,根据听理解检查结果各分为好和差的两类;最后依据复述的好坏区分出常见和较常见的失语症,共8种类型。

4. 各分测验的进行方法

(1) 自发言语(spontaneous speech)   包括信息量(information content)检查;流畅度、语法能力和错语(fluency, grammatical cometence and paraphasias)检查2个亚项。

信息量的检查须利用图,检查的详细方法如表4。

表4 自发言语中的信息量检查

Ⅰ 用品

问题7个;图画1幅(图1);录音机1个;录音带若干;记录用纸、笔

Ⅱ 问题

(1) 你今天好吗?

(2) 你以前来过这里吗?

(3) 你叫什么名字?

(4) 你住在那里?

(5) 你做什么工作?

(6) 你为什么到这里来?

(7) 请你告诉我,你在这画中看见些什么?试试用句子说给我听。

Ⅲ 评分标准

0分:完全无信息

1分:只有不完全的反应,如仅说出姓或名等

2分:前6题中,仅有1题回答正确

3分:前6题中,仅有2题回答正确

4分:前6题中,有3题回答正确

5分:前6题中,有3题回答正确,并对图画有一些反应

6分:前6题中,有4题回答正确,并对图画有一些反应

7分:前6题中,有4题回答正确,对图画至少有6项说明

8分:前6题中,有5题回答正确,对图画有不够完整的描述

9分:前6题,全部回答正确,对图画几乎能完全地描述,即至少能命名出人、物或动作共10项,可能存在迂回说法

10分:前6题中,前6题完全正确,有正常长度和复杂的句子来描述图画,对图画有合情合理的描述

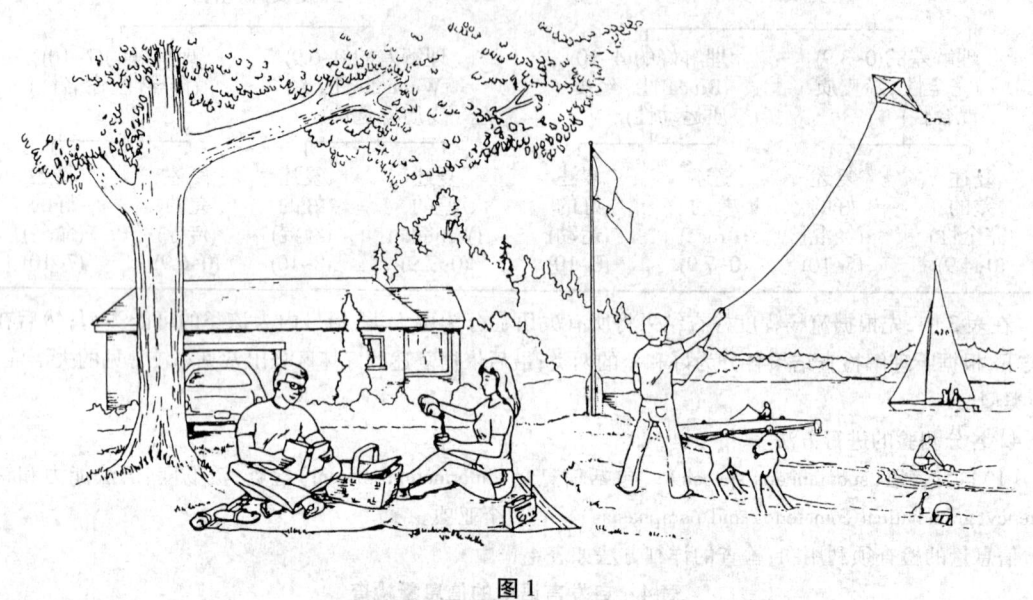

图1

流畅度、语法能力和错语检查(下简称流畅度)的检查内容和方法见表5。

表5 自发言语中流畅度、语法能力和错语的检查

Ⅰ用品

　　同表4

Ⅱ问题

　　同表4

Ⅲ评分标准

　　0分:完全无词或仅有短而无意义的言语

　　1分:以不同的音调反复刻板的言语,有一些意义

　　2分:说出一些单个的词,常有错语、费力和迟疑

　　3分:流畅反复的话或咕哝,有极少量奇特语(jargon)

　　4分:踌躇,电报式的言语,大多数为单个的词,常有错语,但偶有动词和介词短语,仅有"噢,我不知道"等自发言语

　　5分:电报式的、有一些文法结构的较为流畅的言语,错语仍明显,有少数陈述性的句子

　　6分:有较完整的陈述句,可出现正常的句型,错语仍有

　　7分:流畅,可能滔滔不绝,在6分的基础上可有句法和节律与汉语相似的音素奇特语,伴有不同的音素错语和新词

　　8分:流畅,句子常完整,但可与主题无关,有明显的找词困难和迂回说法,有语意错语,可有语义奇特语

9分:大多数是完整的与主题有关的句子,偶有踌躇和/或错语,找词有些困难,可有一些发音错误
10分:句子有正常的长度和复杂性,无确定的缓慢、踌躇或发音困难,无错语

(2)听理解检查(auditory word recongnition)和相继指令(sequential commands)包括三个亚项,各自的检查方法如表6~8。

1)回答是非题的评分方法按表6进行。

表6 听理解检查之一——回答是/非题

Ⅰ 问题、答案、表达方式与评分

问 题	正确答案	表达方式			评 分
		言语	手势	闭眼	
(1)你叫张明华吗?	否				3
(2)你叫李飞翔吗?	否				3
(3)你叫×××(患者真姓名)吗?	是				3
(4)你住在乌鲁木齐吗?	否				3
(5)你住在×××(患者所住地址)吗?	是				3
(6)你住在郑州吗?	否				3
(7)你是男(女)的吗?	是				3
(8)你是医生吗?	否				3
(9)我是男(女)人吗?	是				3
(10)这房间有灯吗?	是				3
(11)门是关着的吗?	是				3
(12)这是旅馆吗?	否				3
(13)这是医院吗?	是				3
(14)你穿着红睡衣吗?	否				3
(15)纸能在火中燃烧吗?	是				3
(16)3月比6月先到来吗?	是				3
(17)香蕉不剥皮就能吃吗?	否				3
(18)7月份下雪吗?	否				3
(19)马比狗大吗?	是				3
(20)你用斧子割草吗?	否				3

Ⅱ 说明

告诉患者他将要用"是"或"否"回答一些问题,若难于用言语或手势回答,可用闭眼表示"是",在测验中如有必要可重申此说明,将患者实际回答的方式在相应项下打"√"。

Ⅲ 评分方法

答对3分;经自我修正后正确者亦为3分;如回答模棱两可,可再问一次,如仍模棱两可,给0分。

2) 听词辨认的检查按表7进行。

表7　听理解检查之二——听词辨认

Ⅰ 说明

将实物随机地放在患者面前,若患者有偏盲,要确保物品放在他完整的视野之内,向患者出示画有物体、形状、字母、数字和颜色的卡片,让他指向相应的物体,可重复出示一次。若患者指向1项以上的物体,给0分;自我修正后正确者给1分,共60分。

Ⅱ 内容

(1)实物	(2)绘出的物体	(3)形状	(4)汉语拼音字母	(5)数字
杯子	火柴	正方形	J	5
火柴	杯子	三角形	F	61
铅笔	梳子	圆形	D	500
花(鲜花、塑料花、纸花均可)	螺丝刀	箭头	K	1867
	铅笔	十字	M	32
梳子	花	圆柱体	D	5000

(6)颜色	(7)家具	(8)身体部分	(9)手指等	(10)身体左右部
蓝	窗	耳	拇指	右肩
棕	椅子	鼻	环指	左膝
红	书桌	眼	示指	左踝
绿	台灯	胸	小指	右腕
黄	门	颈	中指	左肘
黑	天花板	颊		右颊
				右耳

3) 相继指令的检查按表8进行。

表8　听理解检查之三——相继指令

Ⅰ 说明

在患者前方桌上按一定顺序放上笔、梳子和书,并向患者说"看看这枝笔、这把梳子和这本书,我要你按我说的去指出它们和用它们进行一些活动,准备好了吗?"进行中若患者要求重复或表现出迷惑,可将整个句子重复1次,各部分的评分在括号内,总评分在右方,共计80分。

Ⅱ 指令和评分

指令	评分
(1)举起你的手	2
(2)闭上你的眼睛	2
(3)指向椅子	2
(4)先指向窗(2),然后指向门(2)	4
(5)指向笔(2)和书(2)	4
(6)用笔(2)指书(2)	4
(7)用书(4)指笔(4)	8
(8)用笔(4)指梳(4)	8
(9)用书(4)指梳(4)	8
(10)将笔(4)放在书的上面(4)然后给我(4)	14
(11)将梳(5)放在笔的另一侧(5)并将书(5)翻过来(5)	20

(3)复述的检查(repetition)方法如表9。

表9 复述的检查

说明

让患者复述下面的词和句子,然后记录答案。假如患者要求重复或者患者未听懂可重复一次。1~5题以单词为单位,每复述对一个词给2分,6~15题以单字为单位,每复述对一个单字给2分。假如复述不完全,有轻微的构音错误或口语发音错误不扣分。词序错误或每一个语音性错误均扣1分。

题号	问题	评分
(1)	床	2
(2)	鼻子	2
(3)	烟斗	2
(4)	窗户	2
(5)	香蕉	2
(6)	雪球	2
(7)	四十	2
(8)	百分数	6
(9)	六十二点五	10
(10)	电铃在响	8
(11)	他不回来了	10
(12)	师傅很高兴	10
(13)	一门野炮	8
(14)	假如或但是	10
(15)	给我的箱子装6瓶涂料	20
	患者最高分	100

(4)命名的检查(naming) 又分物体命名、自发命名、完成句子和反应命名四个亚项,其详细检查方法如表10~表13。

1)物体命名的检查按表10进行。

表10 命名检查之一——物体命名

Ⅰ说明

按Ⅲ的顺序向患者出示物体让他命名,若无正确反应可让他用手摸一下物体,若仍无正确反应而物体名为一个词的,给以词的偏旁或部首提示,若为复合词的,给以首词提示,每项不得超过20秒。

Ⅱ评分

每项正确各给3分,有可认出的音素错误给2分,若同时需触觉和音素提示的给1分。

Ⅲ内容记录

物体	反应	触觉提示	音素提示	评分
(1)枪				
(2)球				
(3)刀				
(4)杯				

(5) 别针

(6) 锤子

(7) 牙刷

(8) 橡皮(擦铅笔字用的)

(9) 挂锁

(10) 铅笔

(11) 螺丝刀

(12) 钥匙

(13) 纸夹子

(14) 烟斗

(15) 梳子

(16) 橡皮筋

(17) 汤匙

(18) 透明胶纸卷

(19) 叉

(20) 火柴

2) 自发命名的检查按表11进行。

表11 命名检查之二——自发命名

Ⅰ 说明

让患者在1分钟内尽可能多地说出动物的名称,若有迟疑时,可用"请想想马等家畜或者老虎等野生动物"等方式给予提示,在30秒内可对他进行催促。

Ⅱ 评分

除举例的外,每种动物给1分,即使有语义错语也给1分,最高分20分。

3) 完成句子的检查按表12进行。

表12 命名检查之三——完成句子

Ⅰ 说明

让患者完成检查者说出的不完整的句子。

Ⅱ 评分

每句正确2分,有音素错语给1分,合情合理的替换词按正确计分,满分为10分。

Ⅲ 句子和答案

句　子	答　案
(1) 草是_____的。	绿
(2) 糖是_____的。	甜或白
(3) 玫瑰是红的,紫罗兰是_____的。	蓝紫
(4) 他们打架打得像猫和_____一样。	狗
(5) 腊八是在农历_____月。	12

4）反应命名的检查按表 13 进行。

表 13　命名检查之四——反应命名

Ⅰ说明

让患者用物品等名字回答问题。

Ⅱ评分

每题正确给 2 分,有音素错语给 1 分,满分为 10 分。

Ⅲ问题及答案

问　题	答　案
（1）你用什么写字？	钢笔或铅笔、毛笔
（2）雪是什么色的？	白色
（3）每星期有几天？	7 天
（4）护士在哪里工作？	医院
（5）你在哪里买邮票？	邮局、商店

上述所有检查结束,将各项分值统计,并按表 1 计算出失语商(AQ),对失语症进行有、无的诊断。另外,还可以根据听理解、言语的流畅度和复述的分数对常见类型失语症进行鉴别诊断。除此之外,WAB 还可以测出操作商,可以了解大脑认知功能的全貌。

附录2

简式(36项)Token测验

在失语症评价中,理解障碍存在与否及程度判定非常重要,Token测验是一种较常用的有效方法。原版的Token测验是De Renzi和Vignolo于1962年编制的,这项测验是为那些在正常交谈中言语障碍轻微或完全没有失语症的患者设计的。此测验由61个项目组成,包括两词句10项(如摸红的圆形)、三词句10项(摸小的白色圆形)、四词句10项(摸黄的圆形和红的长方形)、六词句10项(摸大的黄色长方形和小的绿色长方形)以及21项复杂指令。它适合于检查轻度的或潜在的失语症患者,是一个检查理解能力的敏感测验,所以被失语症研究者广泛使用。但是,原版本太长,做起来比较费时,为此,De Renzi与Faglioni于1978年在原版基础上编制了一个简式Token测验,此测验由七部分36项组成,第一部分中的7项是新增加的,在此部分检查中,病人只需要理解一个词。因此,所采用的指示句较以前的任何版本更简化,检查的层次更合理,并可以检测有严重理解障碍的失语症病人,弥补了其他版本的不足。其他小改动如由正方形替代了长方形,这样会使病人更熟悉;原版应用的有蓝色和绿色,因为有研究显示脑损伤病人在区别蓝色与绿色有困难,会干扰失语症理解障碍的判定,所以由黑色替代了蓝色。另外,作者还完成了对215名对照组,130名大脑左右半球损伤非失语组和106名失语组患者测验结果的统计分析,得出了诊断和分级标准。这个测验在国外广泛应用至今,国内也对脑损伤的病人应用了此测验。这个测验很重要的一点是操作简单和比较省时,很适合综合医院康复科应用。

简式Token测验使用说明如下:

摆放顺序:

大圆:	红	黑	黄	白	绿
大方:	黑	红	白	绿	黄
小圆:	白	黑	黄	红	绿
小方:	黄	绿	红	黑	白

本测验由20个塑料片组成:10个圆形,5个大圆形,5个小圆形,10个方形,5个大方形,5个小方形;颜色为黑、白、红、黄、绿,按以上顺序摆放。把这些塑料片摆在患者面前,然后告诉患者:"你看,这儿有20个塑料片,一些是方形(检查者很快地把手放在两行方形上),另外两行是圆形(像上面一样指出);一些是大的,一些是小的(用同样方法指出来);它们的颜色是红、黑、绿、黄、白(当说一种颜色时要同时指向相应的颜色)。现在,我要请你摸这些塑料片中的一个,摸一下圆形。"(如果患者问:"哪一个",检查者回答:"任何一个,只要是摸一下圆形"。)除了34项检查者在说"白方形"之前的"不"有强调语气和简短的停顿以外,其他的指令词句应流畅,而且不应有任何特殊音韵上的强调。

如果1~5部分之中每一个指令在5秒之内没有反应,或者反应是错误的,检查者要把这些塑料片放回原来的顺序,然后说:"让我们试一下",并且再说一遍指令。在第一次指令下,患者所做正确给1分,重复指令后患者执行正确的给0.5分。第6部分中不可重复。自我纠正算正确。如果患者表示忘了指令中的部分内容,要告诉他按所记住的内容尽量做。如果前5部分连续错5项,测验中止,但如果前面项目患者的操作符合要求,第6部分就要全部做完。得分情况随受教育情况调整换算(表1),依据最后得分来确定理解障碍程度(表2)。

表1 简式 Token 测验的换算

受教育年数	换算
3~6	量表分+1
10~12	量表分-1
13~16	量表分-2
17+	量表分-3

(De Renzi & Falioni, 1978)

表2 失语症理解障碍程序

得分	程度
36~29	无
28~25	轻度
24~17	中度
16~9	重度
8~0	极重度

(De Renzi & Falioni, 1978)

简式 Token 检查表(De Renzi & Faglioni, 1978)

(一)放20个塑料片　　　　　　　　　　　　　　　　　　　　　(反应)
1. 摸一下圆形
2. 摸一下方形
3. 摸一下黄的
4. 摸一下红的
5. 摸一下黑的
6. 摸一下绿的
7. 摸一下白的

(二)把小塑料片拿走
8. 摸黄色的方形
9. 摸黑色的圆形
10. 摸绿色的圆形
11. 摸白色的方形

(三)把小塑料片放回
12. 摸小的白色圆形
13. 摸大的黄色方形
14. 摸大的绿色方形
15. 摸小的黑色圆形

(四)把小塑料片拿走
16. 摸红色圆形和绿色方形
17. 摸黄色方形和绿色方形
18. 摸白色方形和绿色圆形
19. 摸白色圆形和红色圆形

(五)把小塑料片放回

20. 摸大的白色圆形和小的绿色方形
21. 摸小的黑色圆形和大的黄色方形
22. 摸大的绿色方形和大的红色方形
23. 摸大的白色方形和小的绿色圆形

(六)把小塑料片拿走

24. 把红色圆形放在绿色方形上
25. 用红色方形碰黑色圆形
26. 摸黑色圆形与红色方形
27. 摸黑色圆形或者红色方形
28. 把绿色方形从黄色方形旁边拿开
29. 如果有蓝色圆形,摸红色方形
30. 把绿色方形放在红色圆形旁边
31. 慢慢地摸那些方形,很快地摸那些圆形
32. 把红色圆形放在黄色方形和绿色方形之间
33. 摸除了绿色之外的所有圆形
34. 摸红色圆形,不,白色方形
35. 摸黄色圆形,不是白色方形
36. 除了摸黄色圆形还要摸黑色圆形

主要参考文献

[1] D Frank Benson. Aphasia alexia agraphia[M]. New York:Churchill Livingstont Inc,. 1979.

[2] Roberta Chapey. Language intervention strategies in adult aphasia[M]. 2nd ed.. Baldimore:Lippincott Williams & Wilkins,1986.

[3] E Goodglass,E Caplan. BDAE. Philadelphia:Lea and Febiger,1983.

[4] Russell J. Love,Wanda G. Webb. Neurology for the speech language pathologist. Stoneham MA:Butterworth Publishers,1986.

[5] 汤盛钦. 特殊儿童心理与教育[M]. 上海:华东师范大学出版社,1987.

[6] 李胜利. 构音障碍的评定[J]. 中国康复,1992,8(2)

[7] 高素荣. 失语症. 2版. 北京:北京大学医学出版社,2006.

[8] 毛韶丽,李胜利. 纯词聋[J]. 中国康复,1995,第11期

[9] 李胜利. 脑性瘫痪儿童语言障碍的治疗[J]. 中国实用儿科杂志,1996,第4期

[10] 缪鸿石,朱镛连. 脑卒中的康复评定和治疗[M]. 北京:华夏出版社,1996.

[11] 魏新帮等. 耳鼻喉科医师进修必读. 北京:人民军医出版社,1997.

[12] 中华人民共和国卫生部. 中国康复医学诊疗规范[M]. 北京:华夏出版社,1998.

[13] 李胜利. 神经性吞咽障碍的评定与治疗[J]. 中国康复理论与实践,1998,第4期

[14] 李胜利. 简式(36项目)Token测验介绍[J]. 中国康复,2000,第4期

[15] 刘豫霞,朱豫红等. 失语症患者近期自然恢复的观察[J]. 中国康复,2000,15(2)

[16] 汤盛钦等. 教育听力学. 1版. 上海:华东师范大学出版社,2000.

[17] 李胜利,肖兰,田鸿,等. 汉语标准失语症检查法的编制与常模[J]. 中国康复理论与实践,2000,6(4)

[18] 姜泗长. 临床听力学. 1版. 北京:北京医科大学中国协和医科大学联合出版社,1999.

[19] 潘映辐. 临床诱发电位学. 2版. 北京:人民卫生出版,2002.

[20] 卫冬洁,李胜利. 多语失语症患者的语言治疗[J]. 中华物理医学与康复杂志,2002,第2期

[21] 顾莹,李胜利. 持续3个月康复治疗对失语症患者语言功能的影响[J]. 中国临床康复,2002,第4期

[22] 李胜利,卫冬洁,田鸿,等. S-S语言发育迟缓检查法汉语版的研究. 中国康复医学会第三次康复治疗学术大会论文汇编[C],2002.

[23] 李胜利,张庆苏,卫冬洁,等. 运动性构音障碍言语、声学及疗效的研究[J]. 中国康复理论与实践,2006,第7期

[24] 李胜利,孙喜斌,王荫华,等. 第二次全国残疾人抽样调查言语残疾标准研究[J]. 中国康复理论与实践,2007,第9期

[25] 庞子建,李胜利. 运动障碍性构音障碍言语、声学水平机制及治疗进展[J]. 中国康复理论与实践,2008,第5期

[26] 庞子建,李胜利. 运动性构音障碍言语、声学、共鸣水平机制及康复疗效研究[J]. 中国康复理论与实践,2009,第5期

[27] 罗薇,李胜利. 汉语失读症机制研究进展[J]. 中国康复理论与实践,2009,第5期

[28] 何维佳,李胜利. 运动性构音障碍言语声学水平客观评价的研究进展[J]. 中国康复理论与实践,

2010,第2期

[29] 何维佳,李胜利.成人痉挛型构音障碍普通话元音声学分析[J].中国康复理论与实践,2010,第8期

[30] 罗薇,李胜利.汉语纯失读症个案研究[J].中国康复理论与实践,2010,第11期

[31] 李明,石佩文.汉语普通话语音辨证.北京:北京语言文化大学出版社,1985.

[32] 日本听能言语协会构音检查法委员会.构音障碍检查法,1981.

[33] 小寺富子,仓井成子,里村爱子.(S-S法)言语发育迟缓检查手册,言语发育迟缓检查法作成委员会,东京,1987年

[34] 日本言语听觉疗法士协会:言语听觉疗法,协同医书出版社,1990.

[35] 佐竹恒夫,小寺富子,仓进成子:(S-S法)言语发育迟缓训练手册.言语发育迟缓研究会,东京,1991.

[36] 小寺富子,仓井成子等.言语发育迟缓,言语听觉疗法,言语疗法协会.东京:协同医书出版社,1992.

[37] 日本言语疗法协会.言语听觉疗法临床マニュアル.东京:协同医书出版社,1992.

[38] Stuttering Foundation of America. Stutteringtherapy: prevention and intervention with children, Memphis: tennessee,1992.

[39] Itoh, Motonobu, Sasanuma, Samiko. Manual for speech-language therapy. Tokyo: ISHIYAKU PUBLISHERS INC,2002.

[40] Martha Taylor Sarno, et al. Aphsia assessment and treetment[M]. New York: Masson Publishing USAInc,1980.

[41] John C. Rosenbek,etal. Aphasia[M]. Boston: Little, Brown and Company,1989.

[42] Diane L. Williams. Developmental Language Disorders[M]. San Diego: Plural publishing Inc,2010.

[43] Shelley L. Velleman. Childhood apraxia of speech resource guide. New York: Delmar Cengage LearningInc,2002.

[44] 袁永学,李胜利.失语症命名障碍机制探讨[J].中国康复理论与实践,2007,第6期

[45] 袁永学,李胜利.失语症命名障碍的类型及症状[J].中国康复理论与实践,2007,第7期

[46] 王建华,刘娟,王勇,等.腭裂普通话语音的特点与分析[J].临床口腔医学杂志,2003,19(8)

[47] 尹乒.腭咽闭合功能评价方法的研究进展[J].临床腔医学杂志,2002,18(6)

[48] 王国民.腭咽闭合功能不全的诊断与治疗[J].口腔颌面外科杂志,2003,13(4)

[49] 朱云山,宋建良.腭裂语音特点及其影响因素[J].中华整形外科杂志,2001,17(4)

[50] 陈卫民,冀予心,朱声荣,等.腭裂修复术后语音训练介入时机的研究[J].中华物理医学与康复杂志.2004,26(4)

[51] 史泱,李胜利.失语症患者声调障碍的机制和表现[J].中国康复理论与实践,2011,第2期